W0312722

W

Das Buch:
Sie träumen von einer Reise ins Land der aufgehenden Sonne? Sie interessieren sich einfach nur für ferne Länder? Oder Sie glauben etwa, schon alles über Japan zu wissen? Lesen Sie die Schilderungen eines Landsmannes, der seit Jahren im fernen Osten lebt!
In 38 kurzen Kapiteln wird humorvoll über den Alltag in Japan erzählt. Persönliche Eindrücke, interessante Aspekte, nebenbei zahllose Fakten - es sind Impressionen aus einem Land, das den meisten Menschen in Europa noch immer voller Rätsel ist. Sei es auf der Suche nach einem Einblick in das moderne Japan, sei es als Hilfestellung für eine Reise - die interessanten Kapitel bieten für jeden etwas.
Begleiten Sie den Autor bei kulinarischen Abenteuern, auf Geisterjagd, bei seinem Kampf mit der japanischen Schrift, oder auf Erholungssuche in einem traditionellen japanischen Gasthof.
Staunen Sie darüber, dass Hausmüll in Japan auf 48 Arten getrennt wird, dass im Ballungsraum Tokio mehr Menschen leben als in Spanien, oder dass ein 95-jähriger Japaner den Weltrekord über 100 Meter hält!
Lernen Sie nebenbei, was der Unterschied zwischen Sake und Shochu ist, wieso beim Kabuki Frauenrollen von Männern gespielt werden, oder warum die meisten Japaner mehreren Religionen angehören!
Ein zuverlässiger Begleiter für alle, die nach Japan reisen oder sich eine solche Reise erträumen.

Martin B. Stanzeleit

Neugierig auf Japan

Entdeckungen und Erlebnisse eines Gaijin
im Land der aufgehenden Sonne

Mit 12 Kalligraphien von Hiromi Shouya
und 27 nicht unbedingt ernst gemeinten Zeichnungen des Autors

Wiesenburg

Bibliographische Information der Deutschen Nationalbibliothek:
Die Deutsche Nationalbibliothek verzeichnet diese Publikation
in der Deutschen Nationalbibliographie;
detaillierte bibliographische Daten sind im Internet
über http://dnb.ddb.de abrufbar.

4. Auflage 2008
Wiesenburg Verlag
Postfach 4410, 97412 Schweinfurt
www.wiesenburgverlag.de
Alle Rechte beim Verlag
Umschlaggestaltung: Hiroshi Okita
Kalligraphien: Hiromi Shouya
Layout: romana haiszan, zwölfaxing
Im Internet unter: www.neugierigaufjapan.de
Druckorganisation: A2 die Agentur, Kemmern
ISBN 978-3-937101-89-7

Inhalt:

Anmerkung: Bei Übertragungen aus der japanischen Silbenschrift wird zur besseren Lesbarkeit bei langen o das in Japan übliche u der deutschen Aussprache entsprechend durch ein h ersetzt.

Es geht los: Einmal Japan, Rückreise offen

»Herzlich willkommen in Japan.«

So oder so ähnlich stand es auf einem Schild im Flughafen von Osaka, als ich vor nunmehr elf Jahren zum ersten Mal das Inselreich betrat, von dem hier die Rede sein soll. Ich bin mir mit dem »herzlich« nicht mehr ganz sicher - so sehr ich mir auch die verschlafenen Augen rieb, gelang es mir doch nicht, meinen Blick zu fokussieren. Meine innere Uhr benahm sich zu dem Zeitpunkt wie ein durchgedrehtes Babyspielzeug, und mein Nacken fühlte sich nach zwölf Stunden Flug an, als sei ich von einem Sumo-Ringer in den Schwitzkasten genommen worden.

Der griesgrämige Zöllner, der kurz darauf mein Gepäck in Augenschein nahm, ließ mich zwischenzeitlich sogar an dem »willkommen« zweifeln. Die Dinge konnten sich von da an eigentlich nur positiv entwickeln.

Auf dem Bahnsteig massierte ich in Erwartung des Flughafen-Expresszuges meine verspannten Schultern. Eigentlich geht es mir doch gut, versuchte ich mich zu trösten. Vor Einführung des geregelten Flugbetriebes hätte ich eine weitaus stärkere Nackenmuskulatur benötigt - 1935 etwa dauerte die Fahrt von Berlin nach Tokio stolze 13 Tage. Hätten Sie es gewusst? Von Deutschland aus ging es nach Moskau, von dort mit der transsibirischen Eisenbahn nach Chita an der mongolischen Grenze, von da aus durch die Mandschurei nach dem chinesischen Harbin. Im damals von Japan annektierten Korea war in der Hafenstadt Busan vorerst Endstation - weiter ging es mit dem Schiff nach Shimonoseki im Westen Japans. Von dort war es immer noch eine gute Tagesreise mit der Bahn nach Tokio.

Beim Gedanken an derart mühsame Touren ging es mir sofort besser. Nun galt es, die erste Nacht erfolgreich zu überstehen, was wegen der achtstündigen Zeitverschiebung nicht einfach war. Während der langen schlaflosen Stunden kam ich in Anbetracht des unvermindert hohen Lärmpegels zu einer gravierenden Schlussfolgerung: Japan schläft fast nie. Die Japaner sind beinahe immer beschäftigt, *isogashii*, wie es allerorten tönt - womit man sich als an Mittags- und Nachtruhe gewöhnter Teutone erst einmal anfreunden muss.

Und so ging es in den Wochen meines ersten Besuches weiter. Alles wirkte fremd, ungewohnt - und faszinierend. Ob Tintenfisch am Spieß, oder die Tatsache, dass man in Bussen und Straßenbahnen erst beim Aussteigen bezahlt, jede einzelne Erfahrung hat sich mir unauslöschlich ins Gedächtnis geprägt. Im Laufe der Zeit wurde aus reservierter Distanz Zuneigung, und das ursprüngliche Urlaubsziel Hiroshima mein zweites Zuhause.

Doch wie heimisch ich mich auch fühlen mag, beinahe täglich entdecke ich Neues. Verblüffende Erfindungen, verrückte Hobbys, verborgenes Brauchtum - manchmal komme ich mir vor, als sei ich auf immerwährender Ostereiersuche. Sie glauben mir nicht? Wie wäre es mit der Nachricht, dass in Tokio Reis neuerdings unterirdisch angebaut wird? Steigen Sie im Stadtviertel Otemachi in das zweite Untergeschoss des Nomura-Building hinab, und Sie werden eine Überraschung erleben. Wo früher die Bargeldvorräte der Daiwa-Bank gehortet wurden, findet sich nun ein Reisfeld - künstlich bewässert, gedüngt und mit Spezialdioden angestrahlt. Zur Ausbildung landwirtschaftlich interessierter Großstadtkinder angelegt, können die Früchte der *Pasona* genannten Pflanzfabrik in der Kantine des Hauses probiert werden.[1]

Oder die Tatsache, dass es mindestens 26 Firmen gibt, die *Asahi* (wörtlich: »Morgensonne«) heißen? Falls man als Geschäftsreisender mit einem dieser Unternehmen zu tun hat, passe man also auf, nicht versehentlich einem Zoohändler eine Duschgarnitur anzudrehen. Vermutlich gleichen sich die 26 Firmenrepräsentanten aufs Haar, daher ist Vorsicht geboten.

Oder die Nachricht, dass die Präfektur Hokkaido dieses Jahr mit der Sommerzeit experimentiert - nicht ganz Hokkaido, wohlgemerkt. Lediglich etwa 12.000 Einwohner in 470 Firmen und Organisationen verbringen vom 21. Juni bis zum 31. Juli 2005 ihre Tage dem Rest der Insel eine Stunde voraus.[2] Es wirkt ein bisschen so, als ob in Deutschland eine neuartige Interessengruppe den Linksverkehr ausprobiert - mit zweifelhaftem Anklang bei den restlichen Autofahrern.

Glauben Sie mir jetzt, dass Japan ein Land ist, in welchem Neugier belohnt wird? Jedes der folgenden Kapitel ist aus meinen Erfahrungen im japanischen Alltag hervorgegangen. Wo es nötig war, habe ich auf der Suche nach vertiefenden Fakten unzählige Bücher durchforstet und das Interessanteste herausgesucht. Etliche Gespräche mit werten Freunden und Bekannten haben mir Informationen erschlossen, die nirgendwo gedruckt zu finden sind. Doch vor allem sind es meine eigenen Erlebnisse, die mich angeregt haben, Ihnen vom Leben am anderen Ende der Welt zu erzählen. Vielleicht gelingt es mir ja, Sie ein wenig neugierig auf Japan zu machen.

Hiroshima, im Sommer 2005

Eine Kirschblüte für jeden Bürger

Das Jahr fängt in Japan im April an. Das heißt, nicht alle Jahre, aber zum Beispiel das Geschäftsjahr oder das Schuljahr. Außerdem findet zu Anfang des Monats das Ereignis statt, das wie kein anderes Japans Bild im Ausland prägt: die Kirschblüte.

Zu anderen Jahreszeiten kaum bemerkt, hängen plötzlich üppige Zweige auf Parkwege und Flussläufe hinab. Manchmal ist einem, als wären diese Bäume nur für eine Woche im Frühling da, um kurz darauf ausgegraben und bis zum nächsten Jahr irgendwo verwahrt zu werden. Den Behörden japanischer Städte wäre so etwas im Verbund mit hiesigen Gärtnern durchaus zuzutrauen. Wenn man morgens durch die Straßen geht, sind auf den Grünstreifen unzählige kleine alte Frauen damit beschäftigt, abgefallene Blätter, Unkraut und andere unerwünschte Exkremente der Natur in Müllsäcken zu verstauen. Diese Plastikbeutel stehen später säuberlich aufgereiht an der Bordsteinkante und vermitteln uns Abendländern ein anschauliches Bild japanischer Ordnungswut. Übrigens sind derartige Frauen äußerst zahlreich und rätselhaft zeitlos. Sie tragen mit Tüchern verschleierte Sonnenhüte und gleichen in ihrer gebückten Haltung E.T., so dass man beinahe suchend nach einer fliegenden Untertasse Ausschau hält.

Allerdings machen sich die Japaner nicht viel aus Außerirdischen. Das mag zum einen daran liegen, dass sich das Interesse extraterrestrischer Zivilisationen traditionell auf die Vereinigten Staaten von Amerika zu konzentrieren pflegt. Zum anderen haben sich die

Leute schon an das Bild der Unkraut zupfenden E.T.'s gewöhnt, weshalb niemand im Ernstfall auch nur die Stirn runzeln würde.

Doch zurück zu den Kirschblüten. Die schönsten japanischen Kirschbäume haben praktischerweise keine Kirschen. Das lästige Pflücken der reifen Früchte bleibt den Leuten ebenso erspart wie das anschließende Aufessen. Wenn man überlegt, wie viele unnötige Kirschkerne auf diese Weise dem Hausmüll vorenthalten werden und so zur Entlastung der überforderten Mülldeponien beitragen - auch Deutschland sollte sich mal über die Verbreitung von japanischen Kirschbäumen Gedanken machen. Wo ich gerade dabei bin: was wohl mit den unzähligen Müllbeuteln von eben gerade passiert?

Trotz eines über weite Teile des Jahres angenehmen Klimas machen sich die Japaner nicht viel aus dem Dasein an frischer Luft. Das heißt, es wird durchaus geschätzt, ein paar Tage (oder auch nur Stunden) am Busen der Natur zu verbringen. Aber das geht natürlich nicht so einfach. Undenkbar, dass ein Restaurant oder Café ein paar Tische und Stühle an die frische Luft stellt und sie auch noch zur Benutzung freigibt.

Ich erinnere mich gut, einmal mit einem Freund in Hiroshima einen Kaffee trinken und selbiges in Anbetracht eines Lokals, das stolz mehrere schmucke Gartenmöbel auf einer hübsch dekorierten Terrasse vorwies, nicht im Inneren, nein, *draußen* tun zu wollen. Die entsetzte Bedienung wies uns darauf hin, dass es schließlich kalt sei. Wir fanden es überhaupt nicht kalt, schließlich war es an der frischen Luft wärmer als im stark klimatisierten Innenraum. Aber wir würden uns bestimmt erkälten und dann das Café auf Schmerzensgeld verklagen. Wir versprachen hoch und heilig, derartigen Unfug zu unterlassen. Es fehlte nur noch, dass sie uns ein Formular zur Unterschrift vorgelegt hätte, welches das Etablissement von jeglicher Verantwortung freisprach. Bis wir endlich unser Vorhaben durchgesetzt hatten, war es fast schon dunkel, und die Kellnerin hätte uns triumphierend vorhalten können, dass es eben *doch* kalt sei, was sie als gut erzogene Japanerin natürlich nicht tat. Sonst hätte sie vermutlich gleich von Anfang an gesagt, dass die Terrasse nur zum Anschauen sei und wir uns zum Teufel scheren sollten.

Man sieht also, es ist im Allgemeinen nicht vorgesehen, dass der Genuss von Lebensmitteln ohne weiteres nach draußen verlegt wird. Draußen, das bedeutet im modernen Japan *outdoor*. Um den

Gefahren der freien Natur zu trotzen, muss natürlich erst einmal die richtige Ausrüstung her: ein metallener Wanderstock, teure Spezialschuhe, ein mit Reißverschlusstasche versehener Sonnenhut, Handschuhe (damit einem der Metallstock nicht aus den Schweißfingern gleitet - praktisch ist praktisch!) sowie ein elektronischer Kompass. Nur in Besitz dieser Grundausstattung wagt ein Japaner es, sein klimatisiertes Allrad-Kampfvehikel zu verlassen.

Zur Zeit der Kirschblüte sind diese ehernen Grundsätze für das Überleben in freier Natur außer Kraft gesetzt. Dann werden von jungen Firmenangestellten knallig blaue Plastikplanen ausgebreitet und bewacht, bis die älteren Kollegen nach Dienstschluss eintreffen, sich sorgsam die Schuhe ausziehen und ihr *hanami* (wörtlich: »Blumen sehen«) genanntes Kirschblütenpicknick veranstalten. Es fällt nicht schwer, sich auszumalen, wie die *Hanami*-Saison in größeren Städten aussehen kann. Vor allem Tokio mit seinen zwölf Millionen Einwohnern, samt weiteren achtzehn Millionen in den umliegenden Schlafstädten, bietet zur Zeit der Kirschblüte ein recht wundersames Bild. In den Parks wird um jeden Baum gerungen, bis sich alles in ein blaues Plastikmeer verwandelt hat. Der Ueno-Kouen, berühmt für seine 1.100 Kirschbäume, muss in dieser Zeit rund eine Viertel Million Besucher verkraften, was bedeutet, dass sich im Schnitt 225 Naturfreunde um einen Baum scharen. Zeitgenossen mit kräftigen Ellenbogen sind da sicher im Vorteil.

Kirschblüten haben seit Urzeiten in der japanischen Mythologie einen besonderen Platz, wird doch mit den weiß-rosa *sakura* die weibliche Brust assoziiert. Kennen Sie die Legende des *Ubezakura*-Baumes? Ein älteres Ehepaar, seit Jahren kinderlos, bekommt unverhofft Nachwuchs. Das Baby ist gesund, doch mangelt es der Mutter an genügend Milch - eine Amme versorgt das Neugeborene. Das Kind wächst zu einem bildschönen Fräulein heran, und alles hätte perfekt sein können - bis das zarte Geschöpf im 15. Lebensjahr von einer schweren Krankheit heimgesucht wird. Es sieht nicht gut aus, und so tut die dem Mädchen eng verbundene Amme, was in Ermangelung moderner Medizin früher allgemeines Brauchtum war: sie verbringt täglich mehrere Stunden im nahen Tempel und betet. Drei Wochen vergehen, dann ist das Kind wie durch ein Wunder genesen. Am nächsten Tag erkrankt die Amme dagegen schwer - sie hat im Gebet einen Handel gemacht und das Leben des Mädchens gegen ihr eigenes eingetauscht. Ihr letzter Wunsch ist, dass vor dem Tempel in ihrem Gedenken ein Kirschbaum gepflanzt wird.[3]

Der *Ubezakura* genannte Baum gedeiht prächtig und erblüht angeblich jedes Jahr zum Todestag der Amme. Seine üppigen weiß-rosa Blüten helfen der Erinnerung an die treue Nährmutter auf die Sprünge: Japanischen Betrachtern scheinen sie gleich rosa Brüsten mit weißer Milch (und ab jetzt vielleicht auch Ihnen).

Zurück in der Gegenwart, geht die Woche der Kirschblüte langsam zu Ende. Es schneit zartweiche Blütenblätter. Zumeist begleitet der ein oder andere heftige Regenschauer den natürlichen Niedergang. Hier ist die schönste Plastikplane machtlos, und so kommt nach Tagen der Geselligkeit der Park wieder zum Vorschein. Die Angestellten sind verkatert in ihre Büros zurück geschlichen, leere Flaschen und Bierdosen von den E.T. ähnlichen Frauen säuberlich getrennt in Plastikbeuteln verstaut und an den Straßenrand gestellt. Bald wird nichts mehr an den vergänglichen Reiz des Kirschblütenfestes erinnern.

Blick ins Innere eines Japaners

Lassen Sie uns bevor wir weitermachen doch einmal schauen, wie sie denn so sind, die Japaner. Vorurteile gibt es genug, und mindestens ebenso viel Unwissen, was den wahren Charakter der Bewohner Nippons anbelangt.

Betrachten wir beispielsweise, womit Japaner am liebsten ihre Freizeit verbringen, finden sich erstaunlicherweise Dinge und Tätigkeiten, die uns nicht weiter fremd erscheinen. Ganz oben auf der Liste der beliebten Aktivitäten stehen Essen gehen (in der Tat eine nationale Leidenschaft), Reisen und Tagesausflüge sowie das Anschauen von Videos. Mit Karaoke, dem berühmt-berüchtigten Alle-Singen-Mit-Vergnügen, findet sich der einzige original japanische Freizeitspaß erst auf dem vierten Rang. Ebenso die Liste der sportlichen Aktivitäten: die vorderen Plätze belegen hier Gymnastik und Bowling - Beschäftigungen, die im Abendland auch nicht gerade selten sind. Ja, unter den ersten zehn der beliebtesten Hobbysportarten erscheinen gar überhaupt keine typisch orientalischen Leibesübungen.[4] Sollten die Japaner vielleicht doch nicht so fremd sein, wie allgemein angenommen? Die Antwort lautet (ganz eindeutig) ja und nein. Wenn auch individuelle Vorlieben und Neigungen durchaus denen westlicher Länder ähneln, sind es vor allem die Kommunikationsformen inklusive zugrunde liegender Traditionen, die den Einblick in die japanische Seele erschweren.

Zu den ersten Erfahrungen, die Sie im Umgang mit den Einheimischen machen werden, zählt die Tatsache, dass Sie nie wissen, woran Sie eigentlich sind. Japaner sagen das eine und meinen das andere. Diese für Ausländer reichlich verwirrende Unart ist ein richtiger Volkssport. Die harmlose Bemerkung: »Es ist schönes Wetter heute, nicht?« kann - je nach Nuancierung - dutzende von Bedeutungen haben. Zwei ältere Frauen werden so ihren Weg in eine mehrstündige Unterhaltung beschreiten. Bekommt man den Satz von seinem Vorgesetzten zu hören, kann es sowohl bedeuten: »Ich habe mit Dir ein Hühnchen zu rupfen!«, doch ebenso: »Ich habe absolut nichts mit dir zu besprechen, also scher dich fort!« Sagt ein Mann den Satz zu einer attraktiven Frau, kann das genauso gut als: »Sie gefallen mir!« aufgefasst werden. Passen Sie also auf, wenn Sie sich in Japan über das Wetter unterhalten.

Eine beliebte Übung ist auch, weder »ja« noch »nein« zu sagen. Tausende von Verlegenheitsausdrücken bewahren einen Japaner davor, sich in sprachliche Grobheiten zu stürzen. Lediglich das bewährte *hai* werden Sie an allen Ecken und Enden zu hören kriegen. Es kann »jawohl« bedeuten, genauso gut »vielleicht«, manchmal auch »wie bitte?«. Wie bei vorangegangenem Beispiel macht hier der Ton die Musik - hören Sie also genau hin (oder versuchen Sie es zumindest).

Dass Japaner häufig im Plural auftreten, ist Ihnen vielleicht anhand der dicht gestaffelten Touristengruppen in Rothenburg ob der Tauber schon einmal vorgekommen. Warum dieser ewige Geselligkeitstrieb? Nun, wie Sie an anderer Stelle ausführlicher sehen werden, war in Japan der Platz zur individuellen Entfaltung noch nie üppig: in engen Tälern sicherte eine starke Gemeinschaft das Überleben der Dorfbewohner, und in den Städten drängte sich alles um die Burg des lokalen Fürsten. Im Zuge dieser etwas einschnürenden Verhältnisse haben sich über die Jahrhunderte gewisse Umgangsformen herauskristallisiert, die auch heute noch gültig sind.

Japaner existieren in einem recht engen Netz zwischenmenschlicher Kontakte. Um den Überblick nicht zu verlieren, sind diese Beziehungen in ihrer jeweiligen Natur klar geordnet. Stellen Sie sich vor, von drei konzentrischen Kreisen umgeben zu sein, die nach außen hin größer werden. Außerhalb dieser Kreise befinden sich alle Menschen, mit denen Sie nicht weiter Kontakt haben, die Sie nichts angehen und denen Sie im vollen Bus auf den Fuß treten, ohne es zu bereuen.

Im äußersten Kreis sind die Leute, die Sie nur flüchtig kennen; der Parkplatzwächter Ihrer Firma zum Beispiel, oder der Besitzer Ihrer Stammkneipe. Zu diesen Leuten ist der soziale Kontakt in der Regel klar abgesteckt: sind Sie Kunde, oder auch Übergeordneter, werden Sie mit allem Respekt behandelt, der sich gebührt. Sollten Sie sich auf der niedrigeren Stufe befinden, wird korrektes Verhalten auf Ihrer Seite vorausgesetzt. Glücklicherweise versieht die japanische Sprache Sie mit einer reichhaltigen Schatulle, aus der Sie nur die passende Phrase zu wählen haben. Sie benötigen also eine einigermaßen gute Erziehung - und schon ist alles paletti. Um Ihr Erscheinungsbild als waschechter Japaner abzurunden, empfiehlt sich zusätzlich zu den vorgegebenen Floskeln ein gut einstudiertes Standardlächeln. Vor allem bei älteren Menschen sieht man dieses maskenhafte Lächeln häufig; das Gesicht scheint bei vielen schon so abgelächelt, dass der ursprünglich freundliche Gesichtsausdruck beinahe zu einer Fratze verkommen ist.

Im nächsten Kreis, schon etwas überschaubarer, befinden sich alle Personen außerhalb Ihrer Familie, mit denen Sie regelmäßig in engerem Kontakt stehen: Arbeitskollegen natürlich, oder auch Freunde und gute Bekannte. Hier kommt *amae* zum Zuge. Was das ist? Ursprünglich bezeichnet amae das Verhältnis zwischen Mutter und Kind - das emotionale Geben und Nehmen, welches beide eng miteinander verbindet. Bei Erwachsenen ähnelt amae eher einem Ping-Pong-Spiel, das Sie als Beteiligten ständig auf Trab hält. Bei Amae-Beziehungen zählt weniger die Floskel als die Einstellung. Sie müssen zeigen, dass Ihnen Ihr Gegenüber nicht egal ist, im Gegenteil, dass Ihnen das Wohl des anderen über alles geht.

Lauschen Sie in Japan mal einer Unterhaltung zwischen zwei Nachbarsfrauen, deren Kinder in die gleiche Schule gehen. Solange die eine etwas sagt, wird die andere nicht etwa ruhig zuhören - lieber Himmel, das könnte ja Teilnahmslosigkeit suggerieren. Sie werden von beiden Seiten ein sehr aktives Gespräch erleben, mit vielen Wörtern, Ausdrücken und Geräuschen, die Interesse und Sympathie anzeigen - *aizuchi* auf Japanisch. Beide Frauen werden sich Tag für Tag mit kleinen Geschenken und Aufmerksamkeiten überhäufen. Diese Situation ist übrigens auch unter Kollegen typisch: irgendwann haben Sie so viele Bücher geliehen, Kaffee ausgegeben oder Sicherheitsnadeln (für defekte Hosenschlitze) bekommen, dass Sie beim besten Willen die Übersicht nicht behalten können. Sie befinden sich in einer Situation permanenter Schuldgefühle, weil Sie Ihren Mitmenschen zumindest das gleiche Maß an Aufmerksamkeit zurückgeben sollten - und nie damit fertig werden. Schließlich sind Sie so weit eingehüllt in einen Kokon enger Beziehungen und Verflechtungen, dass Sie nicht umhin können, sich ständig nach allen Seiten zu bedanken und gleichzeitig zu entschuldigen. Das ist amae.

Obwohl privat, gibt es für solcherlei Beziehungen eine verbindliche Mimik und Gestik. Da Ihnen die Standardsituationen von klein auf antrainiert sind, wissen Sie als Japaner, wie Sie auf bestimmte Bemerkungen und Emotionen zu reagieren haben. Sie besitzen ein festgelegtes Repertoire an Gesichtsausdrücken (Nr.1: Kein Ausdruck, Pokerface; Nr. 2: Höfliches Lächeln, und so weiter). Erstaunen, Mitgefühl, Neugier, Freude, Wut - Sie übertreiben alle Emotionen plakativ und pressen so Ihre wahren Gefühle in eine gesellschaftlich akzeptable Form. Als Japaner gehen Sie in diesen Ausdruckskategorien so weit auf, dass Sie diesen Schubladengefühlen stets den Vorzug geben. Sie werden sich also nicht fragen: Wie fühle ich mich? sondern: Wie wird erwartet, dass ich mich fühle? Dass Sie hier mit westlicher Logik nicht weit kommen, haben Sie vielleicht schon gemerkt.

Der innerste Kreis, in dem Sie sozusagen alle Masken fallen lassen können, umschließt in der Regel Ihre Familienmitglieder und allenfalls ein paar sehr enge Freunde. Hier gelten die oben angeführten Regeln nicht, und Sie können sich im Grunde so benehmen, wie überall auf der Welt. Bis Sie so weit vorstoßen, steht Ihnen jedoch erst noch der Weg durch die äußeren Kreise bevor - aber immerhin wissen Sie nun, wo Sie sich in Bezug auf Einheimische befinden.

Lassen Sie sich von den vielen Ratgebern nicht Bange machen, die Ihnen von genauestens abgezirkelten Verbeugungen und hierzulande üblicher Gestik predigen. Am leichtesten gelingt Ihnen der Ritt über die Hürden, indem Sie sich so natürlich wie möglich benehmen. Schließlich sind Sie als Mitteleuropäer in dieser Eigenschaft nach Japan gekommen und müssen sich daher keinen orientalischen Schafspelz überziehen.

Fingerspitzengefühl ist natürlich immer gefragt - vor allem, weil der Weg für Ausländer mit Fettnäpfchen geradezu gepflastert ist. Schlimmer als mir kann es Ihnen aber eigentlich nicht ergehen (und mich haben sie bislang nicht rausgeschmissen). Hören Sie von meinem persönlichen Supergau: Eine enge Freundin meiner Frau brachte uns eines Abends einen selbstgebackenen Apfelkuchen. Ich erinnere mich nicht, warum, womöglich hatte sie einfach etwas zuviel gemacht. Als ich ins Wohnzimmer kam, war die gute Fee schon fort - und der Apfelkuchen einem hungrigen Wolf ausgeliefert. »Wenigstens kannst du dich vom Balkon aus bedanken«, meinte meine Frau angesichts der kleiner werdenden Portion. Natürlich wollte ich mich vor dieser fernöstlichen Höflichkeitsgeste nicht drücken, und die nette Nachbarin sollte ruhig vom Erfolg ihres Backwerks erfahren. Ich stürmte also auf den Balkon, entschlossen, meinen Dank zu verkünden - doch verschluckte ich mich im gleichen Moment und hustete der verdutzten Dame den Kuchen auf den Kopf.

Seither hat sie uns nichts mehr gebacken; ich meine sogar, dass sie stets vorsichtig schaut, ob ich in der Nähe bin. Aber ich hatte nur Gutes im Sinne, und ich bin überzeugt, dass sie das intuitiv gemerkt hat. Das hoffe ich jedenfalls.

Essen oder essen lassen

Als ich nach Japan gezogen bin, habe ich eine Abmachung mit mir selbst geschlossen: ich würde nur etwas essen, von dem ich wüsste, wo es herkommt und woraus es gemacht ist.

Dieser Vorsatz hat genau einen Tag lang gehalten. Dann siegten mein knurrender Magen und die Unfähigkeit der japanischen Kollegen, mich mit näheren Erläuterungen zufrieden zu stellen, über meine kulinarische Standhaftigkeit. Eigentlich ist es doch ganz gleich, sinnierte ich zwischen Oktopus-Tentakeln und gegrillten Heuschrecken, ob nun unsere Nahrung aus Meer oder Wald, von Tier oder Pflanze, Feld oder Chemielabor kommt: entscheidend ist allein der Geschmack. Und vielleicht die Konsistenz. Sollten Sie jemals ungekochten Oktopus probieren, wird die Konsistenz Ihnen angebotener Speisen fortan sicherlich eine wichtige Rolle spielen.

Mittlerweile habe ich meinen Vorsatz so weit gelockert, dass ich gewissermaßen an der letzten Bastion aller Vorsätze angelangt bin: falls sich mein Essen nicht mehr bewegt, betrachte ich es als genießbar.

Sie halten das für einen Witz? Gehen Sie in Japan in ein besseres Sushi-Restaurant und bestellen Sie *shira-uo*, dann sprechen wir uns wieder (shira-uo sind streichholzgroße Fische mit gläsernem Körper, die in passende Sauce getunkt und lebend verschluckt werden).

Japaner sind dafür bekannt, maritime Kreaturen bis aufs Äußerste kulinarisch auszureizen. Vor einigen Jahren habe ich mit meiner Familie auf einer kleinen Insel im japanischen Meer Urlaub gemacht. Die Fischer der Insel leben, wie sich unschwer erraten lässt, vom Fischfang. Doch obgleich sich in den Gewässern rund um die Inselgruppe eine bunte Artenvielfalt tummelt, die von Meerbrassen bis zu exotischen Kugelfischen sowie in leuchtenden Farben schimmernden Plastikflaschen reicht, konzentriert sich der lokale Fischfang ausschließlich auf Tintenfisch. Bei Sonnenuntergang tuckert die winzige Fangflotte der Insel aufs offene Meer hinaus, jeder Kutter ausgerüstet mit einer Wäscheleine voller Lämpchen, welche die Tiere in der Dunkelheit anlocken sollen. Ergo gab es zum Frühstück, Mittag- und Abendessen Tintenfisch. Roh, gegrillt, gebraten, frittiert, paniert, gesalzen, mariniert, am Spieß, ohne Spieß, im Glas und sogar auf Toast. Sie werden verstehen, dass ich nach Heimkehr in großstädtische Gefilde nicht um eine Tintenfisch-Entziehungskur herumgekommen bin.

Der Lebensmittelkauf gestaltet sich in Japan zum Abenteuer. Zwar sind die Supermärkte mit bunten Waren bis zum Bersten gefüllt, doch gelingt es uns ausländischen Exoten nur selten, vertraute Dinge zu finden. Mir sind schon viele Nicht-Japaner begegnet, die wie ich einen fast leeren Einkaufswagen durch die nicht enden wollenden Gänge schoben, bereit, bei der Entdeckung erwiesenermaßen genießbarer Lebensmittel in Jubel auszubrechen. Hat man endlich seinen Warenkorb mit Tomaten, Äpfeln, Honig oder gar Bratwürsten gefüllt, wartet an der Kasse die schmerzliche Erkenntnis: Lebensmittel sind in Japan nicht billig. Ehrgeizig geworden, sucht man beim nächsten Mal die Waren nach dem Preis aus, egal was, Hauptsache günstig. Auch wenn am Ende der Einkaufskorb mit Dingen gefüllt ist, die man nie zuvor gesehen hat (wie zum Beispiel *chikuwa*, länglich-runde Fischpasteten, die wie das Ende eines Gartenschlauches aussehen, oder schwabbelige Quader, die aus der *Konyaku*-Wurzel hergestellt werden), darf man nicht verzagen. Man ist schließlich nicht zu Hause.

Vielleicht suchen wir uns lieber ein Restaurant oder begeben uns in eine der zahlreichen Garküchen. Das ist in Japan nicht so teuer, wie man nach den Erfahrungen im Supermarkt vermuten möchte. Wahrscheinlich liegt es daran, dass viele Restaurants, die in ihrer Winzigkeit bei uns kaum als Küchenschrank durchgehen würden, lediglich eine Art Gericht anbieten. Lassen Sie uns zum Beispiel den berühmten *ramen* probieren, eine delikate Spezialität von in Schweinebrühe servierten Nudeln, mit ein oder zwei dünnen Bratenscheiben angerichtet.

Man tritt an die Theke und nimmt vorsichtig auf einem der untertassengroßen Barhocker Platz (vor allem als Mann - Gefahr schmerzhafter Quetschungen im privaten Bereich). Manchmal sind auch Miniaturtische mit Kinderstühlen vorhanden, von denen ich aber an dieser Stelle abraten möchte, weil man beim Aufstehen garantiert sämtliche Gegenstände in der Nähe umschmeißt. Und dazu reichen unsere Japanischkenntnisse momentan noch nicht.

Auf der Speisekarte sind eine Menge Varianten besagter Nudelsuppe aufgeführt, die allerdings für uns Analphabeten nicht lesbar sind.* Verstohlen schauen wir zum Nachbarn, der soeben den Rest seiner Brühe mit lautem Schlürfen vertilgt, aber das hilft auch nicht weiter. Also nicken wir freundlich dem Ladeninhaber zu, welcher in gut einstudiertem Tempo die möglichen Alternativen herunterbetet. Wir nicken weiter, bis er zufrieden ist und sich geschäftig zu dem brodelnden Sud umdreht, aus dem er wenig später die Nudeln fischt. Mit etwas Glück kommen wir so in den Genuss besagter Suppe, die beidhändig mit Löffel und Stäbchen vertilgt wird.

Weniger exotisch, aber auch bedeutend weniger zufrieden stellend sind die hochmodischen Cafés und Szene-Restaurants, die besonders in letzter Zeit wie Pilze aus dem Boden schießen. Die zumeist liebevolle Einrichtung lässt gutgläubige Mitbürger wie mich gerührt hereinmarschieren, in der Überzeugung, etwas Handfestes aufgetischt zu bekommen. Achtung, unbekannter Tourist, der schöne Schein trügt. Oft unternehmen diese Lokale gewagte Ausflüge in das Reich der Nouvelle Cuisine und sind sich zu fein, dem profanen Wunsch nach einer gewissen Quantität der Speisen zu entsprechen: Fischfilets, kaum größer als ein Schokoladenriegel, oder Steaks, denen der Größenvergleich mit einem Bierdeckel schmeicheln würde. Lediglich was die Rechnung betrifft, sind diese durchgestylten Trendrestaurants gar nicht zimperlich, schließlich muss ja das Designergeschirr abgestottert werden.

Auch schlichtere Etablissements zeichnen sich durch übermütige Experimentierwut aus. Japanische Hausmannskost wird bunt durcheinander würfelt: Schweineschnitzel in Currysoße, Spaghetti mit rohem Fisch und Seetang, oder im normalen Leben recht schmackhafte Buchweizennudeln, in ein unschuldiges Weizenbrötchen geklemmt und mit einer süßlichen Soße durchtränkt. Die Liste könnte endlos fortgeführt werden.

Am Ende landen wir in einem der bekannten Fast-Food-Tempel, von denen es hier so viele gibt, dass man sich fragt, ob die Leute

---

*Oft ist in einem Schaufenster das Menu aus Plastik aufgereiht, was wohl den Appetit anregen soll - falls das Display nicht verstaubt und mit toten Kakerlaken garniert ist

denn eigentlich nie zu Hause essen. Hat die japanische Küche doch den Vorteil, dass die Essgewohnheiten nicht knapp über Badehosenoberkante sichtbar werden. Gerade in letzter Zeit sieht man allerdings Kinder und Jugendliche von erstaunlicher Körperfülle, welche mit Bildern drahtiger Karatekämpfer nicht zu vereinbaren ist. Vor allem das Marketing einer auch in Europa bekannten Schnell-Ess-Kette ist hierzulande gnadenlos. Ungeachtet des faden Aromas tut der Marktführer aus Amerika so, als würde der Hamburger jeden Monat neu erfunden. Mal entdecken wir ein verschrecktes japanisches Grillhuhn zwischen den Brötchenhälften, dann wieder die geschmacklose Abart einer nationalen Lachsspezialität.

Wo wir gerade bei Restaurant-Ketten sind: Pizza wird in Japan natürlich auch verkauft. Dennoch möchte ich aus Sicherheitsgründen nicht verschweigen, dass Pizzabäcker hierzulande die seltsame Neigung haben, die Teigscheiben mit Dingen zu belegen, welche man in anderen Teilen der Welt an dieser Stelle nicht vermuten würde. Sei es Seetang, roher Fisch, fermentierte Sojabohnen, koreanisches Kohlgemüse - nichts bleibt unversucht. Die Japaner mögen ein liebenswertes Völkchen sein - bei Pizza hört der Spaß auf.

Japan wäre nicht Japan, wenn amerikanische Restaurantketten nicht vielfach kopiert würden. Wo der ausgehungerte Blick auch hinschweift: das kulinarische Bild ähnelt sich von Hokkaido bis Okinawa. Überall gibt es die gleichen Diners, Suppenbuden oder fernöstlichen Hamburger-Bratereien. Doch wo immer die Reise hingeht - stets wird man bedrängt, lokale Spezialitäten zu probieren. *Tonkotsu-ramen* oder *kuro-buta* in *Kyushu, okonomiyaki* in Hiroshima, *udon* in Shikoku, Rinderzunge in Sendai, *miso-ramen* in Hokkaido - die Liste könnte unendlich fortgesetzt werden. Es ist einer der vielen wundersamen Gegensätze, die das Leben hier so interessant machen (und uns Westler verzweifeln lassen).

Selbstverständlich gibt es kulinarisch gesehen auch positive Dinge aus Japan zu berichten, sehr positive sogar: schmackhafte in Mehlteig frittierte Fisch- und Gemüsestücke zum Beispiel, *tempura* genannt. Zu empfehlen natürlich auch *sushi* und *sashimi,* beides aus rohem Fisch, in letzterem Fall ohne subalternes Reisbällchen. Von den vielen Fischsorten, die in Japan eher in gegartem Zustand verzehrt werden, sind besonders *buri* (Gelbschwanz), vor allem aber *unagi* (Aal) zu empfehlen. Der Fisch wird längsseitig aufgeschnitten, filettiert und mit schmackhafter Soße bestrichen gegrillt.

Auch die schon erwähnten Nudelgerichte sollte man sich nicht entgehen lassen. Sei es in Suppenform, als *yakisoba* mit Fleisch und Kohl gebraten oder auch kalt - Nudeln, auf Japanisch *men,* sind längst Nippons heimliches Nationalgericht. Viele Einheimische essen sie fast täglich, und für den Touristen bietet sich der Vorteil, dass derlei Kost etwas unbestreitbar Vertrautes an sich hat.

Die Krone der japanischen Kochkunst gebührt allerdings dem berühmten Kobe-Rindfleisch. Die Luxusrinder dieser einzigartigen Zucht bekommen täglich Bier vorgesetzt, werden Spazieren geführt oder sanft massiert. Wer das Filet dieses göttlichen Tieres nie probiert hat, ist als Gourmet gewissermaßen noch Jungfrau.

Der Autor versichert im Übrigen aus eigener Erfahrung, dass sich alle hier empfohlenen Speisen zum Zeitpunkt des Verzehrs nicht mehr bewegt haben. Etwaige Ausnahmen bitte ich mir über den Verlag mitzuteilen.

Die Hobbyfanatiker

In Hiroshima gibt es ein Café, in dem sich Tag für Tag Freunde klassischer Musik versammeln. Der Gast kann hier seinen Kaffee mit einer richtig entspannenden Mozart-Sonate im Hintergrund schlürfen. Der Blick erfreut sich an unzähligen Devotionalien lebendiger und toter Klassik-Stars. Yo-Yo Ma lächelt dem Gast ebenso in die Tasse wie Vladimir Horowitz. Auch die Schallplattensammlung mit über tausend Aufnahmen nötigt dem Experten durchaus Respekt ab.

Beim Anblick des Plattenspielers jedoch droht die anheimelnde Atmosphäre des Gasthauses ins Surreale abzugleiten. Falls der Besucher es bis jetzt noch nicht hat wahrhaben wollen: er befindet sich im Reich eines Klassik-Verrückten. Von dem Monstrum in der Ecke als ordinäres Abspielgerät zu reden, ist im Grunde nicht ganz richtig. Es handelt sich vielmehr um einen Altar zu Ehren des Schellackgottes. Der Plattenteller ruht auf einem massigen Untergestell mit schweren Holz- und Schiefertafeln. Der filigrane Tonabnehmer mit Spule aus massivem Gold veredelt jede Aufnahme zum Meisterwerk.

Erst jetzt entdeckt der Besucher die Boxen, welche die gesamte Stirnwand des Raumes einnehmen, und die er wegen ihrer Größe anfangs übersehen hat. Umfangreicher als Großmutters Kleiderschrank aus Kaiser Wilhelms Zeiten, füllen die Lautsprecher jeden Winkel des Cafés mit erlesenen Klangwolken. Falls dem Gast der Sinn nach Lebendigem ist, steht ein Flügel etwas eingeengt zwischen den Phonomonstern, um hoffnungsvollen Pianisten zu ersten Auftritten zu verhelfen.

Der Besucher muss etwas genauer hinschauen, doch dann hat er das Schmuckstück entdeckt, das den Betreiber der gastlichen Stuben endgültig als Fanatiker entlarvt: über dem Klavier hängt ganz unauffällig eine streng blickende Kopie der Totenmaske Beethovens.

Japaner können in ihren individuellen Leidenschaften ganz schön verrückt sein. Pfeifenraucher zum Beispiel dürfen im fernen Osten keineswegs in aller Muße vor sich hin schmauchen. Ein Bekannter erzählte mir neulich, dass er demnächst zur nationalen Großversammlung der Pfeifenfreunde fährt, wo er mit Gleichgesinnten die neuesten Nachrichten aus der Tabakszene diskutiert, neue Produkte begutachtet oder auch an einem Wettbewerb teilnimmt - wer mit einer vorgegeben Menge Glühkraut sein Pfeifchen am längsten in Gang hält, hat gewonnen.

Eines verbindet all die, die ihre Freizeit zum Lebensinhalt erhoben haben: es wird Geld ausgegeben. Die durchschnittliche japanische Hobbyausrüstung ist auf keinen Fall billig. Ein Kollege von mir besitzt einen Spezialschrank von der Größe eines Toilettenhäuschens, der einen guten Teil seines Wohnzimmers ausfüllt. Darin befinden sich mehrere hundert Flaschen erlesenen Weines, die bei Idealtemperatur der individuellen Reife entgegenschlummern. Bei einer Party in den heimischen vier Wänden war der Hobbysommelier - Gott segne ihn - in der Lage, seinen Gästen jeweils eine Flasche ihres Geburtsjahrganges zu kredenzen. Ein schöneres Hobby lässt sich schwerlich finden (vor allem, wenn man zu den glücklichen Eingeladenen gehört).

Doch auch wo es weniger auf die Ausrüstung ankommt, geht es fröhlich zu - gerade neulich habe ich erfahren, dass der aus Hiroshima stammende Dirigent Eiji Oue einen Fanklub hat, der ausschließlich aus Damen der feineren Gesellschaft besteht. Diese Damen, allesamt in fortgeschrittenem Alter und mit ausreichend Kleingeld, reisen dem viel beschäftigten Maestro hinterher, besuchen seine Auftritte und lassen sich zusammen mit ihrem Idol ablichten. Ob in Cincinnati, Hannover oder Osaka aufgenommen - die Bilder des Lieblings werden hartnäckig in einem vierteljährlich erscheinenden Blättchen veröffentlicht. Meistens sind auf den Fotos noch zwei bis drei Personen, die nur zufällig in der Nähe waren und dementsprechend überrascht in die Kamera starren. In letzter Zeit hat sich die Aufmerksamkeit der energischen Damen jedoch verstärkt Seiji Ozawa zugewandt, und die Jagd nach dem Chefdirigenten der Wiener Philharmoniker gibt Herrn Oue zumindest vorübergehend ein wenig Luft zum Verschnaufen.

Ist es ein Wunder, dass viele Japaner ihrer Mitmenschen müde sind? Nicht wenige Zeitgenossen schützen sich, indem sie die Zahl ihrer sozialen Kontakte auf ein notwendiges Muss reduzieren. An Stelle humaner Freunde tritt ein Haustier, das umso stärker bemuttert und verzärtelt wird. So finden sich spezielle Badeanstalten, um den behaarten Freunden nicht das Vergnügen original japanischer Körperpflege zu versagen. Hundeschulen und Haustiercafés kümmern sich um das soziale Miteinander der geliebten Vierbeiner. Weiter geht es mit allerlei Kleidchen, die modebewusste Hundebesitzer ihren tierischen Freunden in der kalten Jahreszeit überziehen. Im Sommer werten Bikinis und Sonnenhüte jeden Spaziergang zur Modenschau auf. Wenn Sie einen Blick in die reichhaltig ausgestatteten Zoogeschäfte werfen, werden Sie überrascht sein ob des überwältigenden Angebotes an Hundewindeln, Vitaminpräparaten und buntem Designerfutter. Lance Armstrong würde bei einer derartigen Auswahl an Energieriegeln das Wasser im Munde zusammenlaufen.

Doch nicht nur das leibliche Wohl, auch die seelische Balance ihrer treuen Gefährten liegt japanischen Haustierbesitzern am Herzen: von Dating-Agenturen über Hochzeitsveranstalter bis zu Yogakursen findet sich alles, was ein Hundeleben glücklicher macht. Und wenn das geliebte Pelzknäuel eines schönen Tages das Zeitliche segnet, findet sich selbstverständlich ein passendes Bestattungsinstitut, welches den Abschied würdevoll zu gestalten weiß.

Habe ich bislang von Vierbeinern gesprochen? Letzte Woche berichtete das Fernsehen von einem Mann, der einen Seehund in seinem Apartment im fünften Stock hält. Das Tier robbt vergnügt durch die Wohnung und badet regelmäßig in dem riesigen Planschbecken, das den größten Teil des Wohnzimmers einnimmt. Der Besitzer robbt hinterher und wischt seinem tierischen Liebling den Boden trocken.

Sie finden das exzentrisch? Wir haben doch gerade erst angefangen. Weiter bei den Zweibeinern: In der japanischen Öffentlichkeit wimmelt es von abgedrehtem Volk, das keinen Alltag zu kennen scheint. Ein Komikerduo, das ganze Talksendungen als Broccoli verkleidet durchsteht, oder ein Schriftsteller, der mal als Kleinkind, mal als Pierrot im Fernsehen auftritt - manchen Prominenten kann es nicht bunt genug sein. Doch das ist natürlich gar nichts verglichen mit Masako Ohya, die als steinreiche Unternehmerin auf eine bescheidene Kollektion von 4.000 Kleidern schauen kann. 4.000

Kleider, denken Sie? Hat doch jeder heutzutage. Stimmt, aber alle in rosa?

Auf jeden Fall geriet die grell geschminkte Dame wiederholt in die Schlagzeilen, als sie auf dem Golfplatz ihre Runden drehte - im luftigen Ballettröckchen. Ganz in rosa, versteht sich. Ach übrigens, Frau Ohya ist bereits über siebzig.[5]

Exzentriker gab es in Japan schon, als noch kein Golf gespielt wurde. Sie hielten bislang Kaiser Nero für verrückt? Hören Sie die Geschichte des Weihrauch-Fanatikers Owari-no-kami, der sich im Mittelalter einen Palast aus duftendem Zedernholz baute, selbigen anzündete und so das Land in einem Umkreis von zwanzig Kilometern parfümierte. Bei diesem Edelmann hätte selbst der berüchtigte römische Tyrann noch etwas lernen können.

Wie geht das nun zusammen, werden Sie sich wundern - ein Land voll strengster Umgangsformen, und mittendrin solch abgehobene Paradiesvögel? Nun, es ist ganz einfach: wenn Sie in Japan gewisse Grundregeln des einträchtigen Miteinanders nicht verletzen, ist Ihnen alles erlaubt. Solange Sie sich artig verbeugen und neue Bekanntschaften höflich um gute Freundschaft und gemeinschaftliches Wohlwollen bitten, stört es niemanden, wenn Sie Ihre Damenunterwäsche nach außen tragen.

Sie glauben mir nicht? Dann überlegen Sie sich für Ihren Japan-Aufenthalt etwas Ausgefallenes und legen Sie los. Das Fernsehen wartet schon. Ich auch.

賀正

Volkswanderung

Dreimal pro Jahr überkommt Japan die große Heimsuchung.

Dreimal pro Jahr erscheint eine Kette von Tagen in meinem Kalender rot hervorgehoben, was darauf schließen lässt, dass sich das Land in den Ausnahmezustand begibt. Die Rede ist von den drei großen japanischen Ferienereignissen *Oshogatsu* (Neujahr), der *Golden Week* im Mai und den *Obon*-Tagen im August.

Hier ist nun vorerst anzumerken, dass der gemeine Durchschnittsjapaner in der sonstigen Zeit ferienmäßig nicht viel zu lachen hat. Gerade einmal 8,8 bezahlte Ferientage hat der normale Bürohengst im Jahr 2003 sich zu nehmen erdreistet. Auch wenn offiziell mehr drin wäre - kein Arbeitnehmer möchte sich gerne als Faulpelz brandmarken. Es bedarf landesweiter Feiertage, um einen japanischen Werktätigen von seinem Schreibtisch wegzuholen. Dieser Zustand ist den offiziellen Stellen bis hinauf zum Kaiser wohlbekannt. Aber glaube mal einer, dass deswegen die mickrigen Ferientage etwa nach deutschem Vorbild je nach Landesteil zu unterschiedlichen Zeiten abgehalten würden - nichts da. Gut, was Neujahr betrifft, sieht man sich gewissen unverrückbaren Grundvoraussetzungen gegenüber. Hier muss man den Chinesen ein Kompliment machen, da sie ihre Sylvesterfeierlichkeiten regelmäßig im Februar abhalten, um den ohnehin schon winzigen Globus nicht mit weiteren Feuerwerken zu verräuchern.*

Weil alle Japaner zur gleichen Zeit frei haben, und alle Straßen sich mehr oder weniger die Südküste entlang bewegen, bekommt der japanische Archipel zu den Feiertagen Schlagseite. Dazu die tagelangen Vorbereitungen: man mache sich klar, dass Japan grundsätzlich zu den Ländern gehört, in denen alles, aber auch alles rund um die Uhr erhältlich ist. Und trotzdem stürmen die Leute die Supermärkte, als stehe eine mindestens siebenjährige Hungerperiode unmittelbar ins Haus. Früher gab es noch wenigsten den 1. Januar, an dem ausnahmsweise Ruhe herrschte. Den 1. Januar gibt es natürlich immer noch, doch haben die Geschäfte neuerdings sogar an diesem heiligen Tag offen. Man kann also ohne Hast - na, was wohl - Einkaufen gehen.

Überhaupt sind den Japanern Ruhetage genauso fremd wie Europäern ein Jahr ohne Weihnachten. Wer am Wochenende morgens sich den Schlaf aus den Augen reibend ins Freie tritt und blinzelnd nach der Zeitung tastet wird überrascht feststellen, dass die Nachbarn soeben vom Klaviervorspiel der Tochter zurückkommen und außerdem sechs übervolle Picknickkörbe ins Auto schleppen, in dem die bereits abgeholten Schwiegereltern geduldig warten. Ich übertreibe nicht: die Leute gönnen sich einfach keine Pause. Frage ich meine Kollegen, was sie über die Feiertage gemacht haben, so bekomme ich die einhellige Antwort, dass man stundenlang unterwegs gewesen sei, um den neuen Vergnügungspark in soundso auszuprobieren und vor Achterbahn oder Riesenrad mindestens zweieinhalb Stunden angestanden habe; dass hernach noch drei Stunden Anfahrt zum Landgasthof und am nächsten Tag ein Verwandtenbesuch mit anschließender abendlicher Heimfahrt zu absolvieren waren.

Kein Wunder, dass die Leute immer müde sind! Und weil alle über die gesamte Dauer der Feiertage ständig unterwegs sind, stehen sich alle gegenseitig im Weg. Verkehrsstaus erreichen vor allem im Ballungsraum Tokio beinahe galaktische Ausmaße.

---

*Bis ins 19. Jahrhundert hinein ließen die Japaner ihr neues Jahr ebenso im Februar beginnen - erst die gewaltsame Modernisierung des Landes passte das Datum des Festes dem westlichen Kalender an

Mit Ausnahme der Neujahrstage ist im reich mit Feierlichkeiten bestückten japanischen Kalender kaum noch Platz, sich an den eigentlichen Anlass zu erinnern. Warum sollte man auch? Man hat ja wahrhaftig genug zu tun! Für Leser, die es unbedingt genauer wissen wollen, sei hier angemerkt, dass sich sogar die offiziellen Stellen nicht ganz im Klaren sind, worum es eigentlich geht. Fest steht, dass die japanische *Golden Week* zu Anfang Mai ein Kind des 20. Jahrhunderts ist. Rein zufällig fiel der Geburtstag des ehemaligen Kaisers Hirohito mit dem »Feiertag des Kindes« und dem »Tag des Grundgesetzes« zusammen. Verknüpft mit einem Wochenende und einem als Joker dazwischen gesetzten Nationalfeiertag bildeten diese Tage nun schon eine - allerdings japanische - Ferienwoche. Japanisch, weil immer noch ein Werktag verblieb, um zu vermeiden, dass gestresste Angestellte am Ende ihre Arbeit vergessen. Nach dem Tode des Kaisers Hirohito im Jahre 1989 hätte nun eigentlich sein Feiertag abgeschafft gehört - doch wäre dann beim besten Willen nicht viel von der *Golden Week* übrig gewesen. Ein zünftiger Feiertag musste her. Und so entstand an Stelle des alten Kaisergeburtstages der neue *Green Day*. Was genau an diesem Tag gefeiert wird, steht noch nicht ganz fest - im sonst so rasanten Japan dauern derartige Entscheidungen etwas länger. Es sind ja erst 16 Jahre vergangen, und man kann von den Beamten nun wirklich nicht verlangen, dass sie wegen eines lächerlichen Tages Überstunden machen. Schließlich ist doch frei, oder? Anregungen, was man mit diesem bedeutungslosen Feiertag anstellen könnte, sind allerdings durchaus willkommen. Man könnte zum Beispiel des Grüns der Heuschrecken gedenken, bevor sie gegrillt und gegessen werden. Saftgrün sind hierzulande auch die fetten Raupen, die sich stets hinterrücks aus Bäumen und überhängendem Buschwerk in bereitstehende Picknickkörbe stürzen.

Nur zwei Sachen sind in Japan absolut nicht grün: zum einen gibt es keine ebensolche Partei, die das plüschige Graubraun des japanischen Parlamentes auffrischen würde. Zum anderen die Polizei, die in blauen Uniformen und schwarz-weißen Streifenwagen unschuldig flüchtenden Verkehrssündern nachstellt, und dabei mit einem gänzlich unpassenden Blinklicht in rot auf sich aufmerksam macht.

Aber ich wollte ja noch ein wenig über japanische Ferien erzählen. Nachdem der ehemalige Kaiser durch sein Ableben der *Golden Week* ihrer Bedeutung beraubt hat, wenden wir uns enttäuscht den

Feiertagen im August zu. Die *Obon*-Periode umfasst in der Regel nicht mehr als vier Tage, die Mitte August dafür sorgen, dass automobile Klimaanlagen heiß laufen. Eigentlich sind es gar keine richtigen Feiertage, mein Kalender verweigert zu ihrer terminlichen Platzierung beharrlich jede Auskunft, und man merkt erst etwas von ihnen, wenn man schon im Stau steht. Alle anderen Leute sind natürlich bestens informiert und wissen genau, wie lange es dauern wird, bis sich die Kolonne die nächsten zwei Meter bewegt. *Obon* findet bei uns seine Entsprechung in Allerseelen, zu dem regelmäßig der Ahnen und jüngst verstorbenen Verwandtschaft gedacht wird. Doch wo bei uns das zumeist grautrübe Novemberwetter für die passende Stimmung sorgt, ziehen die Japaner im Sommer mit bunt geschmückten Lanzen zum *ohaka-mairi* auf die Friedhöfe. Ansonsten wird die freie Zeit nicht anders als zu den übrigen Feiertagen genutzt, nur dass beim dreistündigen Warten vor dem Riesenrad dank der Augusthitze noch ein gewisser Schweiß- und Ohnmachtsfaktor dazukommt.

Der kundige Japan-Resident flüchtet lieber in seine Heimat, oder in die einsame Bergwelt, hoch hinauf, wo die Straßen allenfalls von Bären und Holzabfuhr blockiert sind. Aber davon erzähle ich in einem anderen Kapitel.

Gaijin bedeutet Fremdling

Wenn es mich von Zeit zu Zeit in meine Heimat verschlägt, werde ich oft neugierig gefragt, wie es denn so ist, als Ausländer in einem völlig fremden Land zu leben.

Nun, das ist nicht in einem Atemzug zu beantworten, aber das Attribut, das am ehesten zutrifft, ist »interessant«.

Eigentlich wird einem in Japan nie langweilig, und das beruht auf Gegenseitigkeit. Ausländer sind hierzulande immer dann willkommen, wenn es gerade schlagzeilenmäßig nichts zu lachen gibt, und auch sonst eine gewisse intellektuelle Leere vorherrscht. Da sind Menschen fremder Herkunft in den Medien gefragt, bunte Farbtupfer in den unterhaltungstechnischen Einheitsbrei zu setzen. Denn so sehr sich die Japaner auch Mühe geben, mit individuell gefärbten Haaren oder schriller Verkleidung aufzufallen - dass es sich um gewöhnliche Landsleute handelt, hat der halbwegs interessierte Fernsehzuschauer spätestens nach der siebten Verbeugung herausbekommen.

Ausländer sind anders. Das ist das Axiom, mit dem die Kinder hier aufwachsen, das sie gewissermaßen mit der Muttermilch einsaugen. Japaner sind hier, alle anderen da - so einfach ist das gedankliche Muster der Bevölkerung Nippons. Existiert für den Umgang mit Landsleuten ein festgelegter Katalog an Verhaltensregeln, so versagt dieses Sicherheitsnetz im Anblick ungekannter Herausforderungen. Nicht umsonst bin ich stolzer Besitzer einer Ausweiskarte, die mich in der Kategorie *Alien Resident* - also als Außerirdischer - einordnet.

Wenngleich persönliche Beziehungen und Freundschaften mit Außerirdischen nur unter größter Vorsicht eingegangen werden, schmücken sich Gruppen dagegen oft mit einem Exoten in ihren Reihen. Dass Japaner vorzugsweise im Verbund existieren, hatte ich in einem früheren Kapitel schon erwähnt. Egal, was Japaner in ihrer Freizeit tun, vom Gärtnern über Flamencotanzen bis zum Schlangenzüchten, niemand bleibt gerne allein. So wird jeder Spaß zum gesellschaftlichen Ereignis, welches - um die moderne Offenheit des Landes zu demonstrieren - durch ein fremdes Gesicht erst die richtige Würze bekommt. Außerdem ist das Risiko, das der

Kontakt zu fremdartigen Wesen mit sich bringt, mit vereinten Kräften leichter zu kontrollieren. Vor allem Europäer sehen sich bestürmt, die unterschiedlichsten Aktivitäten mit ihrer Anwesenheit zu zieren. Zum Abschluss wartet dann natürlich das obligatorische Gruppenfoto, auf dem sich der internationale Gast wie durch ein Wunder stets in der Mitte wieder findet.

Es ist merkwürdig: obwohl Asiaten mit knapp zwei Dritteln die weitaus größte Gruppe an Ausländern stellen, dominieren in der Werbung europäische Gesichter. Gnadenlos der Anti-Rassismus, mit dem der durchschnittliche Japaner ständig eine angeblich perfekte Physiognomie vor Augen gehalten bekommt. Sogar in den äußerst beliebten Comics, den *manga* (wörtlich: »Komische Bilder«), herrschen spitze Stupsnasen und übergroße Glupschaugen vor, ganz abgesehen von dem schlanken, hochgeschossenen Körperbau, der weithin als Ideal propagiert wird.

Nun mag der ein oder andere Ausländer zufällig mit einem vermeintlich idealtypischen Körperbau gesegnet sein - es bleibt immer noch das Problem der Sprache. Denn es ist ganz gleich, wie sehr sich gefeierte Schauspieler oder Sportler bemühen - die linguale Distanz steht zwischen ihnen und ihren japanischen Fans wie eine gläserne Mauer. Ein bemühtes *ohaio gozaimasu* (»Guten Morgen«), von Harrison Ford hartnäckig in einer Abendshow gebraucht, befriedigt ebenso wenig wie Arnold Schwarzeneggers *konnichi-wa* (»Guten Tag«) mit steirischem Akzent. Als Substitut müssen daher Personen herhalten, die in Japan wohnhaft und des Japanischen ausreichend mächtig sind, um sich im nationalen Fernsehen zu behaupten. Da gibt es zum Beispiel den Amerikaner Dave Specter, der uns Morgen für Morgen mit seinen Einschätzungen zur Lage in den Vereinigten Staaten unterhält. Er ist als unumstrittener Experte in Sachen Ausland natürlich willkommen, und niemand traut sich, ihm zu widersprechen (was seine japanischen Co-Moderatoren sowieso nie tun würden, schon gar nicht auf Sendung). Dann ist da der weniger intellektuelle, doch mit reichhaltigen Muskelpaketen bestückte Afroamerikaner Bob Sapp (2,05 m groß, 170 kg schwer), der seine Gegner als Kickboxer das Fürchten lehrt. Im Studio gibt er sich allerdings galant und unterstützt wissenschaftliche Untersuchungen aller Art - etwa, wie viel ein derartig großer Mensch jeden Tag isst. Hinter der Erörterung solch wichtiger Fragen müssen politische Ereignisse natürlich zurückstehen, und auch Auslandsberichte beschäftigen sich viel lieber mit den wirklich interessanten Dingen. Zum Beispiel mit der Tatsache, dass die weltgrößte Schneckenart in Afrika lebt (39,3 cm lang, fast 1000 g schwer). Oder, noch wichtiger, dass die höchste und schnellste Achterbahn der Welt vor kurzem im US-Bundesstaat New Jersey eröffnet wurde (genannt *Kingda-Ka*, 139 m hoch, bis zu 206 km/h). Seither musste natürlich jeder ernsthafte japanische Journalist, der etwas auf seine Berichterstattung hält, eine mörderische Fahrt in diesem Teufelsding absolvieren. Fast sah es aus, als fände vor allem bei Reporterinnen ein informeller Wettkampf statt, wer am schönsten Kreischen kann.

Neben so viel wissenschaftlichem Interesse am Weltgeschehen bleibt verständlicherweise wenig Zeit, sich mit dem Durchschnittsaußerirdischen von nebenan zu beschäftigen. Wenn man verkündet, dass man weder Unmengen essen kann, noch sich viel aus Achterbahnfahrten macht, darüber hinaus auch keine körperlichen Rekordwerte zu bieten hat - was bleibt dann? Egal, für eine Miniaturüberraschung ist ein Ausländer allemal gut, und das muss für einen unterhaltsamen Abend vorerst genügen.

Nun will man ja nicht so sein, man ist seinen japanischen Bekannten für die Einladung durchaus dankbar und spielt brav mit. Bevor nun ein Nicht-Japaner nach Kräften um die Gunst seiner Gastgeber buhlt, sei warnend angeführt, dass die meisten Bewohner Nippons es grundsätzlich nicht schaffen, sich mit Ausländern ideell auf die gleiche Stufe zu stellen. Auf der einen Seite die Japaner mit einem so genannten *Gaijinkomplex* (eine Wortschöpfung, die im alltäglichen Sprachbewusstsein tatsächlich existiert). Diese Leute betrachten sich selbst und ihr Land dem Rest der Welt gegenüber als minderwertig. Ausländer sind schöner, klüger, weltgewandter, sportlicher - es gibt keine Platitude, vor dem das angekratzte japanische Selbstbewusstsein haltmacht.

Auf der anderen Seite die Menschen, die sich und ihr Volk als etwas Besonderes betrachten: ihr Denken ist beherrscht von Traditionen, nach denen der japanische Kaiser vom Sonnengott höchstpersönlich abstammt, und aufgrund derer nur ein Japaner wirklich sauber und rein ist. An allem Fremden gibt es logischerweise etwas auszusetzen. Diese Einstellung manifestiert sich zum Beispiel darin, dass bis vor kurzem noch einige private japanische Bäder Ausländern den Zutritt zu verweigern suchten (inzwischen gibt es auch hier Gesetze, die Apartheid verbieten). Dazu werden Blutspenden von Fremden mit dem fadenscheinigen Grund abgelehnt, dass diese das mit komplizierten Schriftzeichen versehene Einverständnisformular ja nicht lesen könnten.

Die Ausrichtung ist individuell natürlich unterschiedlich und kann je nach Gemütslage schwanken. Was ihre Einstellung zum Ausland betrifft, sind Japaner im wahrsten Sinne des Wortes himmelhoch jauchzend zu Tode betrübt.

Wenig anders verhält es sich aus meiner Sicht: Wie jeder Nicht-Japaner, der längere Zeit auf dieser Insel verbracht hat, verfüge ich über eine klar umrissene Liste. Auf der einen Seite sind die Dinge, die mir an diesem Land gefallen (pünktliche Züge, Verlässlichkeit, keine »Hitparade der Volksmusik« im Fernsehen), auf der anderen Seite befinden sich die weniger willkommenen Aspekte (Gefühlskälte, Zwangskonformismus, die Frisur des Ministerpräsidenten). Vor- und Nachteile sind deutlich voneinander getrennt, und je nachdem, welche Seite überwiegt, kann man einen Ausländer als »japanophil« oder als »japanophob« einstufen. Setzt man ersteres auf einer Skala gleich zehn, und letzteres gleich minus zehn, lässt sich der Gemütszustand eines jeden Ausländers mit einem einfachen Punktesystem rasch bewerten. Ich selbst ordne mich in etwa zwischen sieben und acht ein (also im Prinzip freundlich gesonnen). Manche fremdländischen Mitbürger schießen allerdings über das Ziel hinaus (weit hinaus, wenn Sie mich fragen) und werden japanischer als die Einheimischen. Bücklinge nach allen Seiten, traditionelle Höflichkeitsfloskeln, jedem Straßenfeger ins Gesicht geschleudert - Identitätsverirrung inklusive. Ein ausländischer Kollege an der Universität, der sein öffentliches Leben in gebückter Haltung zubringt und eine Entschuldigungsneurose entwickelt zu haben scheint, geht auf meiner Skala glatt als fünfhundert durch. Oft sind es Amerikaner, denen es schwer fällt, sich an die beengten Verhältnisse in Japan zu gewöhnen. Seien es japanische Schnellrestaurants (keine XL-Portionen) oder einheimische Autos (alle mit dem Steuer auf der falschen Seite) - mancher Yankee kann erst frei atmen, wenn ihm das gestreifte Sternenbanner um die Nase weht.

Gaijinkomplex oder Japanphobie - von welcher Seite auch betrachtet, scheint noch der ein oder andere Graben im Weg zu sein. Aber ich gebe mir Mühe. Gleich morgen werde ich mit der Verständigungsarbeit anfangen. Wenn sie mich nur in dieses japanische Bad hereinlassen würden.

48 Arten, den Müll zu trennen

Wenn die Japaner etwas beschlossen haben, dann gibt es kein Zurück, dann machen sie es auch richtig. Ganz gleich, wie groß der Aufwand, egal, wie hoch das Opfer auch sein mag.

Ich glaube, es lässt sich mit einiger Sicherheit behaupten, dass es keine Nation auf diesem weiten Planeten gibt, die ihre Abfälle mit solcher Zuwendung behandelt, wie es die Japaner tun. Zwischenmenschliche Beziehungen, Kinder und Haustiere, Wohnkomfort - alles wird unbedeutend, wo das Thema Müll auf der Tagesordnung steht. Wie Sie gleich sehen werden, hält einen die hiesige Müllabfuhr auf Trab. Längst hat sie andere öffentliche Dienste in die zweite Reihe verbannt. Um den strengen Zeitplan der Müllentsorgung einzuhalten, werden gnadenlos Krankenwagen von der Straße gedrängt, wird Feuerwehren der Rettungsweg blockiert. Die wahren Helden Japans sind nicht etwa muskelbepackte Brandschützer, wie sie sich zum Beispiel in den USA gerne in Kalendern zur Schau stellen. Nein, es sind die stets sauber gekleideten Entsorgungsfachleute, die Hausfrauen die Knie weich werden lassen oder in kleinen Jungen sehnsüchtige Zukunftsträume wecken. Doch lassen Sie mich ins Detail gehen.

Um die oben erwähnten Helden nicht - was der Allmächtige verhüten möge - zur Untätigkeit zu verdammen, müssen natürlich erst einmal die Nachschubwege gesichert sein. Eine ordentliche Müllabfuhr benötigt eine bestimmte Menge an Abfällen, ohne die es keinen Spaß macht. Also bemüht sich der durchschnittliche japanische Verkaufsbetrieb, im Einklang mit dem Kunden ein Mindestmaß an Verpackung sicher zu stellen. Lebensmittel sind in der Regel doppelt, Geschenke gar drei-, vier- oder fünffach eingewickelt.

Neulich erhielt ich von einem scheidenden Kollegen zum Abschied eine Packung mit Keksen einer lokalen Konditorei. Neben der obligatorischen Geschenktüte, ohne die ein so wertvolles Präsent auf keinen Fall überreicht werden darf, war der stabile Pappkarton in buntes Geschenkpapier eingeschlagen, auf dem stolz der Name besagter Konditorei in 51-fach wiederkehrendem Muster prangte. Endlich hatte ich mich zu den Keksen durchgearbeitet, die sanft in Kunststroh gebettet und in kleine Plastikbeutelchen gehüllt ihrem Verzehr entgegenschlummerten. Zu jedem Stück gehörte noch ein winziges Tütchen eines geheimnisvollen Pulvers, welches das Gebäck vor dem Austrocknen bewahren sollte und auf keinen Fall verschluckt werden durfte. Nachdem ich das kunstvolle Stillleben gebührend bewundert hatte, machte ich mich an die Entsorgung. Die Kekse gingen nach raschem Verzehr den altbekannten Weg durch meine bewährten Verdauungsorgane. Dieser Teil war leicht, da etliche Male erprobt. Geradezu hoffnungslos saß ich jedoch dem gewaltigen Müllberg gegenüber, der sich auf meinem Esstisch häufte. Eifrig holte ich das »Handbuch der Müllentsorgung« hervor und blätterte nach dem Kapitel zur Entsorgung von Geschenkverpackungen. Rasch hatte ich mich durch die ersten fünf Abschnitte durchgearbeitet, um schließlich im Bereich »Backwerk« anzugelangen. Aha. Die Papiertüte und die bunte Umhüllung gingen zum Altpapier. Das war einfach. Schwieriger wurde es mit dem Pappkarton. Auch dieser gehört grob gesehen in Richtung Papier und Pappe, doch muss er laut Vorschrift vor Entsorgung fachgerecht auseinander genommen und zu einem handlichen flachen Stapel geordnet werden. Als ich emsig nach einer Reißnaht suchte, fiel das in der Schachtel vergessene Kunststroh heraus. Meine Faust hatte schon tatkräftig den Griff des Staubsaugers gepackt, da fiel mir siedend heiß ein: So nicht! Sollte etwa das kunstvoll erdachte Müllentsorgungssystem dieses großartigen Landes an einem unidentifizierbaren Gemisch in meinem Staubsaugerbeutel scheitern? Aber nicht doch!

Also gehörte das Kunststroh erst einmal aufgefegt und in seiner Beschaffenheit analysiert. Nachdem ich vorausschauend meinen Besuch bei der Hochzeit eines Bekannten abgesagt hatte - entsorgungstechnische Dinge kann man nicht auf die Schnelle erledigen - kramte ich mein Mikroskop hervor. Rasch gelangte ich zu der Feststellung, dass es sich bei besagtem Kunststroh um eine Polytetraäthylenverbindung handelte, die ergo in die Kategorie »Übrige Plastikstoffe« gehörte. Die die Kekse beherbergenden Tütchen gingen zum regulären Plastikmüll, da sie allesamt mit dem *PLA*-Zeichen versehen waren, dem etwas fantasielosen japanischen Äquivalent zum deutschen grünen Punkt. Das war also einfach. Doch so einfach auch wieder nicht. Zu spät fiel mir ein, dass ich die Beutelchen nicht auf eventuell vorhandene Krümelreste, die logischerweise zu den Küchenabfällen gehören, geprüft hatte. Nach mehreren Expeditionen in den Küchenmülleimer konnte ich auch diese Herausforderung beruhigt abhaken. Selten sind der städtischen Müllabfuhr sauberere, beinahe sterilisierte Plastikbeutel anvertraut worden. Rat- und Sprachlosigkeit übermannten mich allerdings wenig später in Anbetracht der kleinen Tütchen mit dem Entfeuchtungsgranulat. Kein Hinweis dazu in meinem Handbuch. Nach einer weiteren Stunde angestrengten Nachdenkens tat ich das einzig Vernünftige: ich sammelte alle Tütchen ein und deponierte sie in einem Sonderfach, über dessen Entsorgung ich mich zu gegebenem Anlass bei der Stadtverwaltung erkundigen würde. Das neue Fach bekam seinen Platz zwischen dem Karton für abgehalfterte Thermometer und dem für ausgebrannte Glühlampen.

Eigentlich besteht unser gesamter Haushalt aus Mülleimern und -boxen. Jede Müllart wird an einem anderen Wochentag eingesammelt, und da es vor dem Haus keine Mülltonnen gibt, muss man den jeweiligen Abfall so lange in der Wohnung aufbewahren, bis das korrekte Abholdatum eingetroffen ist. Bei uns bedeutet das beispielsweise, dass an Montagen und Donnerstagen Küchenabfälle samt Papiertaschentüchern und Windeln von den nimmermüden Entsorgungshelden entgegen genommen werden. Jeden Dienstag stehen unverbrennbare Abfälle wie Schuhe oder zerbrochene Keramiktöpfe auf dem Plan, im wöchentlichen Wechsel mit ausgedienten Neonröhren. Mittwoch dann entweder Altpapier oder Zahnbürsten, zum Wochenausklang schließlich wieder verwendbarer Plastikmüll und Getränkeflaschen. Das besagte Handbuch listet sage und schreibe 48 verschiedene Abfallkategorien auf, und das ist nicht erfunden. Es ist schon verrückt, was eine Zivilisation sich selbst antun kann.

Zum Wochenende möchte man sich am liebsten selbst an die Straße legen und entsorgen lassen, so geschlaucht ist man von dieser Mülltortur. Doch das geheiligte Handbuch sieht die Entsorgung von Menschen ebenso wie Haustieren nicht vor. Möglich wäre es, die Asche werter Verstorbener abholen zu lassen, allerdings müsste man auf den passenden Behälter achten - tönerne Urnen sind selbstverständlich separat zur Entsorgung abzugeben.

Ach übrigens, ehe ich es vergesse: Falls mir wieder jemand Kekse schenken möchte, bitte ich ab nun um Übergabe mit bloßen Fingern. Schließlich kann ich nicht ständig alle Termine absagen.

20.000 Zeichen und kein Ende

Am Ende dieses Kapitels werden Sie in der Lage sein, 3.500 japanische Schriftzeichen mühelos aus dem Gedächtnis aufzuschreiben.

Ich mache natürlich nur Spaß. Ganz so viele werden wir in dem begrenzten Raum, den uns dieses Kapitel zur Verfügung stellt, nicht schaffen. Außerdem sollten Sie die Zahl besser ein kleines Stückchen nach oben revidieren: rund 20.000 Schriftzeichen warten darauf, jeden Lernwilligen in seinen kühnsten Alpträumen heimzusuchen.

Lassen Sie mich vorerst erläutern, wie die japanische Sprache aufgebaut ist. Jedes Wort wird aus einer oder mehreren Silben gebildet. Ein bekannter Markenname wie zum Beispiel Toyota setzt sich also aus den Silben to-yo-ta zusammen. Jede dieser Silben hat ein Schriftzeichen in der *Hiragana* genannten Lautschrift. Es gibt genau 46 Silben - vorerst eine annehmbare Größe, denkt man sich.

Mich haben sie auch am Anfang so reingelegt. Denn kaum hat man emsig diese 46 Zeichen gelernt und probehalber dutzende Male in ein Schreibheft gekrakelt, das man seit Schulzeiten nicht angerührt hat, kommt die nächste Stufe. Alle 46 Zeichen noch mal, aber in einer etwas anderen, *Katakana* genannten Schrift. Diese Schrift wird im Allgemeinen für Fremdwörter, häufig auch für Markennamen benutzt. Einem ist an dieser Stelle ja schon fast alles egal - doch es wartet prompt der nächste Fallstrick. Bislang hat man sich lediglich damit abgeplagt, die glücklicherweise begrenzte Anzahl der Silben *phonetisch* darzustellen. Die restlichen 19.908 Zeichen aber legen die Silben und daraus gebildete Wörter in ihrer *Bedeutung* fest. Die Sache mit den Silben hat nämlich einen Haken: Obwohl die 26 Buchstaben unseres Alphabets sich zunächst geringfügiger ausnehmen, sind sie doch weitaus flexibler verwendbar als Silben. Wie aus einem Baukasten werden im Japanischen Wörter gebildet, so dass Verwechslungen vorprogrammiert sind. *Gakki* beispielsweise bedeutet sowohl »Musikinstrument« als auch »Semester«. Um beides unterscheiden zu können, greift der gebildete Japaner auf die *Kanji* genannten chinesischen Schriftzeichen zurück. Die Zeichen für das jeweilige *gakki* sind nämlich vollständig anders, jede Verwechslung ausgeschlossen. Nur derart barbarische Ausländer wie meine Wenigkeit sind überhaupt in der Lage, zwei vollkommen gleich klingende Wörter zu verwechseln. Weist man einen japanischen Zeitgenossen auf diesen Umstand hin, wird man in der Regel nur ein gut gemeintes, doch fassungsloses Kopfschütteln ernten. Sie haben es erraten - für die Bewohner Nippons wird ihre Sprache weitgehend durch die Schrift festgelegt. Wo unser Alphabet einen Kompromiss darstellt, die schriftliche Fixierung eines Idioms gewissermaßen auf den einfachsten Nenner bringt (Beispiel: Der Buchstabe g wird bekanntermaßen auf Deutsch, Englisch, Französisch oder Holländisch jeweils völlig anders ausgesprochen), kreist die komplette japanische Sprache um 20.000 Schriftzeichen. Und wir haben noch nicht einmal richtig angefangen.

Vermutlich werden Sie an dieser Stelle empört fragen, warum die Japaner nicht einfach unser Alphabet übernehmen und Ruhe geben. Lassen Sie mich dazu ein weiteres Beispiel anführen, das erklärt, wie unzulänglich sich unsere Schrift im Kampf mit japanischen Wörtern ausnimmt. Das Wort *kinen* bereitet einem Mitteleuropäer nicht weiter Kopfschmerzen, aber - und jetzt kommt der Haken - im Japanischen ist es ein großer Unterschied, ob man das Wort *kinen* oder *ki-nen* schreibt. Ersteres bedeutet »Nichtraucher« und ist unerlässlich, sollte man in einem Restaurant gefragt werden, in welchem Bereich man sitzen möchte. Letzteres heißt »Gedächtnis« oder »Gedenken«, und wer nun - witzig, witzig - von einem Gedenktag für Nichtraucher anfängt, wird über so einen *dajare* genannten Sprachwitz allenfalls ein müdes Lächeln ernten.

Immerhin kenne ich Einheimische, die den lieben langen Tag nichts als dumme Witze reißen, und so darf man sich auf die unterste Evolutionsstufe in der Entwicklung zum zivilisierten Japaner einreihen.

Doch kaum ist man dort angelangt, bleibt einem der nächste Witz gewissermaßen im Halse stecken: gibt es doch hunderte von absolut gleichen Wörtern, die grundverschiedene Bedeutungen haben. *Oru* kann mit »brechen« übersetzt werden, ebenso aber mit »weben«. In dem Dialekt, der in und um Hiroshima gesprochen wird, bedeutet das gleiche Wort auch noch »ist«, »sein«. *Hiku* bedeutet »ziehen«, aber auch (ein Instrument) »spielen«. Unterschieden werden die genannten Wörter lediglich durch - na, was wohl - die Schriftzeichen. Für die zunächst harmlos wirkende Vokabel *shoh* listet mein Lexikon stolze vierzehn grundverschiedene Bedeutungen auf. Auch wenn das ziemlich rekordverdächtig scheint, bin ich sicher, dass noch Wörter existieren, die selbst diese Zahl übertreffen.

Darüber hinaus gibt es natürlich etliche Kombinationen aus dem Silbenbaukasten, die für unsere Ohren zum Verwechseln ähnlich klingen (zum Beispiel *saka, sakai, sakan und sakana* - der Reihe nach: »Steigung«, »Grenze«, »blühend«, »Fisch«). Erneut wird der gebildete Japaner mitleidig über uns Aussätzige lächeln und triumphierend anführen, dass sich diese Wörter in ihrer schriftlichen Form überhaupt nicht ähneln. Dem ist schlecht zu widersprechen, und überhaupt sollte man sich vor ausgedehnten Diskussionen um Sinnzusammenhänge der japanischen Schrift hüten - für die Eingeborenen ist ihre Sprache eben so, wie sie ist. Und uns Abendländern ist halt nicht zu helfen. Schließlich quälen wir Japaner ja auch mit der deutschen Grammatik oder unverständlichen englischen Redewendungen.

Denn - oh weh, oh weh - hat man mit viel Mühe eines dieser ominösen Schriftzeichen erlernt, erfährt man quasi als Draufgabe, dass vielerlei Kanji auf zwei und mehr verschiedene Arten interpretiert werden können. Das Zeichen für »Wasser« zum Beispiel wird sowohl *mizu* als auch *sui* gelesen - was seine Ursache darin hat, dass die Mehrheit der Kanji vor langer Zeit auf ihrer Wanderschaft von China nach Japan jeweils wenigstens eine japanische Lesart zusätzlich adoptiert haben. Und das bedeutet, dass man zu tausenden von Zeichen noch einmal mindestens das Doppelte an Lesungen dazu lernen muss. Na, schon schwindelig?

Man tröste sich damit, dass aller Anfang schwer ist. Auch Japaner brauchen lange Jahre, bis sie ihre Schrift beherrschen, und leben in der ständigen Gefahr, alles wieder zu vergessen. Dieses Risiko bleibt uns mit unserem Alphabet immerhin weitgehend erspart, so dass wir ganz entspannt einschlafen können.

Ach ja, ich hatte zu Beginn des Kapitels versprochen, Ihnen 3.500 Kanji beizubringen. Nun, belassen wir es vorerst bei einem einzigen. Die anderen 3.499 kommen dann ab jetzt Woche für Woche. Mit dem von mir entwickelten Schnellkurs für Ehrgeizige werden Sie in lächerlichen 60 bis 70 Jahren das Minimalziel erreicht haben: Sie werden eine japanische Boulevardzeitung lesen und verstehen können.

Hier also die Lektion 1: Das Zeichen »一«, welches »eins« bedeutet. Ist doch gar nicht so schwer, oder? Nun schreiben Sie dieses Zeichen hundert Mal in ein Schulheft (besser: tausend Mal), und schicken es mir zur Korrektur. Wenn Sie schön sauber schreiben, verrate ich Ihnen auch, was »eins« auf Japanisch heißt.

Shopping als Volkssport

Gestern bin ich mit meiner Familie zu dem riesigen Einkaufszentrum gefahren, das seit neuestem einen Großteil der nördlichen Innenstadt Hiroshimas einnimmt. Es ist bei weitem nicht das einzige Shopping-Paradies in unserer Metropole; in den sieben Jahren, die ich hier lebe, sind im unmittelbaren Stadtgebiet ganze vier solcher Konsumburgen dem Volke übergeben worden. Dazu kommen ältere Einkaufszentren, innerstädtische Fußgänger-passagen und mehrere Kaufhäuser. Und das in einer Stadt, die nicht größer ist als Köln. Es ist schon verrückt.

Je gewaltiger so ein neu errichteter Komplex sich ausnimmt, desto schwieriger ist es natürlich, den Eingang zu finden. Nachdem ich mich mit dem Auto mehrmals versehentlich in Zulieferungsbuchten und scheunentorgroßen Frachteinfahrten verirrt hatte überfuhr ich fast einen freundlich winkenden Herrn. Das heißt, es waren zwischen ihm und meinem linken Kotflügel noch einige Millimeter Platz, so dass ihm das gut einstudierte Lächeln nur für den Bruchteil einer Sekunde verging. Der Uniformierte war Teil einer ganzen Armee von Parkwächtern, welche die in Scharen herbeiströmende automobile Kundschaft einwies. Wie der Pilot einer 747 folgte ich den Winken und Rufen und landete souverän im 8.Stock, Parkplatz 356.

Vom Parkdeck aus ging es zu einer Reihe von Fahrstühlen, die eben an unserem Stockwerk vorbeigefahren waren. Es ist eines dieser unerklärlichen Naturgesetze, dass ich vor Aufzügen stets die maximale Wartezeit verbringe. Bis der Förderkorb endlich eintraf, hatte sich um uns herum eine ansehnliche Menschenmenge gebildet. Im Inneren fand ich eine Hinweistafel, die das Gefährt für die Beförderung von 12 Personen auswies. Alles nur Theorie: Die Japaner haben schließlich noch Vertrauen in ihre technischen Meisterleistungen und probieren gerne, ob sich der bestehende Weltrekord zur Höchstanzahl der in einem Aufzug beförderten Personen brechen lässt. In jedem weiteren Stockwerk strömten ganze Völkerscharen hinzu, Kinderwagen wurden über die Köpfe gehoben; einem an die hintere Wand der Kabine gepressten Amerikaner lief der Schweiß in Strömen den Nacken herunter. Möglich, dass man derartig gesellige Aufzugfahrten in Idaho nicht kennt.

Schaukelnd, zitternd und ächzend kamen wir schließlich im dritten Stock an. Erleichtert stolperte ich in die Freiheit und sammelte meine Familienmitglieder ein. Vor unseren Augen eröffnete sich zunächst ein Kinderspielparadies. Groß natürlich die Versuchung, den eigenen Nachwuchs für die Dauer des Aufenthaltes in die Obhut zäher Damen zu übergeben, die sich von Berufs wegen den ganzen Tag mit Kindertränen und anderen Körperausscheidungen vergnügen. Am gestrigen Eröffnungssonntag war der Andrang allerdings so gewaltig, dass das in bunten Farben lockende Junior-Spielhaus wie ein aus den Fugen geratener Ameisenbau wirkte. Die japanischen Kinder müssen schließlich von klein auf für ihr späteres Dasein in überfüllten Aufzügen geschult werden, koste es, was es wolle. Wir zogen es dagegen vor, uns in den vielen Geschäften umzuschauen, die in mehrstöckigen Galerien untergebracht waren, in denen - ich sage dies ohne Übertreibung - ein Marathonläufer problemlos sein Training hätte absolvieren können. Falls er durch das Gedränge gekommen wäre.

Wie so oft gingen die Interessen weiblicher und männlicher Käuferschichten auseinander, so dass wir uns bald trennten, versehen mit jeweils einem Kind und Handy.

Ich bin eigentlich gar nicht der richtige Typ für so ein prunkvolles Einkaufsgebilde. Im Allgemeinen froh, die Dinge zu finden, die ich von vorn herein suche, mache ich mich wider aller psychologischen Tricks und Lagepläne aus dem Staub, ehe andere ihr Portemonnaie gezückt haben. Nicht so am gestrigen Sonntag. Kein Treppenhaus glich dem anderen, kein Ort, an dem ich bereits vorbeispaziert war, ließ sich so einfach wieder finden. Seufzend überließ ich die Navigation meinem fünfjährigen Sohn, der mich zielsicher in den gesuchten Buchladen und die ganz hinten versteckte Abteilung für internationale Literatur lotste.

Es ist interessant, wie sehr japanische Einkaufszentren nach jedem erdenklichen Strohhalm greifen, um einen Anlass für noch mehr Werbung und Verkaufsaktionen zu finden. Nach Weihnachten und Neujahr naht mit eiligen Schritten der *Valentine-Day* am 14. Februar. In Japan wird dieser Tag ganz einseitig begangen, in dem die weiblichen Mitglieder der Gesellschaft ihrem männlichen Umfeld ein in der Regel aus Schokolade bestehendes Geschenk überreichen. Natürlich ist jede knisternde Romantik hier fehl am Platze; derartige Gaben sind eigentlich nur unter Kollegen üblich, vielleicht um den langweiligen Büroalltag etwas aufzuhellen. Die beschenkten Söhne Nippons revanchieren sich dann einen Monat später am so genannten *White-Day*, in dem sie vergessen, sich für die längst konsumierte Schokolade mit einem Gegengeschenk zu bedanken. Das ist natürlich nicht nett, und so bricht allen Männern der kalte Schweiß aus, wenn sie ein Valentine-Präsent erhalten. Für mich gibt es nichts Schlimmeres, als jemandem termingerecht ein Geschenk machen zu müssen, so dass ich mich nahtlos an die nationalen Gepflogenheiten anpasse.

Im Mai wartet dann der im Einzelhandel so beliebte Muttertag. Unser Einkaufszentrum hatte sich dazu ganz poetisch das Motto *Love Mama, Enjoy Mama* ausgedacht, das einem an jeder Ecke den bevorstehenden Anlass ins Gedächtnis zu rufen suchte. Ein Schuft, wer hierbei an etwas anderes als die Huldigung einer braven Familienmutter denkt.

Nach einem eher halbherzigen Anlauf, aus dem allseits vergessenen Vatertag Profit zu schlagen, freuen sich Geschäftsinhaber im Juli dann auf den Sommerbonus, der in besseren Firmen den Angestellten in jährlich wechselnder Höhe ausgezahlt wird. Vielleicht steht ja dann überall: *Love Bonus, Enjoy Bonus* (oder direkter: *Give* Us *Your Bonus*!).

Die anschließende Durststrecke bis zum Jahresende manifestiert sich in kümmerlichen Versuchen, dem amerikanischen Halloween kommerziellen Reiz abzugewinnen, was die hiesige Kundschaft aber nicht weiter beeindruckt - schließlich muss sich das ausgedörrte Portemonnaie für den Geschenkrausch zu Weihnachten und Neujahr erholen.

Man hat es also als Konsument hierzulande nicht immer leicht. Mittlerweile blinkt das Handy mit der Nachricht: »Bin im Naturschmuckladen im 2.Stock«, worauf man ein lapidares: »Bin irgendwo hier im Buchladen« übermittelt. Endlich entschließt man sich, den Rest seiner Familie zu suchen und erforscht vergeblich sämtliche im zweiten Stock befindlichen Schmuckläden. Mit beinahe wunden Füßen entdeckt man schließlich ein amerikanisches Café, das einem wie gerufen kommt. Man will gerade an seinem doppelten Espresso nippen, da kommt die nächste Nachricht in der sonntäglichen Schnitzeljagd: »Haben den ganzen Buchladen nach euch abgesucht. Sind jetzt im *Clavecin*, Kinderkleidung, 1.Stock.«

»*Starbucks*, 2.Stock«, gibt man entkräftet zurück, wohl ahnend, dass das nicht die letzte Nachricht war, und das Handy noch heiß laufen wird. Denn so geht es weiter, bis man sich irgendwann müde zum Auto schleppt. Wenn man jetzt nur wüsste, in welchem der drei Parkhäuser man seinen Wagen abgestellt hatte.

Aber es gibt in Japan noch eine andere Einkaufswelt, weniger imposant, aber dafür umso altmodischer: Die winzigen Tante-Emma-Läden, die vor allem in den Vororten noch anzutreffen sind. Unweit meiner Arbeitsstätte steht ein beinahe abbruchreifes Haus, in dem eine uralte Dame Obst verkauft. Zur Straße hin offen, lockten mich eines Tages die schmackhaft frisch aussehenden Bananen ins Geschäft. Emsiges Räuspern und dann Rufen halfen nichts, der finstere Hintergrund des Ladenlokals blieb unbewegt. Gerade als ich mir überlegt hatte, dass besagte Dame ja nun vielleicht nach einem langen und erfüllten Dasein das Zeitliche gesegnet haben könnte, hörte ich schlurfende Schritte näher kommen.

»Diese Bananen da, bitte«, wünschte ich auf Japanisch, so laut ich konnte ohne aggressiv zu wirken.

»Häh?«

»Bananen. Diese da. Bitte.« Ich zeigte mit dem Finger auf die goldgelben Früchte.

»Häh?«

»Bananen. Kaufen. Essen«, fügte ich verzweifelt hinzu. Schließlich nahm ich mir eine Staude, woran mich die drahtige kleine Frau nicht weiter hinderte, und legte das Geld abgezählt auf den Ladentisch.

»Bananen. Kaufen. Essen«, sagte ich wieder zu der alten Dame, die mich immer noch verständnislos anstarrte. Dann war ich wieder draußen und taperte mit der Bananenstaude in der Hand den Weg entlang.

Später erzählte ich einem Kollegen von meinem Erlebnis. Gedankenverloren kratzte er sich hinterm Ohr. »Nein, das hat nichts damit zu tun, dass du Ausländer bist«, meinte er dann. »Mir ist es ähnlich ergangen. Normalerweise kaufen in dem Laden wohl nur Leute aus der Nachbarschaft. Kaum ein Einkauf, zu dem nicht ein gemütlicher Plausch gehört. Andere Kunden sind bei der Dame vermutlich nicht vorgesehen.«

Nun kratzte ich mich verwundert am Kopf. Hier das moderne Einkaufszentrum, in dem man sich einem mittelschweren Kaufrausch kaum entziehen kann, dort der Tante-Emma-Laden, wo man seine Wünsche fast gewaltsam durchsetzen muss: So abwechslungsreich kann Einkaufen in Japan sein.

女

Frauen unter der Lupe

In diesem Kapitel wollen wir uns mit Frauen beschäftigen. Immerhin ist über die Hälfte aller Japaner weiblich, und an einer derartig zahlreichen Bevölkerungsgruppe kommt man nicht so leicht vorbei. Dagegen kommen in Japan kleine ältere Frauen, bewaffnet mit einschüchternden Einkaufstaschen, immer an mir vorbei. Wo ich mich auch anstelle - stets habe ich nach einer Weile geduldigen Wartens mehr von diesen Frauen vor mir als hinter mir. Es ist ein Wunder.

Doch an dieser Stelle soll es um die holde Weiblichkeit im Allgemeinen gehen. Es ist ein im Westen weit verbreitetes Vorurteil, dass die japanische Frau sich stets um Haus und Kinder kümmert und dem spät heimkehrenden Ehegatten liebevoll das Abendessen bereitet. Dieses Vorurteil kann so nicht stehen bleiben: in Wirklichkeit kümmern sich japanische Frauen um Haus und Kinder, bereiten dem spät heimkehrenden Ehegatten liebevoll das Abendessen - und gehen gleichzeitig einem Beruf nach. Immerhin zwei Drittel aller Frauen in der Altersgruppe der 20 bis 59-jährigen arbeiten (gegen Bezahlung, Sie verstehen, denn arbeiten tun sie alle). 40,5 Prozent der berufstätigen Bevölkerung Japans ist weiblich.[6] Seit vor sechs Jahren die Einschränkungen zur Feiertags- und Nachtarbeit für Frauen aufgehoben wurden, ist dieser Anteil stetig gewachsen. Jetzt dürfen die Angestellten weiblichen Geschlechtes sogar ganz legal Überstunden machen. Warum diese steinzeitlich anmutenden Regelungen bis vor wenige Jahre Bestand hatten? Keine Ahnung. Fragen Sie das japanische Ministerium für Gesundheit, Arbeit und Soziales (Telefon 03-52531111, Japanischkenntnisse von Vorteil). Möglicherweise liegt es ja daran, dass über 90 Prozent der Abgeordneten im japanischen Parlament männlich sind. Die

Diözese Oberösterreich hat in ihren Entscheidungsgremien mehr Frauen als die hiesige Nationalversammlung.

Aber wir wollen mit der Legislative Nippons nicht zu streng in Gericht gehen. Die bisherige Situation spiegelt ja schließlich nur das wider, was seit über tausend Jahren gesellschaftlich verankert ist. Denn seit die Lehren des guten alten Konfuzius aus China über das japanische Meer geschwappt sind, ist die Rolle der Frau klar umrissen: als kleines Mädchen hat sie (theoretisch) ihrem Vater zu gehorchen, als erwachsene Frau ihrem Ehemann, und im Alter ihrem erstgeborenen Sohn. Ist es nicht ungerecht, uns Männern so viel Verantwortung aufzuerlegen? Als ob wir nicht schon mit dem Wertpapiermarkt genug zu tun hätten. Doch Spaß beiseite: Besonders gut haben die Japaner ihre feminine Bevölkerung in der Vergangenheit nicht behandelt. Schon die Bezeichnung für Eheleute setzt klare Prioritäten: Ehemann, *shujin*, bedeutet wörtlich »Hauptperson«. *Okusan*, die Anrede für verheiratete Frauen, steht für »hintere Person«. Heiratete eine Frau, so bedeutete das ihren Umzug in das Haus ihres Ehegatten, Schwiegereltern inklusive. Heute noch sind die Sorgenkolumnen der Zeitungen voll von Briefen genervter Frauen, die mit der Mutter ihres Mannes im Dauerclinch liegen.

Ist es daher verwunderlich, dass Japans Weiblichkeit in letzter Zeit reichlich heiratsmüde geworden ist? In den vergangenen zwanzig Jahren hat die Hochzeitswut junger Frauen beständig abgenommen, gleichzeitig ist das Alter bei Eheschließung deutlich angestiegen. Will eine berufstätige Frau ihr unverheiratetes Dasein nach Kräften genießen, so geht sie nach folgendem Strickmuster vor: Um sich die horrenden Wohnungskosten vor allem in und um Tokio zu sparen, bleibt sie vorerst bei ihren Eltern wohnen. Das bedingt den Vorteil, dass die eigene Mutter für Putzen und Waschen zuständig ist, und die junge Dame sich ganz den angenehmen Dingen widmen kann. Ihr Einkommen steht zu einem Großteil für Kleidung und Handtaschen zur Verfügung, und die Abende sind zum Amüsieren frei. Sollte sie nach einigen Jahren der Wunsch nach einer eigenen Familie überkommen, oder sollte in ihrem Kleiderschrank kein Platz mehr sein, so kann sie immer noch heiraten. Manchmal können Eltern und vor allem ältere Verwandte den Mund nicht halten und bedrängen das arme Geschöpf, sich doch endlich eine vermeintlich bessere Hälfte zu suchen. Derartige Kommentare sind in Japan nicht selten, denn Frauen, die das angeblich beste Heiratsalter verpasst haben, werden traditionell mit unverkauftem Gemüse verglichen (wobei die in Supermärkten feilgebotenen Erzeugnisse ja häufig noch etwas unreif sind). So mag es denn sein, dass dem Drängen nachgegeben und ein geeigneter Kandidat gesucht wird.

Wie läuft so etwas konkret ab? Durch die jahrelange Erfahrung in Shoppingcentern und Teesalons abgebrüht, nehmen japanische Frauen natürlich nicht mit jedem beliebigen Mann vorlieb. Auch scheinen die in Bars und Discos sich herumtreibenden bunt aufgemachten Gecken zum überwiegenden Teil nicht dazu geeignet, eine feste Beziehung einzugehen, die länger als fünf Minuten dauert. Dazu haben die gängigen Etablissements den Nachteil, dass niemand seine Gehaltsabrechnung dabei hat, was die Entscheidung zusätzlich erschwert. Also muss eine Abkürzung zum Idealpartner her: Die so genannten »arrangierten Hochzeiten« waren früher die Norm, und die Überbleibsel sind immer noch zu finden. Eine zur Zweisamkeit entschlossene Frau kann sich Informationsbroschüren kommen lassen, in denen heiratswillige junge Männer mit allen wichtigen Angaben aufgelistet sind. Verdienst, Berufsebene, Aufstiegsmöglichkeiten, Hobbys - kaum eine Kategorie, die nicht abgedeckt ist. Lediglich zu Intimfragen schweigen besagte Broschüren merkwürdigerweise, wo doch die erotischen Abenteuer und Fähigkeiten des zu untersuchenden Kandidaten von größtem Interesse wären. Aber gut, darum scheint es nicht zu gehen, und Bankkonto oder Abstammung sind ja für eine Ehe auch wichtiger.

Nun mag sich der Leser fragen, wo denn da die jungen Herren bleiben. Haben sie etwa kein Recht auf Scheckbuch und Stammbaum? Aber natürlich. Der Überschuss von Männern in heiratsfähigem Alter jedoch, gepaart mit der Entschlossenheit vieler moderner Zeitgenossinnen, ledig zu bleiben, erzeugt einen unbequemen Konkurrenzdruck. Laut einer Untersuchung der Asahi-Lebensversicherung werden im Jahr 2015 bis zu 58 Prozent aller japanischen Männer zwischen 20 und 39 Singles sein. Das sind keine rosigen Aussichten, und so ist jeder Mann gut beraten, sich einen modischen Haarschnitt verpassen zu lassen und seine Bewerbungsmappe auf Vordermann zu bringen. Oder für die Legalisierung gleichgeschlechtlicher Ehen auf die Straße zu gehen.

Hat die junge Frau eine hoffentlich gute Wahl getroffen, und ist der betreffende junge Mann ihr nicht abgeneigt, wird mit viel

Tamtam die Hochzeit abgehalten. Wo in früheren Zeiten das häusliche Umfeld genügen musste, widmet sich heute ein ganzer Industriezweig der Organisation solcher Feiern. Geheiratet wird in Weiß, entweder nach westlichem oder schintoistischem Brauch. Oft werden auch beiderlei Elemente zu einer Riesenparty verschmolzen, was bedingt, dass sich die Brautleute ständig umkleiden müssen. Aber die Erinnerungsfotos sind umso bunter, und darauf kommt es schließlich an.

Nach gelungener Eheschließung geht es auf Hochzeitsreise, in aller Regel nach Australien oder Hawaii. Das frisch vermählte Paar wird sich schon im Flugzeug in zahlreicher gleich gesinnter Gesellschaft befinden (Hochzeitsveranstalter machen oft Paketangebote mit Sonderpreisaktionen), und hier kann überprüft werden, was andere so für eine Partie gemacht haben. Läuft die Hochzeitsreise nicht wie geplant, schnarcht ein Ehepartner unerträglich laut (in der Mehrzahl der Fälle leben die jungen Leute bis zur Vermählung getrennt) oder interessiert sich eher für eine Bekanntschaft aus dem Flugzeug, kann praktischerweise gleich bei Rückkehr die Scheidung eingereicht werden. Diese Situation ist so häufig, dass man in diesem Fall von einer *narita-rikon* spricht (*rikon* bedeutet »Scheidung«, *Narita* ist der internationale Flughafen Tokios). Wird die erste Hürde des Beisammenseins jedoch erfolgreich gemeistert, geht es ganz nach Plan weiter: Es werden Kinder gemacht. Hier stellt die Partnerin erstaunt fest, dass gerade einmal 53,5 Prozent der japanischen Firmen ihren Mitarbeiterinnen bezahlten Erziehungsurlaub gewähren.[7] Knapp die Hälfte aller schwangeren Frauen wird sich also entschließen, ihre Arbeit bis auf weiteres aufzugeben (für feurige Arbeitskämpfe ist jetzt nicht der richtige Zeitpunkt, schließlich muss ja die komplette Ausrüstung für den Nachwuchs angeschafft werden, was viel mehr Spaß macht). Immerhin ist der japanische Arbeitsmarkt so flexibel, dass Mütter später ohne größere Probleme den Weg zurück in eine bezahlte Anstellung beschreiten können, auch wenn hier der überwiegende Teil einfachere Jobs sind. Doch den horrenden Einsatz, den eine Vollzeitbeschäftigung in Japan erfordert, sind nur wenige Mütter gewillt zu leisten. Für die Mehrzahl stehen Flexibilität und die Gewissheit im Vordergrund, sich dem Arbeitgeber nicht allzu sehr auszuliefern.

Wem nun das hier dargelegte Frauenbild reichlich negativ

erscheint, dem sei gesagt, dass japanische Frauen überwiegend anders empfinden. Die Mehrheit wünscht sich eine klare Rollenverteilung (würden sie sonst ihre Babys so eifrig in jeweils rosa und blaue Kleidchen hüllen?), überdies reichen die Kompetenzen einer japanische Hausfrau weiter, als im Westen allgemein üblich: so kontrolliert die Frau die gesamten Finanzen und überlässt ihrem Mann lediglich ein mehr oder weniger großzügiges Taschengeld. Auch sollte man sich von der sanften Fassade junger Damen nicht ins Bockshorn jagen lassen - zumeist haben sie es faustdick hinter den Ohren. Das Bild einer folgsamen, wehrlosen japanischen Frau entspricht nun wirklich nicht der Realität, und im Allgemeinen versteckt sich hinter dem adretten Äußeren ein überaus zähes und hartnäckiges Wesen.

Nun fragt sich ratlos der heiratswillige Mann, wie er angesichts oben beschriebener Schwierigkeiten denn vorgehen soll, um mit Erfolg eine Partnerin zu finden. Der beste Weg: Künstler werden! In Japan sind artistische Berufe seit alters her häufig Domäne der Frauen. Aber auch weniger traditionelle Zweige kreativen Schaffens bieten sich für die gezielte Partnersuche an: Etwa 80 Prozent aller japanischen Cartoonzeichner sind weiblich. Bei einem derartigen Frauenüberschuss müsste sich doch eine passende Dame finden lassen. Übrigens sollte man als Gentleman nicht vergessen, den Höhenflug anzuerkennen, den die *manga* genannten Comics in letzter Zeit auch im Westen genommen haben. Ob die Söhne Nippons im Angesicht der mauen Wirtschaftslage ihren Frauen vielleicht noch andere Ebenen der Betätigung überlassen, wird die Zeit zeigen. Ich bin da ganz zuversichtlich.

Linkes Verkehrsverhalten

Seit neuestem bin ich stolzer Besitzer eines japanischen Führerscheins. Das Kärtchen ist alle drei Jahre zu erneuern, was Leute wie mich schon prophylaktisch in leise Panik geraten lässt. Derartig ferne Termine sind nur schwer einzuhalten, schließlich reicht mein Taschenkalender immer nur ein Jahr voraus. Dazu kommt, dass man als Ausländer in Japan sowieso mit unmenschlichen Zeitspannen regelrecht bombardiert wird: Zuzüglich zum Visum, das in der Regel alle drei Jahre neu beantragt werden muss, kommt die berüchtigte *Alien Registration Card*, die - unabhängig vom Visum - alle fünf Jahre zur Erneuerung steht. Und jetzt auch noch der Führerschein.

Erlauben Sie mir den Spaß, einen kleinen, aber typischen Widerspruch aufzuzeigen: Wie Sie vielleicht schon wissen, gilt in Japan eine völlig andere Zeitrechnung als für den Rest der Welt. Hier existiert das christliche Jahr 2005 nur als Fußnote; vielmehr dominiert die Auffassung, sich im Jahr 17 der *Heisei*-Periode (sprich: »Hehßeh«) zu befinden. Als im Jahr 1989 der alte Kaiser Hirohito das Zeitliche segnete, brach mit der Inthronisierung seines Sohnes Akihito eine neue Zeitrechung an. Aus dem 64. Jahr der *Showa*-Periode wurde das erste Jahr der derzeitigen *Heisei*-Periode (Japanern geht daher im Allgemeinen der Sinn für Historisches ab).

Nun steht auf meinem Führerschein als Ablaufdatum der 17. April im Jahr Heisei 19. Was aber passiert, wenn der derzeitige Kaiser (was der Sonnengott verhüten möge) bis dahin stirbt? Theoretisch gäbe es doch dann kein 19. Jahr und damit keine neuen Ausweispapiere. Ha! Kein Wunder, dass sich in Japan kaum jemand über die Zukunft Gedanken zu machen scheint - es lohnt sich einfach nicht.

Aber noch erfreut sich der Kaiser bester Gesundheit, und daher stürzen wir uns wagemutig in das gegenwärtige Verkehrsgetümmel. Man nimmt auf der rechten Seite des Wagens hinterm Steuer Platz und vergisst besser nicht, dass in Japan links gefahren wird. An die spiegelverkehrte Fahrweise gewöhnt man sich allerdings (zwangsläufig) rascher, als man denkt. Umsicht ist natürlich angebracht: kleine Frauen, die einem mit geballten Einkaufstaschen bewehrt vor den Kühlergrill laufen, unvermutet aus Nebenstraßen sausende Fahrräder; Motorradfahrer, die nichts von der Existenz einer Straßenverkehrsordnung zu ahnen scheinen - der Risiken sind viele. Wer nicht ständig auf der Hut ist, läuft Gefahr, die saubere Unfallstatistik des Landes ungünstig zu beeinflussen. Denn im Verhältnis zur Einwohnerzahl gibt es in Japan weniger Verkehrstote als in Deutschland (für das Jahr 2004 konkret 5,8 Opfer auf 100.000 Einwohner, gegenüber 7,1 Toten bei uns[8]). Das ist angesichts der engen Straßen, in denen häufig kein Platz für Bürgersteige ist, recht erstaunlich. Zudem verdecken die überall im Weg stehenden Elektromasten mit ihrem Kabelsalat à la *spaghetti nero* die Sicht, und auch überraschend platzierte Werbetafeln tragen nicht eben zu unserer Entspannung bei. Allerdings sind Statistiken von jeher mit Vorsicht zu genießen - ein Verkehrstoter in Europa hat möglicherweise weniger strenge Bedingungen zu erfüllen als hierzulande. Es ist also denkbar, dass eine kleine Frau, die beim Einkaufen um ein Haar von einem deutschen Führerscheinneuling überfahren wird und vor Schreck einen Herzanfall erleidet, sich nicht für die hiesige Statistik qualifiziert. Natürlich ist dieses Beispiel rein hypothetisch, und noch haben wir niemanden auf dem Gewissen.

Erleichtert, die geheiligte Statistik vorerst nicht weiter zu beeinflussen, kreuzen wir mittlerweile recht entspannt durch die vollen Straßen. Besonders gute Manieren kann man den japanischen Autofahrern leider nicht attestieren, vor allem der Blinkhebel scheint bei modernen Fahrzeugen äußerst versteckt angebracht zu sein. Aber abgesehen von schwarzen Mafia-Limousinen mit nach allen Seiten (!) abgedunkelten Fenstern fährt es sich auf hiesigen Straßen recht ungehindert. Lediglich vor Lastwagen sollte man sich in Acht nehmen. Die Reinkarnation des Stahlmonsters, das uns in Steven Spielbergs Film *Duel* Angst und Schrecken eingejagt hat, braust hier täglich in tausendfacher Ausgabe von Auftrag zu Auftrag, und alles, was ihr in Form von mickrigen Spielzeugautos in den Weg gerät, wird gnadenlos abgedrängt. Aber die Wirtschaftsmaschinerie Japans kennt kein Pardon, und so wollen wir uns nicht vom Straßengraben aus beschweren. Es geschieht schließlich zum Besten der Gesellschaft.

Hält man vor einer der vielen Verkehrsampeln, die hier merkwürdigerweise quer angebracht sind (die Mehrheit der Kandidaten in einer japanischen Quizsendung konnte nicht sagen, ob bei internationalen Ampeln rot oben oder unten ist), stellt man fest, dass das grüne Licht hier eher zu blau tendiert. Sprachlich ist das auch nicht anders - grün ist in Japan blau.

Falls leicht farbenblinde Zeitgenossen wie ich davon noch nicht völlig um den Verstand gebracht sind, geht es auf die Suche nach einem Parkplatz. In japanischen Großstädten ist es gemeinhin nicht erlaubt, sein Auto längs zur Fahrbahn abzustellen. Wer sein Gefährt für längere Zeit verlassen will, tut gut daran, einen dafür vorgesehenen Platz ausfindig zu machen. Sonst kommt die Polizei: Erspähen die Gesetzeshüter ein unberechtigt abgestelltes Fahrzeug, markieren sie mit Kreide die Position der Räder auf dem Asphalt und drehen eine Runde um den Block. Steht dann der Übeltäter immer noch unverändert, geht es ihm an den Kragen: Christbaumschmuck gleich wird ein mit einer winzigen Bleiplombe versehener Strafzettel höchst dekorativ um den Außenspiegel befestigt. Diese Arbeit erfordert Aufmerksamkeit und Hingabe, die sich deutlich in den leuchtenden Augen der Polizisten widerspiegelt. Bankräuber, Geiselnehmer oder Lustmörder müssen hier zurückstehen, um den korrekten Ablauf der Jagd auf Parksünder nicht zu gefährden.

Man macht sich also von vornherein lieber auf den Weg in ein Parkhaus. Derer gibt es viele, und verbindendes Element ist der Preis, der einen fast sehnsuchtsvoll von einem Strafzettel träumen lässt: bis zu zwei Euro pro halbe Stunde sind in Hiroshima nicht ungewöhnlich, in Tokio kann leicht das Doppelte (oder noch mehr) fällig werden. Etwas günstiger sind an frischer Luft installierte Parkplätze, die durch ein einfaches System das gebührenpflichtige Parken zu einem Vergnügen machen: Hat man seinen Wagen in einen freien Platz rangiert, fährt alsbald automatisch eine Klappe hoch, die verhindert, dass man sich vor Einwurf des fälligen Betrages in einen Münzautomaten aus dem Staub macht. Nur das Geländefahrzeug eines meiner Kollegen hat genügend große Reifen, um es spielend mit diesen Parkrobotern aufzunehmen. Mit dem gesparten Geld hat er letztens seinen Hausbau finanziert.

Außerhalb der Städte, innerhalb derer man sich besser an das vorgeschriebene Tempolimit von vierzig Stundenkilometern hält, erwartet einen leider nur selten freie Fahrt. Wo keine Menschen wohnen, sind Berge im Weg. Besser ausgebaute Straßen verwandeln sich hier leicht in inoffizielle Rennstrecken, auf denen waghalsige Motorradfahrer die Kurvenlage ihrer Teufelsmaschinen ausprobieren und den japanischen Statistikern Gänsehaut verursachen.

Eine Ausnahme bilden die großzügig ausgebauten Autobahnen: hier kann der gestresste Kraftfahrer die Seele baumeln lassen und relativ entspannt seinem Ziel entgegen gleiten. Der Verkehr hält sich zu jeder Tageszeit in Grenzen - die stolzen Gebühren lassen garantiert jedes Portemonnaie verkrampfen.

Nachdem man an der Einfahrt ein Kärtchen gezogen hat, genießt man die Strecke, die fast nur aus Brücken und kilometerlangen Tunneln besteht. Keine Sorge, japanische Autobahntunnel sind im Allgemeinen sicher und breit, und wenn man keinem Gespenst begegnet, hat man gute Chancen, am anderen Ende heil wieder herauszukommen. Zahlreiche kleinere und größere Raststätten laden zum Pausieren ein; überall gibt es die *omiyage* genannten Mitbringsel zu kaufen, ohne die man als Reisender nicht heimkehren darf. Selbst wenn man an einer bestimmten Gegend nur vorbeifährt, und auch sonst keine Ahnung hat, worum es sich in den bunt gemusterten Pappschachteln handelt - eine Reise ohne *omiyage* ist in Japan wie eine Regenzeit ohne Regen. Überall stolpert man über mit süßen Bohnen gefüllte Küchlein, getrockneten Fisch oder knackige Reisplätzchen, die zuhause an Freunde und Kollegen verteilt werden.

Vor den Raststätten sind bunte Buden aufgebaut, an denen traditionelle japanische Snacks feilgeboten werden. Esskastanien, gegrillter Tintenfisch am Spieß oder mit Oktopus gefüllte Eierteigküchlein, *takoyaki* genannt, warten auf den ausgelaugten Reisenden. Nachdem man brav das Angebot durchprobiert hat, stellt man fest, dass im Inneren auch noch ein richtiges Restaurant vorhanden ist - mit günstigeren Preisen als erwartet.

Japaner lieben ihre Autobahnraststätten. Keine Fahrt ohne Zwischenstopp, auch wenn man ohne Unterbrechung womöglich längst angekommen wäre. Japanische Autos scheinen mit einer Pausenautomatik ausgerüstet, und es ist nur unter größter Willensanstrengung möglich, sein Gefährt an den einladend wirkenden Arealen vorbeizusteuern. Aber gut, es gibt grünen Tee umsonst, und die Toiletten kosten auch nichts. Was will man mehr.

Verlässt man die Autobahn, wird an der Zahlstation ein Plastikteller von behandschuhten Fingern durchs Fenster gereckt. Hier suchen wir nun panisch nach dem Kärtchen, das wir bei der Einfahrt gezogen haben, und ohne das wir einen saftigen Aufschlag bezahlen müssen. Endlich - der Stau hinter uns wird in immer kürzeren Abständen im Radio durchgesagt - werden wir fündig. Die längliche Karte hatte sich einfach zwischen den unzähligen *Omiyage*-Tüten versteckt.

Neuerdings geht es auch ganz automatisch: In eine Vorrichtung im Fahrzeuginneren wird eine Chipkarte gesteckt, und schon öffnet sich wie von Zauberhand die Schranke bei Ein- und Ausfahrt. Außer, man hat (wie einer Kollegin von mir neulich passiert) vergessen, die Karte vor Abfahrt einzulegen - dann gilt es, vor den gestreiften Baken eine Vollbremsung zu machen. Sollte diese nicht rechtzeitig gelingen, ist das übrigens vor allem für Ausländer ein sicherer Weg, das eigene Foto in der Zeitung wieder zu finden.

Achtung, Zungenbruch

Neulich stand ich in Osaka vor einem Etablissement, das sich auf einem schicken Schild über der Tür als »Itarian Restaurant« bezeichnete. Nachdem ich verzweifelt in meinem Wörterbuch geblättert hatte, ob mit »Itarian« vielleicht eine neue, radikale Form des Vegetarismus gemeint sein könnte, dämmerte mir langsam die Wahrheit. Fast schon routinemäßig vertauschen Japaner die Buchstaben r und l - ich befand mich schlicht und einfach vor einem »Italian Restaurant«.

Nur eine Woche später studierte ich die Speisekarte eines deutschen Restaurants in Tokio. Wacker schlug sich der Autor durch »Rheinischen Saubräten mit Knodeln« und ähnliche deutsche Spezialitäten, bis er mir als Dessert einen »Apfelstrudel full mit Kaffee« androhte.

Lassen Sie es mich gleich vorweg sagen: Ich glaube, es gibt auf unserem weiten Planeten kein anderes Volk, das sich mit so rührendem Eifer um das Erlernen von Fremdsprachen bemüht, und damit gleichzeitig so wenig Erfolg hat wie die Japaner.

Woran das liegen mag? Nun, ein Grund dürfte sein, dass das Kaiserreich Japan nie von einer anderen Macht kolonialisiert worden ist. Schaut man sich eine Weltkarte zu Beginn des 20. Jahrhunderts an, so merkt man rasch, dass damals kaum ein anderes Fleckchen übrig war, das sich dem hartnäckigen Einfluss der westlichen Kolonialmächte hatte entziehen können. Japan war und ist stolz auf seine Unabhängigkeit; darauf, anders als der Rest der Welt zu sein. Aber reicht das schon, die eingeborene Bevölkerung der Begabung für Fremdsprachen zu berauben?

Nein, ein bisschen ausführlicher wollen wir uns mit diesen Problemen schon auseinandersetzen. Zuerst sei gesagt, dass die Japaner nun wirklich gerne Englisch, Französisch oder Deutsch sprechen würden. War ein Landsmann lange genug im Ausland, um eine andere Sprache flüssig zu beherrschen, wird derjenige stets wie ein übernatürliches Phänomen angehimmelt (das gleiche gilt - in verstärktem Maße sogar - natürlich auch für Frauen). Treffen die Leute in ihrem eigenen Land auf einen Ausländer, der Japanisch spricht, so wird dieser bestaunt wie ein Zirkuselefant. Oder eher wie ein begabter Papagei.

Was hindert nun die hiesige Bevölkerung daran, ihren Eifer von Erfolg zu krönen? Wie an anderer Stelle schon ausgeführt, setzt sich die japanische Sprache aus 46 Silben zusammen. Nun werden im alltäglichen Sprachgebrauch eine ganze Menge Anglizismen benutzt; Fremdwörter, die der vorherrschenden Meinung nach besser klingen als die hausgemachte Sprache. Derartige Phänomene sind auch uns Deutschen nicht fremd, nur kommt im Japanischen immer noch der Umweg über besagte Silben hinzu. Japaner kennen nämlich per se keine andere Aussprache - von Geburt an auf dieses Baukastensystem geeicht, scheinen die Menschen ihre Zungen keiner anderen Software anpassen zu können. Ob man nun ein *bi-ru* statt Bier trinkt, einen *han-ba-ga* statt Hamburger bestellt, oder (mein persönlicher Favorit) nach *Shi-a-to-ru* fährt (gemeint ist die amerikanische Stadt Seattle): alles klingt irgendwie japanisch. Und so missrät jeder gut gemeinte Versuch, sich des Englischen zu bemächtigen. Es ist schwer, ein ernstes Gesicht zu bewahren, wenn einem ein Japaner von einer »Schimpfonie« erzählt, die er am Vortag im Konzert gehört hat. Oder wenn man gefragt wird, wie oft die Deutschen eine »Erection« haben (ein Schelm, wer hier Böses denkt: gemeint ist natürlich die *election*).

Oder wenn im Exposé einer Immobilienagentur sich der harmlose *bedroom* einer Eigentumswohnung in einen unheilschwangeren »Bad Room« verwandelt.

Oder wenn ein Steakhaus in Tokio fröhlich verkündet, seinen Kunden »Steak mit Herz« aufzutischen.

Oder wenn das Flaggschiff der hiesigen Toyota-Baureihe, eine Limousine mit dem erhabenen Namen »Crown«, sich im Verkaufsgespräch in einen drolligen Clown verwandelt.

Oder wenn auf einer Weihnachtskarte ein sympathischer Nikolaus mit erhobenem Zeigefinger fragt, ob man auch »ein braves Kind gemacht hat?«

Oder wenn in einer Annonce ein Babysitter seine Dienste als perverser »Babyshitter« anbietet.

Vor kurzem sah ich mich an der Sicherheitskontrolle auf dem Flughafen Tokio-Haneda einer kräftigen uniformierten Dame gegenüber, die ungeniert wissen wollte, ob ich ein »Pierce« hätte. Aha, dachte ich, es geht wohl um den Metalldetektor - wenn man einen Ring im Bauchnabel hat, ruft man fälschlicherweise die Terroreinheit der Flughafenpolizei auf den Plan. Ich verkündete beharrlich, weder in der Brust noch in meinen privaten Regionen Metallteile spazieren zu führen. Die uniformierte Dame schaute mich etwas merkwürdig an und wiederholte ihre Frage anders: »Haben Sie ein Piece?« Ein *Piece*?

Das Einzige, was mir dazu einfiel, ist der aus Western-Epen berühmt-berüchtigte »Peacemaker«, eine amerikanische Handfeuerwaffe aus dem 19. Jahrhundert. Aber an einem japanischen Flughafen hundertfünfzig Jahre später? Nein, das konnte nicht sein. Endlich hatte ich den rettenden Einfall - die Schlange geduldig wartender Geschäftsleute hinter mir reichte schon beinahe bis ins Parkhaus -, die Dame zu bitten, ihre Frage auf Japanisch zu wiederholen. Und siehe da - ihr vom täglichen Diensteifer gezeichnetes Gesicht hellte sich augenblicklich auf. Sie hatte nur wissen wollen, ob ich einen PC, einen harmlosen Personal Computer, im Gepäck hatte. Wegen der Durchleuchtungsanlage.

So widersprüchlich es erscheinen mag: Die Leute hegen zwar zum größten Teil den heimlichen Traum, sich fließend in einer Fremdsprache zu verständigen - doch tritt eines Tages der Ernstfall ein, sind sie froh, auf ihr gewohntes Idiom zurückgreifen zu können. Immerhin hat dieses Phänomen auch seine guten Seiten: Sieht man sich an der eigenen Haustür aufdringlichen Versicherungsvertretern ausgeliefert, wird man sie durch die einfache Frage »Do you speak English?« im Allgemeinen rasch wieder los. Etwas hartnäckiger sind Abgesandte verschiedener Religionsgemeinschaften, die auf der Suche nach spirituell verwilderten Ausländern um die Häuser streichen. Häufig handelt es sich um ältere Damen kräftiger Statur, die sich trotz verzweifelter Versuche in über zehn Sprachen nicht abschütteln lassen (darunter mindestens fünf, die ich selbst nicht einmal rudimentär beherrsche). Mittlerweile bin ich gegen diese unwillkommenen Besuche schon so allergisch geworden, dass ich letztens beinahe einen harmlosen Postboten auf Dänisch traumatisiert hätte. Es ist so gerade eben gut gegangen, und der arme Mann traut sich inzwischen sogar wieder in die Nähe unseres Briefkastens. Lediglich Einschreiben bekomme ich seither nicht mehr persönlich zugestellt. Die Leidensfähigkeit der hiesigen Post hat eben gewisse Grenzen.

Ähnlich deutschen Firmen sind übrigens auch japanische Unternehmen überzeugt, ihre Produkte erfolgreicher unter einem fremdländisch klingenden Namen zu verkaufen. Neben dem Klassiker *Pocari Sweat* (ein klebriges Sportgetränk, zu Deutsch »Pocari Schweiß«) gehört vor allem der Kaffeeweißer *Creap* (gesprochen creep, zu Deutsch »Kriecher«) zu meinen Lieblingsmarken. Möglich, dass der Erfinder dieses beliebten Pulvers einfach nur eine Vermählung der englischen Worte *cream* und *powder* im Sinne hatte: herausgekommen ist eine sprachliche Missgeburt, die durch einen kurzen Blick ins Wörterbuch hätte vermieden werden können.

Unterhaltsam auch die Namen, mit denen die japanische Zigarettenindustrie ihre Mitbürger zu verräuchern sucht: Neben dem eingängigen *Hope* (in der Hoffnung, keinen Lungenkrebs zu bekommen) gefällt hier vor allem das einer leichten Sorte aufgedruckte *pianissimo* (ob es der Vollständigkeit halber auch ein *fortissimo* gibt?).

Doch nicht nur englische oder italienische Namen stehen hoch im Kurs: Von Zeit zu Zeit stößt der überraschte Teutone auf Bezeichnungen, die unsereinem bekannt vorkommen. Abgesehen vom Café Mozart mit seinen sprachlichen Bemühungen (»... das schmeckt ein bisschen gut, wie Glück...«), scheint der Autobauer Toyota in letzter Zeit darauf erpicht, sein Sortiment zu germanisieren. Neben dem Verbund der Werkstätten, ganz unprätentiös »Netz« genannt, bevölkern neuerdings Autos mit deutschen Schriftzügen die Straßen: Ein Gefährt mit dem unbefriedigenden Namen »ist« etwa, oder der orthographisch leicht misslungene

Kleinwagen »Vitz«. Recht gemächlich fährt es sich auch im kompakten »Opa«.

Den Gipfel aller sprachlichen Verrenkungen erreicht allerdings die westjapanische Baufirma Shimokishi. Mit durch und durch funktional gestalteten Apartment-Wohnkartons würden sich ihre Aktivitäten nahtlos in das Gefüge der hiesigen Bauwirtschaft einreihen - wenn nicht die kreativen Köpfe der Geschäftsführung die Idee gehabt hätten, ihre Betonkästen durch einen erhabenen Namen aufzuwerten. Mit dem wagnerschen Titel »Haus Wahnfried« (für Banausen: Name von Richard Wagners Villa in Bayreuth) wird gegen die Anglizismen der Konkurrenz angegangen. Mittlerweilen zieren ganze zweiundzwanzig dieser Domizile das Stadtbild von Hiroshima, und jedes Wohnhaus hat einen individuellen Namen, der zum Thema passt: »Iris Tränen« etwa, oder »Mondlicht Hafen.« Ach, was unser lieber Richard sagen würde! »Vergeh, unselige Baufirma!« vielleicht, oder auch: »Oh weh, wie trag ich's im Gemüte, mein Werk als der Profitgier Knecht zu seh'n!« Doch solche Worte wären an die gewitzten Shimokishi-Manager natürlich verloren - möglicherweise fänden sie sich auch prompt in zukünftigen Werbeprospekten wieder. Wir werden ja sehen. Oder lieber nicht.

Pfeilschnell unterwegs

Wenn Sie einen Japaner fragen, was sein Land in Bewegung hält, so beginnen seine Augen zu leuchten und er wird er ohne Zögern auf das hervorragende Schnellzugsystem zu sprechen kommen. Und er hat Recht: So brav und zuverlässig einheimische Autos ihren Dienst tun mögen, einem Wettstreit mit dem *Shinkansen*, der routinemäßig mit über 300 Stundenkilometern verkehrt, sind sie nicht gewachsen.

Pünktlich zu den olympischen Spielen 1964 in Tokio ging die Linie Tokio-Hakata in Betrieb, und die schmucken Züge der ersten Stunde lassen sich noch immer auf Kurzstrecken finden. Mittlerweile hat sich das Streckennetz vor allem nach Norden ausgedehnt, und die fünfte Generation der »neuen Hauptlinie« (so die wörtliche Bedeutung) rast durch das Land. Drei verschiedene Geschwindigkeitsklassen stehen zur Auswahl: die *Kodama* genannte Bummelausgabe, mit unzähligen Zwischenstopps eher für Lokalpatrioten interessant, die als *Hikari* bezeichnete Version der goldenen Mitte, und schließlich der fortschrittliche *Nozomi*-Express. Die neueste Ausgabe des Nozomi ist vorn mit einem an einen Entenschnabel erinnernden Spoiler bestückt, welcher verhindert, dass die Bahn bei voller Fahrt abhebt. Das ist kein Witz - der Bug des Zuges ist leichter als eine herkömmliche Lokomotive, da die Antriebsmotoren unter den einzelnen Wagen angebracht sind. Auch wenn es schwer zu glauben ist - die Höchstgeschwindigkeit entspricht tatsächlich der eines Jumbo-Jets beim Abflug.

Auf vom Nahverkehr säuberlich getrennten Gleisen rauscht der Shinkansen modernen Bahnhöfen entgegen, die extra für diesen gebaut wurden. So erklärt sich zum Beispiel die Existenz der Station *Shin-Osaka* im Vergleich zum schmucklosen *Osaka*, und der westliche Reisende ist gut beraten, hier nichts zu verwechseln (der Japan-Resident auch, aber für ihn sind derartige Irrtümer als Studienbemühungen entschuldbar). Immerhin hat es in über vierzig Jahren Betrieb keinen Unfall mit Personenschaden gegeben, und die bislang einzige Entgleisung geschah als Folge des verheerenden Erdbebens in Niigata im Oktober 2004. Im selben Jahr absolvierte ein Shinkansen in der Nähe von Okayama eine unplanmäßige Vollbremsung, da der Zugführer im Kommandostand eingeschlafen war. Nun ja, das war wohl eher eine Ausnahme. Hoffentlich.

Schon auf dem Bahnsteig geht das Wohlfühlen los: Die Wagen mit reservierten Plätzen sind von den unreservierten getrennt, und man muss nur die richtige Markierung finden, innerhalb derer man sich anzustellen hat. Dann gilt es, die Armbanduhr bereit zu halten, kann man doch selbige nach Ankunft und Abfahrt der für ihre Pünktlichkeit berühmten japanischen Fernzüge auf die Sekunde genau stellen.

Man wartet also in der Gewissheit, dass sich die richtige Tür genau vor der eigenen Nase befinden wird, und schreitet - erst wenn es soweit ist, natürlich - ganz entspannt in das auf Bahnsteigniveau sich befindende Zuginnere. Dort stellt man fest, dass die Gepäcknetze etwas klein geraten sind. Das liegt daran, dass der findige japanische Tourist sein schweres Gepäck immer schon einen Tag vorher packt und zum Zielort vorausschickt. Ausländer lassen sich daher leicht an den riesigen Koffergarnituren erkennen, mit denen sie die Gänge verstopfen (es gibt allerdings noch andere Merkmale, an denen man Nichtjapaner erkennen kann).

Kaum ist der Zug in Fahrt, kommt ein Wägelchen mit Imbiss und Getränken durch die Abteiltür gerollt, das von einer mit bunter Schürze aufgeputzten Dame geschoben wird. Man tut gut daran, der sympathischen Bediensteten eine *obento* (wörtlich: »Mundgerechte Häppchen«, möglicherweise auch: »Praktische Häppchen«) genannte Schachtel mit Proviant abzukaufen, da es im Zug keinen Speisewagen gibt. Aber das macht den Leuten nichts aus, ist doch das Bahnfahren hierzulande so eng mit dem obento verknüpft, dass die Einrichtung eines rollenden Restaurants beinahe einem Affront an die heilige Esstradition gleichkäme.

Obento sind aus dem japanischen Alltag nicht wegzudenken - was dem Deutschen sein Butterbrot, ist dem Japaner seine Lunchbox. In einzelne Bereiche unterteilt, findet der hungrige Reisende hier eingelegtes Gemüse, Reis, Fleischstückchen, Fischfilet oder Seetang. Für Bahnreisen entstand die Unterabteilung des *ekiben* (*eki* = Bahnhof), das in den meisten Kindern (oder Großeltern) Nippons nostalgische Gefühle weckt. Gab es doch schließlich Epochen, in denen Bahnreisen noch ruhiger vor sich gingen, und Händler auf den Bahnsteigen den Reisenden ihre Esswaren durchs Fenster reichten. Das ist natürlich im modernen Schnellzugsystem undenkbar - bei den Zwischenstopps gilt es, keine Zeit zu verlieren, und so stellt das obento der höflichen bunten Dame die einzige Verbindung zu den guten alten Zeiten dar.

Eisenbahnen sind in Japan übrigens fast so alt wie bei uns. Sie sind so alt, dass schon 1921 in Tokio ein Museum eröffnet wurde, welches sich den vergangenen Epochen des Schienenverkehrs widmete. Die erste Dampflokomotive schnaufte 1872 über die Insel, und im selben Jahr folgte die Eröffnung der Linie zwischen Tokio-Shimbashi und Yokohama. Das alte Bahnhofsgebäude von Shimbashi war bis 1914 gewissermaßen der Hauptbahnhof Japans, bis es vom moderneren Tokio-Eki abgelöst wurde. Das große Erdbeben von 1923 gab dem altmodischen Steingebäude den Rest, und was von den originalen Bahnsteigen noch übrig war, wurde in der heißblütigen Bauwut der Nachkriegsjahre aus dem Weg geräumt. Über ein halbes Jahrhundert lang fristete die historische Station unter dem Namen Shiodome-Eki ein Schattendasein als Güterbahnhof. Derweil wurde der nahe gelegene Karasumori-Eki (wörtlich: »Bahnhof Rabenwald«; von letzterem ist freilich nichts mehr übrig) in Shimbashi-Eki umbenannt - und ist es bis heute geblieben. In den neunziger Jahren begannen Ausgrabungen, welche Reste der originalen Shimbashi-Station zu Tage förderten. 2001 begann die Rekonstruktion, und vor zwei Jahren konnte das originalgetreu erstellte Bahnhäuschen der Öffentlichkeit übergeben werden.[9] Es steht etwas verloren zwischen den Wolkenkratzern des modernen Shimbashi, aber wer es schafft, kann sich vorstellen, wie Tokio früher einmal ausgesehen hat.

Trotz der rapiden Entwicklung der japanischen Eisenbahn ging es zu Anfang nicht ohne Schwierigkeiten vor sich. Der britische Schriftsteller J.D. Enright hat in seinem leider nur auf Englisch erschienenen Buch »The World of Dew« diese Pionierzeit sehr anschaulich wiedergegeben: »Die Passagiere verhielten sich, als würden sie ein Haus betreten. Sie zogen ihre Straßenschuhe aus und hinterließen diese in einer ordentlichen Reihe am Rande des Bahnsteiges. Bei Ankunft am Zielbahnhof stellten sie dann überrascht fest, dass die Bediensteten es versäumt hatten, die Schuhe einzusammeln und bereitzustellen.«

Auch hatten die frühen Züge keine Toiletten, was dafür sorgte, dass die Reisenden nur mit gemischten Gefühlen in den Wagen Platz nahmen. Wer es gar nicht aushielt, erleichterte sich aus dem Fenster, was natürlich nicht ganz im Sinne der Bahngesellschaft war, die derartiges Benehmen bald unter Strafe stellte (lassen Sie sich also nicht erwischen). Aber auch als 1879 endlich Toiletten eingeführt wurden, nahm die Mehrheit der Passagiere davon Abstand, während der Zugfahrt ihren Bedürfnissen zu frönen. Stattdessen warteten die Bedürftigen, bis der Zug an einer Station hielt - entsprechend appetitlich müssen die Bahnsteige ausgesehen haben.[10]

Heutzutage kann der moderne Passagier angesichts solcher Barbareien nur lächelnd mit der Schulter zucken. Die Wagen des Shinkansen sind allesamt mit zwei Arten von Toiletten ausgestattet: Westlichen und Japanischen, wobei letztere aus einem Loch im Boden bestehen, über das man sich - mit dem Gesicht zum Abfluss - zielsicher zu hocken hat. Ungewohnt für den Europäer, soll hier jedoch dahingestellt bleiben, ob eine konventionelle Sitz-Toilette mit reichlich Hautkontakt hygienischer ist. Ein besonderes Kompliment verdient die japanische Bahngesellschaft auf jeden Fall für die Einrichtung von Steh-Urinalen für die Herren der Schöpfung, und die Damenwelt wird mir dankbar zustimmen. Oder gibt es auch nur einen Mann, der sich im Angesicht der verdreckten Klobrillen europäischer Eisenbahnen freiwillig hinsetzt? Eben.

Doch begeben wir uns lieber zurück auf unseren Platz, wo draußen mit etwas Glück der heilige Fuji zu sehen ist (nicht überall, nur zwischen Yokohama und Shizuoka). Ansonsten wimmelt es von Großstädten, fast könnte man meinen, dass die ganze Südküste Japans aus einer lang gezogenen Siedlung besteht. Je weiter man nach Westen kommt, desto schwärzer wird es vor dem Fenster: Zahlreiche Tunnel sorgen dafür, dass man nach einiger Zeit jedes Mal erfreut aufblickt, wenn es ausnahmsweise einmal hell wird.

Aber wir haben ja bereits in Bezug auf die Autobahnen festgestellt, dass im bergigen Japan der Transport notgedrungen fast nur über Brücken und durch Tunnel geht.

Bei erfolgreicher Ankunft muss man an einer Sperre die Fahrkarte abgeben, sonst wird man nicht rausgelassen. Ich weiß, ich hätte es Ihnen früher sagen sollen, und jetzt stehen Sie vermutlich da und suchen. Verlieren Sie also auf keinen Fall Ihre Fahrkarte, und verhalten Sie sich auch sonst hygienisch korrekt. Denn dann sind Bahnreisen in Japan eine recht komfortable Angelegenheit.

Kurze Anleitung zum Schwitzen

Es ist heiß. In Japan. Im Sommer.

Es ist so heiß, dass man eigentlich nicht viel tun mag. Vor allem keine gescheiten Abhandlungen über den Sommer schreiben. Aber wo ich nun schon hier sitze, kann ich auch gleich weiter machen. Schließlich sollen die Leser am anderen Ende des Globus einmal einen Eindruck davon bekommen, was ihre armen Landsleute hier Jahr für Jahr zu ertragen haben.

Im Juni geht der Spaß los, denn dann kommen die Japaner (und alle Nichtjapaner zwangsläufig auch) in den Genuss der Regenzeit. Nun ist vor allem dem Nordeuropäer ein gewisses Waschküchenwetter nicht fremd, ebenso ein Himmel, der wie eine altersschwache Hängematte fast bis zum Erdboden zu reichen scheint. Dieses Schauspiel bei Temperaturen von knapp dreißig Grad zu erleben, hat allerdings etwas gänzlich Ungewohntes.

Alles ist nass. Ob es regnet oder nicht, ist eigentlich ganz egal: an der den Atem raubenden Luftfeuchtigkeit ändert das nichts. Kleidung, Bettwäsche, Cornflakes - alles klebt dort, wo man es nicht gern hat. Nachts ist es auch nicht besser; die Temperaturen gehen nur selten unter 25 Grad, und so schwitzt man sich bis zum Morgen durch.

Einmal aufgewacht, schält man sich aus den dampfenden Laken und kühlt sich so gut es geht unter der Dusche ab. Überflüssig, denn auch das üblicherweise kalte Leitungswasser ist nicht mehr in der Lage, ein gewisses lauwarmes Niveau zu unterbieten.

Hat man in den vernebelten Badezimmerspiegel ein Kuckloch gerieben, kommt - zumindest für die Herren der Schöpfung - die Frage, wie man sich am besten seines Eintagebartes entledigt. Trockenrasur ist ausgeschlossen, da selbst die zäheste Gesichtshaut ihre Grenzen hat. Also nass. Kaum hat man sich jedoch das Gesicht eingepinselt, rinnt einem der weiße Schaum in kleinen Bächen den Hals herunter. Fazit: Rasieren nur mit Klimaanlage möglich. Ansonsten: Spätestens Ende August Vollbart.

Zum Frühstück behelfen sich die Japaner gerne mit kaltem Kaffee. Auch wenn ein derartiges Getränk den Temperaturen durchaus angemessen ist, freundet man sich als bodenständiger Deutscher nur schwer damit an, den Tag nicht mit einer frisch aufgebrühten Tasse des Türkentrankes zu beginnen. Hierzulande ist kalter Kaffee schon beinahe so etwas wie ein Kultgetränk. Noch vor wenigen Jahren durfte man im Café keinesfalls vergessen, der Bedienung ausdrücklich *heiß*! hinterher zu rufen. Ansonsten fand man sich in Gesellschaft eines mit Plastikstrohhalm dekorierten Glases, in dem munter die Eiswürfel klirrten. Flankiert wird das Getränk üblicherweise von Kondensmilch und einem winzigen Behälter mit aberwitzig-süßem Zuckersirup; selbiger wird beim Öffnen in der Regel auf sämtliche Kleidungsstücke verspritzt (der Autor hat es in dieser Beziehung zu einer gewissen Perfektion gebracht).

Eine weitere Art, den Kaffee mehr oder weniger zu genießen, findet sich in Gestalt der überall präsenten Getränkeautomaten. Japan ist das Land der Getränkeautomaten schlechthin. 5,5 Millionen dieser sperrigen Maschinen bereichern hierzulande das Straßenbild - im Schnitt also ein Automat für 21 Einwohner. Ein jeder dieser Open-Air-Kühlschränke präsentiert sein Sortiment von mindesten 20 verschiedenen Dosengetränken hinter Plastikglas. Macht nichts, dass diese Durstmonster überall im Weg stehen. Und wen kümmert es schon, dass ein einziger dieser Verkaufsroboter im Monat rund 80 Prozent des Stromverbrauchs eines gesamten privaten Haushaltes auf die Rechnung bringt: Hauptsache, der kalte Kaffe ist in mannigfaltigen Sorten zu haben. Mit Milch, ohne Milch, ohne oder - eigentlich fast immer - mit viel Zucker, stark, schwach, wohlschmeckend, abstoßend, kurz: jede Variante ist zu haben und wird durch groß angelegte Werbekampagnen verbreitet. Ein Schauspieler des elitären Kyogen-Theaters wurde nur deswegen landesweit bekannt, weil er regelmäßig in den Spots einer Schweizer Kaffeefirma zu sehen war. Mittlerweile wird er zu Talkshows, politischen Diskussionen oder Quizsendungen eingeladen und unterhält seine eigene Fangemeinde. Das alles wegen kaltem Kaffee.

Unaufhaltsam schreitet der Sommer voran. Mitte Juli ist die Regenzeit vorbei, und die Sonne wagt sich nach langer Zeit wieder zwischen den Wolken hindurch. Schlagartig wird es noch heißer. Und allen Mitbürgern, die in ihrem Herzen die Hoffnung gehegt haben, dass mit dem schönen Wetter gleichzeitig ein Trocknen der Bettwäsche verbunden sein könnte, steht die Enttäuschung ins Gesicht geschrieben - es bleibt feucht, und zwar bis weit in den September hinein.

Erlauben Sie mir an dieser Stelle, Ihnen eine private Theorie darzulegen: Wie allgemein bekannt ist, weiß niemand genau, woher die Japaner eigentlich stammen. Wieso sie sich auf einem erdbeben- und vulkangeschüttelten Archipel in engen unwirtlichen Tälern niedergelassen haben ist ihre Sache. Doch liegt es für mich auf der Hand, dass das japanische Volk einem äußerst kalten Land entwandert sein muss. Es kann gar nicht anders sein - die Unempfindlichkeit der Kinder Nippons gegenüber eisigen Minustemperaturen ist beinahe schon ein Naturphänomen. Setzen Sie sich mal im Sommer in ein japanisches Café oder Restaurant, und Sie werden verstehen, was ich meine. Mein Tiefkühlschrank ist ein Hort der Entspannung im Vergleich zu der mörderischen Eiseskälte, die hiesige Hochleistungsklimaanlagen verbreiten. Wer wissen will, was Amundsen oder Scott am Südpol durchgemacht haben - hier haben Sie sozusagen den Blizzard im Wasserglas; das ungekannte Vergnügen, verschwitzte Kleidung am Körper festfrieren zu fühlen. Und das Erstaunliche ist, dass den Japanern immer noch heiß zu sein scheint. Handtücher werden angefeuchtet und zusammengewickelt in den Kragen gesteckt. Oder auch zu einer Schlange zusammengerollt wie ein Lorbeerkranz auf die Glatze gesetzt. Alles Maßnahmen, die mir im Freien noch einleuchten. Aber Angesichts der arktischen Verhältnisse in einer japanischen Kneipe? Sie sehen, das muss abstammungsbedingt sein.

Nun sind wir langsam im August angelangt, und auch akustisch gesehen befindet sich die heiße Jahreszeit in voller Blüte: Tag und

Nacht erschallt von Bäumen und Sträuchern das Konzert der einheimischen Grillen. Ach, wie romantisch, mag nun der Nordeuropäer denken und sich verklärt an seinen Urlaub in Italien oder Griechenland erinnern. Seien Sie sich meines höhnischen Gelächters gewiss. Nichts könnte ferner von der Realität des japanischen Sommers sein als das Mittelmeer. Die hiesige Variante der gemeinen Grille nimmt sich als ein getuntes Powerhaus aus gegenüber allem, was das Abendland an Geradflüglern aufzubieten hat. Gehen Sie im Sommer also nie ohne Watte in einen japanischen Park.

Ende August wird dieses Konzert noch angereichert durch das ohrenbetäubende Zirpen der japanischen Zikaden. Mit etwa fünf Zentimetern Körpergröße zu allen kakophonischen Schandtaten bereit, lärmen die Tierchen was das Zeug hält. Ein Gutes hat ihr Erscheinen: wenn sie sich ausgezirpt haben, fallen die Männchen einfach tot vom Baum. Eine Eigenschaft, an der sich die Backstreet Boys ein Beispiel nehmen könnten.

Doch auch so atmet der verschwitzte Japan-Resident langsam auf. Der Sommer ist bald um, und mit den gelegentlichen Septemberstürmen kündigt sich die angenehmste und sonnigste Jahreszeit an: der Herbst. Doch lassen Sie mich bevor ich fortfahre erst einmal die Tastatur abtupfen und meine Ohrenschützer zurechtrücken. Sie ahnen ja gar nicht, was ich für Sie so alles durchmache.

Wer sich bettet, ruht nicht unbedingt

Falls Sie jemals nach Japan kommen sollten, egal, ob in geschäftlicher Mission oder zum privaten Vergnügen, lohnt es sich, ein paar Minuten über die geeignete Unterkunft nachzudenken.

Neben sündhaft teuren Großstadthotels, die sich nur unwesentlich von ihren westlichen Vorbildern unterscheiden, hat man in kleineren Orten hauptsächlich die Wahl zwischen zwei Logierformen: Dem traditionellen Landgasthof, *Ryokan* genannt, und dem gewöhnlichen Businesshotel. Den Ryokan heben wir uns für später auf - lassen Sie uns in diesem Kapitel zunächst letzteres abhandeln, dann haben wir es hinter uns. Denn ob neu oder alt, glänzend poliert oder vergilbt und abgenutzt - interessant sind die gängigen japanischen Businesshotels nicht. Ein Bett, immerhin breit genug, um noch Bücher und Zeitschriften abzulegen (auch wenn sie bei mir immer in die unzugängliche Ritze zwischen Matratze und Wand rutschen), ein kleiner Schreibtisch mit Fernseher, und dazu ein Badezimmer aus Plastik - das ist alles, womit sich der Gast die Zeit vertreiben kann. Vor allem die aus einem Stück gefertigten Nasszellen sind in der Tat bemerkenswert und in dieser Form vermutlich nur noch Bewohnern veralteter Studentenwohnheime in Erinnerung. Hierzulande erfreuen sich diese Astronauten-Badezimmer größter Beliebtheit. Zum Duschen muss man in die Wanne. Die ist so eng, dass es einem in den seltensten Fällen gelingt, sich nahtlos einzuseifen. Und wenn, dann schafft man es nur unter größten Verrenkungen, seinen Körper wieder abzuspülen. Immerhin lösen die beengten Duschverhältnisse bei westlichen Gästen ungekannte Motivationsschübe aus, endlich mit der geplanten Diät zu beginnen.

Zurück im Zimmer spielt der erhitzte Hotelgast mit dem Regler der Klimaanlage. Diese überzieht das Inventar samt temporärem Bewohner alsbald mit einer feinen Eisschicht. Also schalten wir den frostigen Wind ab und geraten ohne Unterbrechung ins Schwitzen. Egal wie - ein vernünftiges Innenklima habe ich während meiner vielen Aufenthalte in japanischen Businesshotels nie erlebt, zumal die fest zugeschraubten Fenster einer gesunden Durchlüftung nicht eben förderlich sind.

Den Tiefpunkt meiner Erfahrungen mit derartigen Gasthöfen

erreichte ich in Masuda in der Präfektur Shimane. Das betreffende Etablissement, dessen Namen ich hier wohlwollend verschweige, nimmt bravourös den ersten Platz meiner Negativ-Rangliste ein. Mangels anderweitiger Unterkünfte in dem ländlichen Städtchen (oder meiner Unkenntnis derselben) sah ich mich einem wackeligen Türschloss gegenüber, das mir trotz theoretisch passendem Zimmerschlüssel hartnäckig den Zugang zur verdienten Bettruhe verweigerte. Nach einigem Ruckeln, Treten, Fluchen und Anlaufholen sprang die Tür wie von selbst auf und ließ mich samt Gepäck in vollem Schwung auf den Fernseher zustürmen. Der altertümliche Apparat trug deutliche Spuren eines rauen Dienstlebens, möglicherweise hatte er auch schon öfter als Puffer für vehement Einlass begehrende Hotelgäste gedient. Außer Atem sah ich mich um. Das Bett bestand aus einem Holzgestell mit ausgelegener Matratze, in deren tiefer Kuhle noch mindestens ein weiterer Gast Platz gefunden hätte. Die mit künstlerischen Flecken übersäte Tapete endete an einem nackten Fenster, das einen tristen Blick auf den weit unten liegenden Hinterhof bot. Angesichts der wenig erfreulichen klimatischen Verhältnisse ruckelte ich an den verschraubten Griffen, um wider besseres Wissen einen verzweifelten Versuch zu unternehmen, an ein wenig frische Luft zu gelangen. Im nächsten Augenblick sah ich das Fenster gemeinsam mit meinem Oberkörper ins Freie befördert; munter drehte sich der Metallrahmen im leeren Raum, unter mir spielzeuggroße Mülltonnen und Lieferwagen. Ich fühlte mich ein wenig wie Harold Lloyd an der berühmten Uhr über New York, auch wenn mir die Muße fehlte, die Ähnlichkeit mit der Stummfilmlegende gebührend auszukosten. Wie durch ein Wunder schaffte ich es, mich wieder ins Zimmer zu befördern. Mit zitternden Knien begab ich mich ins Bad, das - natürlich aus Plastik gefertigt - jeden meiner Schritte mit einem kläglichen Wimmern untermalte. Das Wasser tropfte anfangs nur zaghaft, dann schoss es plötzlich mit sprudelnder Vehemenz, um im nächsten Augenblick wieder zu versiegen. In der Dusche drehte ich an dem Temperaturregler. Wie ich im nächsten Moment herausfand, gab es zwei Stufen: eiskalt oder kochend heiß. Kneipp hätte seine Freude gehabt.

Kurz darauf ließ ich mich ins Bett hinabrutschen. Seufzend nahm ich die Fernbedienung des betagten Fernsehers in die Hand, sofort wünschend, ich hätte das schwarze Plastik nie angefasst. Um es vorsichtig auszudrücken: die mit Bonbon- und Schokoladenresten beschmierte Hand eines Vierjährigen wäre mir in diesem Moment weitaus willkommener gewesen.

Ich war eben bemüht, die Fernbedienung von meinen Fingern abzulösen, da erwachte der Bildschirm zum Leben. Außer einem heftigen Flimmern war nichts zu erkennen. Unterhalb des schwarzgrauen Gehäuses befand sich jedoch ein Kasten, der bedürftigen Zeitgenossen nach passendem Einwurf eines Geldstückes unanständige Filme zu zeigen versprach. Neugierig geworden blätterte ich in der mehrseitigen Broschüre, die mit bunten Bildern barbusiger Damen ein anregendes Programm verkündete. In Japan ist Pornographie gemeinhin verboten, und genau das weckte mein Interesse. Zu Studienzwecken fütterte ich den Automat mit der gewünschten Münze. Das verschwommene Bild ließ ein recht munteres Pärchen erahnen, doch alle einschlägigen Körperteile waren sorgsam verzerrt wiedergegeben. Lediglich ein Fuß ragte deutlich aus dem Nebel. Nicht verzerrt füllte der zugehörige Ton jedoch in voller Lautstärke Zimmer und Hotelflur mit einer Symphonie menschlicher Paarungslaute. Nun ging der Fernseher nicht mehr aus. In meiner Not brachte ich den Apparat schließlich mit einem Tritt zum Schweigen, der eines Karate-Kämpfers würdig gewesen wäre. Erschöpft begab ich mich zur Ruhe. Es sollte eine lange Nacht werden - wie ein Stein bohrte sich das winzige Kopfkissen in meinen Nacken.

Am nächsten Morgen verzichtete ich lieber auf das Frühstück - Fernbedienung und Paarungsstöhnen waren mir noch zu frisch in Erinnerung. Vielleicht wäre es interessant gewesen, die kulinarischen Kreationen eines derartigen Hotels zu degustieren. Zu Studienzwecken natürlich, doch irgendwo hat die Wissenschaft ja auch ihre Grenzen.

Eine bunte Variante der Businesshotels sind die so genannten »Love-Hotels«, die ihre Zimmer stundenweise vermieten. An dieser Stelle seien europäische Besucher diskret darauf hingewiesen, ihre Hormone in Zaum zu halten - solcherlei Hotels sind in der Regel ohne Bedienung. Jungen Paaren, die sich aufgrund räumlicher

Probleme im häuslichen Bereich gewissen Fortpflanzungsschwierigkeiten ausgesetzt sehen, ist hier die Möglichkeit gegeben, in diskreter Umgebung dem Liebesspiel zu frönen. Praktisch sind diese Hotels übrigens, wenn man beispielsweise durch ungünstige Umsteigeverbindungen gezwungen ist, ein paar Stunden totzuschlagen. Man begibt sich durch eine vor neugierigen Blicken mit einem schwarzen Vorhang geschützte Parkgarage ins Foyer. An einer leuchtenden Anzeigetafel muss man per Knopfdruck das Zimmer seiner Wünsche auswählen; der Grundpreis sowie der fällige Betrag für jede weitere Stunde sind hier deutlich angezeigt. In dunklen Korridoren weist einem das blinkende Display über der Zimmertür den Weg. Im Inneren findet man etwa ein gänzlich in rosa getauchtes Ambiente, gepaart mit einem geräumigen Bad inklusive Whirlpool. Das Zimmer ist schalldicht, das Bett riesig. Einem erholsamen Schlaf steht nichts im Wege. Wenn nur das verflixte Fenster aufginge. Äußerst phantasievoll sind übrigens die Namen dieser Gasthöfe: »Hyper Hotel«, »J-Girl«, »Hotel Yesterday« oder das viel versprechende »High Up« in Hiroshima.

Zum Abschluss sei der Vollständigkeit halber noch die modernste aller temporären Behausungen erwähnt, auch wenn sie uns Mitteleuropäern klaustrophobische Schweißperlen auf die Stirn treibt: Das so genannte Kapselhotel. Ein Phänomen der Großstadt, sind hier die Gäste in Bettzellen untergebracht, die in anderen Epochen von ihren Ausmaßen her als Sarkophag in die engere Wahl gekommen wären. Die wenigen persönlichen Habe sind in einem engen Schließfach verstaut. Der Blick wandert über die eigenen Socken zum Fußende des Bettes, an dem ein in die Wand integrierter Fernseher stumm vor sich hin flimmert (es sei denn, man benutzt Kopfhörer, aber das macht die Stimmung auch nicht besser). Gleich einer Ölsardine wartet man darauf, dass jemand den Deckel aufschlitzt und einen befreit. Man hat das Gefühl, eine Wette verloren zu haben. Die sterilen Plastikwände lassen einen nach dem eigenen Puls tasten - es könnte ja sein, dass man durch ein Missverständnis in eine Leichenhalle geraten ist. Wenn man Glück hat, befindet sich an der Zelle eine durchsichtige Plastiktür, die wenigstens die akustischen Ausscheidungen der fünfzig bis siebzig anderen gut verpackten Gäste auf Distanz hält. Nein, für derartige orwellsche Behausungen wird sich wohl kein Ausländer erwärmen können. Japaner mögen in ihre Kapselhotels auch nicht gerade verliebt sein - doch ist die kubistische Leidensfähigkeit der hiesigen Bevölkerung enorm.

Soweit also ein erster Überblick über die modernen Logiermöglichkeiten in diesem Land. Der Fairness halber sei an dieser Stelle ergänzt, dass es natürlich auch viele ordentliche Hotels gibt, die dem Gast tatsächlich die gewünschte Nachtruhe bieten. Mein Rat ist, bei der Hotelsuche nach dem Alter des Hauses zu fragen. Ganz neue Etablissements überraschen den Gast immerhin mit einem vernünftigen Bett, Nichtraucher-Zimmern und sogar Luftbefeuchtern. Wenn man Glück hat, gehen die Fenster vielleicht ein paar Zentimeter auf, und auch die Fernbedienung löst sich problemlos von der Hand. Lediglich bei den unanständigen Filmen ist nach wie vor nichts zu erkennen.

Land des Lächelns, Land der bösen Blicke

Wenn man über Japan etwas schreiben will, dann sieht man sich gewissen Problemen gegenüber. In dem Moment, in dem man eine Behauptung über dieses Land oder seine Bewohner aufstellt, wie zum Beispiel: »Japaner sind klein«, oder: »Japan ist ein sauberes Land«, findet man tausend Gegenbeispiele. Natürlich sind da die eigenen Aufzeichnungen immer schon losgeschickt, gehen gerade in Druck oder was auch immer, auf jeden Fall lässt sich nichts mehr ändern.

Denn, ob Sie es glauben oder nicht, so klein sind Japaner gar nicht mehr. Junge Männer haben laut einem Bericht der Sumitomo-Lebensversicherung innerhalb der letzten 100 Jahre um stolze 12,8 Zentimeter zugelegt und erreichen mittlerweile Körpergrößen von durchschnittlich mehr als einem Meter siebzig. Sogar Männer über einen Meter achtzig sind keine Seltenheit mehr, was bedeutet, dass die künftigen Brotverdiener Nippons den Amerikanern schon gefährlich nahe kommen, deren Körpergröße seit Jahren stagniert (konkret: seit Bush zum Präsidenten gewählt wurde). Dieses nur als Beispiel, wie es einem mit derartigen Behauptungen gehen kann. Ach so, die Sauberkeit öffentlicher Parks und Grünanlagen ist natürlich angenehm, doch wer sich ein wenig abseits in freier Natur umschaut, kann sein blaues Wunder erleben. Pedantisch gestutzte Rabatten hier, bunte Müllkippen dort - ein gesunder Mittelweg wäre weitaus willkommener. Dazu kommt die merkwürdige Sitte, auf öffentlichen Toiletten mit Seife und Papierhandtüchern zu knausern - beides sucht der hygienebewusste Tourist oft vergeblich.

Ein anderes Beispiel ist die Stille. Nichts genießt der gestresste Japaner mehr, als auf dem Areal eines ruhigen Tempels den Gehörsinn zu entspannen. Ebenso japanische Gärten, in denen Besucher allenfalls mit traditionellem Koto-Spiel umschmeichelt werden (das Koto ist eine Art Zither mit 13 über einzeln bewegliche Stege gespannten Saiten, dessen Klang gemeinhin mit Japan assoziiert wird). Oder japanische Bäder, in denen der gut erzogene Gast schweigend seinen Körper entspannt (und nie weiß, wohin mit diesem kleinen Handtuch, doch dazu woanders mehr). Kurz: Es gibt traditionell eine Kultur der Stille, die uns diskussionswütigen

Westlern nur willkommen sein kann.

Durchstreift man dagegen eine japanische Großstadt, wird man fast betäubt von dem Lärm, der aus allen Ecken gleichzeitig dröhnt. In den überdachten Fußgängerzonen, die in den Stadtzentren überall zu finden sind, verfügt fast jedes Geschäft über Lautsprecher, welche die Kunden mit schriller Musik anlocken sollen. Dazu kommt die in solchen Straßen dudelnde Hintergrundmusik (häufig Klassik; Mozart ist nicht unbeliebt) und das ewige Marktgeschrei der Verkäufer, die aus vollem Halse ihre Ware anpreisen. Betritt der ahnungslose Tourist ein Restaurant, so kann er sich anhand der Lautstärke des aufbrandenden Geschreis ein Bild von dem machen, was ihn erwartet - höflich-stille Zurückhaltung in Etablissements der gehobenen Art, kernige Willkommensgrüße dagegen in Suppen- und Garküchen, oft auch in italienischen Restaurants. Man darf den Angestellten das Gebrüll nicht übel nehmen (und sollte auf keinen Fall zurückschreien) - es handelt sich hier lediglich um eine traditionelle, etwas eigenwillige Form der Höflichkeit.

Wo wir gerade im Restaurant sind: Sprichwörtlich ist der gute Service hierzulande. Wünscht man einen Kellner, so wird das gut einstudierte *sumimasen* (»Entschuldigung«) des Kunden prompt mit einem entschlossenen *hai* (»jawohl«) beantwortet, und ein Bediensteter eilt herbei. So weit, so gut. Doch nimmt sich der Gast die Freiheit, etwas genauere Informationen über die angebotenen Speisen und deren Kombination zu erfragen, so gerät die Bedienung leicht in Verlegenheit. Auch Sonderwünsche werden nur ungern akzeptiert - Japaner suchen daher stets das Restaurant aus, das ihrem Geschmack von vornherein am nächsten ist. Dazu kommt hierzulande die Unsitte, den Gast mit strengen Zeitvorgaben zu piesacken: Stets wird auch die schönste Orgie viel zu früh mit der Aufforderung nach der *last order* unterbrochen, die sogar vor Getränken nicht halt macht. Der Koch will nach Hause, das Personal muss die Gläser noch spülen - und so kommen wir uns vor, wie die Spießbürger zur Biedermeierzeit. Unwillig wischen wir uns die letzten Seetangfetzen aus dem Mundwinkel und begeben uns zur separat installierten Kasse, an der wir zur allgemeinen Erleichterung erfahren, dass die Gabe von Trinkgeld in Japan nicht üblich ist.

Wir treten aus der Tür und stellen fest, dass es mittlerweile dunkel geworden ist. Dunkel? Keineswegs! Japanische Städte gehören bekanntlich zu den hellsten der Welt (was man sogar vom Weltraum aus beobachten kann, falls Sie mal die Gelegenheit haben sollten). Flackernde Neonreklame auf den Hausdächern, grell angestrahlte Casinopaläste (*pachinko* genannt, ausgesprochen wie Al Pacino mit k), taghell erleuchtete Tankstellen - beinahe wünscht man sich des Nachts eine Sonnenbrille. Dazu überrascht der Radau, der auch an Abenden unter der Woche herrscht - als hätten sie nichts anderes zu tun, feiern japanische Geschäftsleute bis spät in die Nacht. Straßenhändler ziehen mit Glockengeläut und Schalmeienklang durch die Gassen und bieten unterschiedlichste Mitternachtssnacks an: Deftige Nudelsuppe etwa, gegrillte Süßkartoffeln oder Hühnerspieße - Spätheimkehrer sind bestens versorgt.

Sobald man jedoch die Innenstadt oder den Geschäftsbereich in Vorstädten verlassen hat, wird es duster. Matte Straßenlaternen sorgen dafür, dass man in Wohngebieten abends keine Adresse findet und sich sogar in nüchterner Verfassung nicht sicher ist, wo man eigentlich hinläuft. Block- und Hausnummern sind tagsüber schon kaum auszumachen - bei Dunkelheit ist es nicht besser. Gestandene Höhlenforscher müssten hier kläglich kapitulieren.

Die Liste mit auffallenden Gegensätzen ist lang, und ich könnte ewig weitermachen. Nehmen Sie die berühmte Höflichkeit der Japaner: Tausende stilvoller Redewendungen stehen abrufbereit, beispielsweise den Kunden eines Geschäftes in einen verbalen Wattebausch zu hüllen. Egal, ob man etwas kauft, unverfroren in nagelneuen Zeitschriften liest (in Japan angenehmerweise weit verbreitet und nicht wie in Deutschland unter Todesstrafe gestellt) oder diverse Verkaufsdisplays umschmeißt (ist mir allerdings erst wenige Male passiert) - stets ist einem der Dank des Personals gewiss. Kaufen Sie ein Auto, und der Verkäufer wird Ihnen bis an sein Lebensende sämtliche Türen aufhalten, Sie mit Geschenken überhäufen oder bei Bedarf auf Ihre Großmutter aufpassen. Arbeiten Sie hierzulande als Lehrer, wird Ihnen allerorten der größte Respekt entgegengebracht - inklusive unbegrenztem Kaffeekonsum und üppiger Geschenke zweimal pro Jahr. Sind Sie Arzt, so haben Sie das interessante Privileg, einen geheilten Patienten bei dankbarer Verbeugung aus dem Stand mit der Nasenspitze den Boden berühren zu sehen (mit angelegten Armen ist das übrigens gar nicht so einfach). Kurz: Der Höflichkeitsbezeugungen sind viele.

Umso mehr überrascht, wie roh sich der gemeine Japaner im Straßenverkehr aufführt - geballte Fäuste, lautstarkes Hupen, verbale Verwünschungen: man kann nicht anders, als zutiefst überrascht zu sein. Vor allem Taxifahrer, gewissermaßen als Ausgeburt der Straße gleichzeitig Spiegelbild derselben, erfreuen sich eines äußerst zweifelhaften Rufs. Rücksichtslos drängeln sie sich zwischen biegsame Kotflügel, halten grundsätzlich mit Vollbremsung ohne zu blinken und sind auch im Gespräch mit Passagieren nicht aufzuheitern. Mein Rat: Gehen Sie diesen unliebsamen Zeitgenossen wenn möglich aus dem Weg, es ist zu Ihrem Besten.

Ach ja, wie zu Beginn versprochen: keine Behauptung, die sich nicht sofort widerlegen lässt. Einmal stieg ich mit einem österreichischen Bekannten nach fröhlich durchzechtem Abend in ein Taxi, das uns zum Bahnhof bringen sollte. Vor dem Portal angekommen, zückte mein alpenländischer Freund einen großen Schein (mit Kleinigkeiten gibt er sich ungern ab) und hielt diesen dem Taxifahrer unter die Nase. Der zuckte ratlos die Schultern - er konnte nicht wechseln. Ich wartete nun darauf, dass der Fahrer seinen großen Bruder (oder derer zwanzig) verständigen würde, um uns ignoranten Exoten auf dem Rücksitz deutlich zu machen, dass ein Passagier hierzulande seine Rechnung passend begleicht - doch nichts geschah. Mild lächelnd drehte sich der Chauffeur um: »Fahren Sie demnächst mal wieder bei mir mit. Vielen Dank und einen schönen Abend noch.«

An der frischen Luft sahen wir uns sprachlos an. Um eine Erfahrung reicher kehrten wir in die dustere Vorstadt zurück. So gegensätzlich kann Japan sein.

Ein Dach über dem Kopf

Will jemand in Japan ein Haus bauen, so braucht er ein Grundstück. Diese nicht umwerfend originelle Feststellung erscheint in neuem Licht, wenn man sich das Land einmal näher anschaut.

Zunächst stellen wir fest, dass Japan seinen Einwohnern genau 377.835 Quadratkilometer Platz bietet. Das sind rund 20.000 mehr als in Deutschland, doch bei 127 Millionen Menschen bedeutet das, dass sich cirka 336 Personen einen Quadratkilometer teilen müssen. Damit liegt Japan, was die Bevölkerungsdichte anbelangt, im Vergleich mit allen anderen Flächenstaaten der Welt auf einem stolzen sechsten Rang, noch vor beispielsweise Indien oder den Philippinen.* Hinzu kommt die Tatsache, dass Japan zu vier Fünfteln bergig ist, und zwar nicht à la Sauerland, sondern richtig, mit Steilhängen, Serpentinen und Wintereinbrüchen im März. Da überall die Natur im Weg ist, bleibt lediglich ein Fünftel des Landes zum Wohnen - unterm Strich drängen sich also 1.300 Einwohner auf einem Quadratkilometer.

Ein Einfamilienhaus gilt in Japan als freistehend, wenn minimal zehn Zentimeter Platz zum Nachbargebäude bleiben. Aha, denkt der deutsche Bauherr, das riecht gewaltig nach Reihenhaus. Und ist es beinahe auch, nur ein Reihenhaus nach allen Seiten, mit einer vier mal fünf Meter großen Aussparung für zwei Parkplätze.

Lassen Sie mich erklären. Ein modernes Baugrundstück ist in der Regel mit nicht mehr als 200 Quadratmetern bemessen. Es gibt so-

*Unbestrittener Weltmeister in dieser Kategorie ist übrigens Bangladesh, gefolgt von Taiwan, Südkorea, Puerto Rico und Holland gar noch kleinere Einheiten, aber irgendwo bei 100 Quadratmetern hört der Spaß auf. Im Allgemeinen wird mehr als die Hälfte des zur Verfügung stehenden Platzes bebaut, so dass bei einem zweistöckigen Gebäude etwa 100 Quadratmeter Wohnfläche herausspringen. Trotz äußerster Platznöte weigern sich jedoch Baufirmen und -herren, auf die sinnvollere Variante eines waschechten Reihenhauses umzusteigen. Seien es vorgeschobene Aspekte der Brandsicherheit oder der Hinweis darauf, dass in Japan traditionell nur vermeintlich Asoziale diesen Wohnstil pflegen (es gibt sie wirklich, sie werden *Burakumin* genannt) - das zur Verfügung stehende Bauland wird mit schuhkartonartigen Fertighäusern zugestellt, die dicht an dicht stehen und sich gegenseitig die Sicht versperren. Als letzte Dreingabe kommt noch, dass die Straßen in vielen Wohngebieten nicht mehr als vier Meter breit sind - ich glaube, so langsam können Sie sich ein Bild davon machen, wie die Vorstädte hier beschaffen sind.

Zwei Drittel aller bestehenden Häuser sind mit beunruhigend dünnem Holzskelett gefertigt, lediglich ein Drittel hat einen feuersicheren Stahlrahmen.[11] Stein auf Stein-Bauweise kennt man hier praktisch überhaupt nicht, was gerne mit der erforderlichen Erdbebensicherheit begründet wird. Dazu kommt der stolze Preis: Bei knapp 300.000 Euro, die eine japanische Familie im Schnitt für ein knappes Einfamilienhaus berappen muss, entfällt auf das Bauland gut die Hälfte des Kaufpreises. Da wird am Haus natürlich gespart, was das Zeug hält.

Doch heute sind wir zu Besuch bei einer japanischen Familie, ganz privat, deshalb soll uns das Geschäftliche einstweilen nicht weiter kümmern. Denn vorerst müssen wir einen Platz für unser Auto finden. Das ist bei den schon erwähnten engen Straßen gar nicht so leicht, und meistens wird man mit ausschweifenden Gesten ungefähr einen halben Zentimeter an die Gartenmauer gelotst - nachdem die Familie bereits ausgestiegen ist und sich zusammen mit Gastgeber und herbeigeeilten Nachbarn das Schauspiel ansieht.

Nachdem der Parkstil des Wagens von allen Seiten für zufrieden stellend befunden ist, tritt man ein. Da es sich bei heutigem Besuch um ein uns noch fremdes Domizil handelt, wäre es sinnvoll, wenn der Hausherr voranginge und den Weg wiese. Doch die japanische Höflichkeit gebietet, dem Gast den Vortritt zu lassen - und so findet man sich von Anfang an in einem Gedränge wie zum Ausverkauf bei Karstadt. Erst im *genkan* genannten Eingangsbereich des Hauses entwischt einem leichtfüßig der Gastgeber, da wir als ordentliche Deutsche gewohnt sind, immer schön die Schnürsenkel aufzuknoten - japanische Häuser werden, wie allgemein bekannt, nie mit Straßenschuhen betreten. Der Ort, in dem wir gerade auf einem Bein hüpfend mit dem Ellenbogen gegen den Schirmständer schlagen, befindet sich üblicherweise auf gleichem Niveau wie der Bereich vor der Tür. Erst wenn man eine Stufe emporsteigt, stolpert man über viel zu kleine Pantoffeln in die eigentliche Wohnung.

Das Wohnzimmer ist in modernen Häusern in der Regel zweigeteilt, in einen japanischen sowie einen westlich anmutenden Bereich. Interessanter ist der fernöstliche Wohnteil: Durch leichtgängige Schiebetüren abgetrennt, ist sein Boden mit fein gewebten *Tatami*-Matten ausgelegt. Diese Strohmatten kommen landesweit in den einheitlichen Maßen 90x180 Zentimeter. Eine Matte legt das Flächenmaß *Jo* fest, nach dem mehr oder weniger ganz Japan aufgeteilt ist. Halt, nein, das Tatami-Flächenmaß gilt nur für Innenräume. Grundstücke werden neben Quadratmetern auch noch in *Tsubo* (3,3 m^2) vermessen, wobei 300 Tsubo ein *Han* ausmachen, und 10 Han ein *Cho* bilden. Wie auch immer, ich bin mit meinen Pantoffeln mitten auf diese teppichartigen Matten gelatscht, was mir sofort eine Rüge meiner Frau einbringt - japanische Räume werden nur auf Strümpfen betreten.

In der Mitte des Zimmers steht ein kniehohes Tischchen bereit, umgeben von flachen Sitzkissen. Da wir zum ersten Mal in diesem Hause zu Besuch sind, bemühen wir uns intensiv, mit unseren viel zu langen Beinen nicht das Tischchen umzuschmeißen oder das teure Eigenheim anderweitig zu zerstören. Nachdem wir verstanden haben, dass uns der Ehrenplatz - vor dem Alkoven mit *Ikebana*-Strauß - zugedacht ist, werden von der Frau des Hauses Tee und Bohnenkuchen herbeigeschleppt. Faszinierend, mit welch spielerischer Leichtigkeit die Dame die Pantoffelroutine beherrscht - wären mir doch auf dem blank polierten Parkett beinahe meine Beine entglitten, in verschiedene Windrichtungen natürlich.

Nachdem man das obligatorische Gastgeschenk überreicht hat (etwa ein Buch mit 257 Bildern vom Oktoberfest: »Das bierselige Bayern«) geht es etwas steif zu, bis man sich schließlich über die angebotenen Süßigkeiten hermacht (die Gastgeber rühren die ihren nie an, als ob etwas nicht stimmen würde).

Der äußerst blasenaktivierende grüne Tee treibt mich in Richtung Toilette. Was auch geschehen mag, mir gelingt es in fremden

Häusern stets, zunächst die Tür zu einem Wandschrank zu erwischen (ab und zu passiert mir das auch zu Hause, aber nur in besonders dringenden Fällen). Nun will ich natürlich nicht behaupten, dass japanische Wandschränke unordentlich sind, vielmehr trifft das Gegenteil zu - dennoch fällt mir immer irgendein schwerer Gegenstand entgegen. Sei es ein Bügeleisen, eine Stoß alter Zeitungen oder auch eine komplette Golfausrüstung - stets überkommt mich leise Panik, der Gastgeber könnte mich in der schwer erklärbaren Pose erwischen, die jemand einnimmt, der solcherlei Dinge mit seinen vier Extremitäten vor dem freien Fall bewahrt.

Nachdem ich die Schranktür mit aller Gewalt wieder verschlossen habe, finde ich endlich das stille Örtchen. Den durchschnittlichen japanischen Bedürfnissen wird nicht gerade viel Platz beigemessen, doch immerhin wartet eine High-Tech-Toilette auf den unbedarften Benutzer. Man nimmt auf der vorgewärmten Klobrille Platz und spielt ein wenig mit den seitlich angebrachten Knöpfen. Das hätte man lieber nicht tun sollen. Als Ergebnis der kindischen Experimentierwut fühlt man seinen Allerwertesten bald auf das Fürsorglichste gewaschen und geföhnt, begleitet von spitzen Überraschungsschreien, die man im Nachhinein als seine eigenen identifiziert. Zum Beenden des Spukes muss man einen separaten Knopf drücken, den man erst findet, wenn man völlig durchnässt ist.

Eilen wir also zurück in die gute Stube, neben der sich die Küche befindet, durch eine offene Theke vom Wohnbereich getrennt. Japanische Neubauküchen glänzen mit Stahl und vielerlei kompliziert aussehenden Geräten, doch fehlt es bei aller Perfektion und Organisation an Gemütlichkeit. Kurz: der japanischen Hausfrau geht Funktion über Schönheit. Offen gesagt, habe ich schon angenehmere Aufenthaltsorte gesehen, etwa die Großküche meiner früheren Studentenmensa, oder auch die Intensivstation des städtischen Klinikums in Oberhausen.

Hinter der Küche findet sich der Eingang zum Badebereich. Hier öffnet sich uns der Ort, in dem der Japaner nach Feierabend seine Seele baumeln lässt. Häuser ohne Badewannen gibt es nicht. Tage ohne abschließendes Bad gibt es auch nicht. Zum Glück ist Japan ein äußerst regenreiches Land, so dass die Wasserreserven bis jetzt noch auszureichen scheinen. Falls nicht, wären die Hemmungen sicherlich nicht groß, gegen Bares die Wasservorräte beispielsweise Neu-Guineas anzuzapfen. Wenn es um ihre geheiligte Badekultur geht, kennen die Japaner kein Pardon.

Wir betreten zuerst den Vorraum, in dem man sich entkleidet. Nicht jetzt, natürlich, aber sollte man einmal die Ehre haben, in einem japanischen Haus über Nacht zu Gast zu sein, wird man sich hier bei gut verschlossener Tür seiner Kleider entledigen. Eine Ablage für die Garderobe und den eventuell vorhandenen Bademantel sucht man allerdings zumeist vergeblich. Außer einem Waschbecken und einer Waschmaschine ist kein Platz dafür vorgesehen. Ob nun Japaner immer schon nackt durch die Wohnung spazieren, oder ihre Kleidung unmittelbar in die Wäsche geben, bleibt der Fantasie des Lesers überlassen. Aber es gibt ja auch wichtigere Dinge: Vom Vorraum aus betritt man die Nasszelle, die jeweils zur Hälfte in Waschbereich und Badewanne aufgeteilt ist. Hier darf man nach Herzenslust herumplanschen, sich von oben bis unten abseifen und probieren, ob die Fontäne der Dusche bis an die Decke reicht. Die Badewanne selbst ist ein Prunkstück nationaler Technikliebe. Man gibt auf einer digitalen Anzeigetafel die gewünschte Temperatur ein und drückt auf den Startknopf. Kaum zehn Minuten später aalt man sich im wohltemperierten Badewasser, das per Thermostat stets warm gehalten wird. Kein lästiges Hin und Her, kein umständliches Prüfen der Wassertemperatur, keine nassen Füße, bevor der Spaß losgeht - hier ist reinste Entspannung angesagt. Lediglich den Stöpsel muss man merkwürdigerweise per Hand reinstecken und herausziehen. Ehe ich es vergesse: Seife hat im japanischen Badewasser nichts verloren. Das hiesige Grundgesetz verfügt, dass nur klargespülte Leute in die Wanne dürfen.

Unwillig trennen wir uns von so viel Lebensqualität und lenken unsere Schritte zurück in den Flur. Hier führt eine vormals übersehene Treppe mit für europäische Füße viel zu kleinen Stufen hinauf in den zweiten Stock. Einen Keller gibt es übrigens fast nirgendwo; meine Nachforschungen zu diesem Thema wurden bis heute immer mit dem Argument durchkreuzt, dass bei der im Sommer herrschenden Luftfeuchtigkeit jeder unterirdisch gelagerte Gegenstand binnen kürzester Zeit mit einer grünen Moosschicht überzogen sein würde. Dieses Anblickes beraubt, klettern wir enttäuscht nach oben, wo mehrere Schlafräume untergebracht sind. Vor allem bei älteren Häusern ist hier nicht viel Platz. Auch wenn das schlankere Obergeschoß von außen architektonisch seine Reize haben mag - die Enge der Räume macht das Schlafen für Leute über 1,75 Meter

Körpergröße zu einer Yogaübung. Neuere Fertigbauten lösen das Problem, indem beiden Stockwerken die gleichen Außenmaße zugedacht werden - immerhin baumeln hier die Füße nicht mehr aus dem Fenster.

Ansonsten gibt es oben nicht viel zu sehen, so dass wir ins Wohnzimmer zurückkehren, wo sich die Stimmung immer noch nicht gelockert hat. Die komplizierten Regeln japanischen Zusammenlebens legen die Besuchsdauer fest - handelt es sich um eine reine Höflichkeitsvisite, so bleibt es bei Tee und Süßigkeiten.

Hat sich dagegen die Befangenheit in Vertrautheit gewandelt, darf man sich auf ein festliches Mahl freuen, das zu Ehren des abendländischen Gastes einen rücksichtsvollen Bogen um alle exotischen Speisen macht.

Doch für heute reicht es, wir wollen heim, bevor es dunkel wird, und so sehen wir uns alsbald einer wahren Verbeugungsorgie ausgesetzt. Unsere Schuhe sind auf magische Weise gedreht worden, so dass wir nur noch hereinschlüpfen müssen - gleiches gilt leider nicht für unser Auto, das sich immer noch fest an die Gartenmauer schmiegt.

酒

Trockenfisch und Kimono

Ganz gleich, ob Geschäftsreisender oder Tourist - vor dem Gang in einen der zahlreichen Souvenirläden werden Sie in Japan kaum herumkommen. Und das basiert nicht allein auf Ihrem freien Willen (falls Sie den am Ende Ihrer Zeit in diesem Land noch haben) - ausgeklügelte Geschäftsplanung macht es dem internationalen Gast praktisch unmöglich, das Land mit leeren Händen zu verlassen.

Bevor Sie sich versehen, stehen Sie also inmitten eines stattlichen Angebots bunter Waren und fühlen sich verloren. Die paar netten Worte, mit denen Ihr Reiseführer Sie zu diesem Thema abspeist, helfen Ihnen jetzt auch nicht weiter. Aber zum Glück haben Sie in mir einen der weltbesten Souvenirspezialisten - ich habe es bislang noch immer geschafft, etwas zu kaufen, was ich garantiert nicht gebrauchen konnte.

Falls Sie mit dem Gedanken spielen, einen kompletten Kimono mit nach Hause zu nehmen - vergessen Sie's. Das, was Ihnen in Touristenläden als Kimono angeboten wird, würde einen echten Japaner nur höflich lächeln lassen (und wir wissen mittlerweile, dass etwas nicht in Ordnung ist, wenn ein Japaner höflich lächelt). Die Preise mögen attraktiv erscheinen - die Stoffe sind es nicht. Echte Kimonos werden auch heute noch in Handarbeit hergestellt, und die Kosten für ein ordentliches Exemplar bewegen sich leicht im fünfstelligen Eurobereich. Falls Sie gewillt sind, so viel für Mitbringsel auszugeben, fühlen Sie sich in den Häusern der *Mitsukoshi*-Kaufhauskette vermutlich heimisch.

Allen anderen sei die Light-Version des Kimono empfohlen: Die *Yukata* ist eine Art dünner Bademantel und vor allem für die heißen Sommermonate geeignet. Grundsätzlich findet sich in jedem

Hotelzimmer ein Exemplar, und der traditionsbewusste Japaner ist bis zu seiner Abreise nicht mehr von dem bequemen Leinenumhang zu trennen. Die Preise bewegen sich in zivilem Rahmen, was begrüßenswert ist, da Ihr Budget nach einem Japanaufenthalt ohnehin etwas ausgelaugt sein wird.

Gewarnt sei des Weiteren vor exotischen Lebensmitteln wie getrocknetem Fisch oder Seetang. Vor allem letzterer, etwa in *nori, kombu* oder *wakame* unterteilt (die gesamte Palette der essbaren Wasserpflanzen aufzuzählen würde wenigstens das ganze Kapitel, wenn nicht ein komplettes Buch füllen), ist zwar durchaus schmackhaft, doch lässt der Reiz erfahrungsgemäß graduell nach, je weiter Sie sich von Japan entfernen. Was in Gesellschaft japanischer Bekannter noch vorzüglich mundete, wirkt im Dunstkreis heimischer Kochgewohnheiten reichlich deplaziert. Den Reis, für den Genuss von Seetang zumeist unverzichtbar, bekommen Sie sowieso nicht so hin wie in Japan, daher sei an dieser Stelle von der großen Geschenkpackung mit 56 Sorten der maritimen Delikatesse abgeraten. Ähnlich verhält es sich mit getrocknetem Fisch: Die Mehrheit aller westlichen Besucher hat schon während ihres Aufenthaltes im Lande gewisse Probleme, den Genusswert von gummiartigen Flossen und Tentakeln gebührend anzuerkennen. Ersparen Sie den armen Kreaturen also die Reise in unbekanntes Ausland.

Schauen Sie stattdessen lieber in die Abteilung der Reisplätzchen - getrocknetes Reisgebäck, *senbei* genannt, ist leicht salzig und passt hervorragend zu Bier oder trockenem Weißwein (selbstverständlich auch zu japanischen Spirituosen). In letzter Zeit finden sich gar in deutschen Supermärkten rührige Ansätze, den figurfreundlichen Snack im heimischen Knabbermarkt zu etablieren. Überreichen Sie also Freunden und Bekannten mit dem souveränen Lächeln eines weit Gereisten eine hübsch aufgemachte Schachtel mit Reiskräckern - sie sind günstig, leicht, und finden garantiert Anklang.

Freunde des Alkohols werden mit einer großen Auswahl an *Sake* umworben, dem berühmten Reiswein, mit dem Sie vermutlich schon in traditionellen Restaurants in Kontakt gekommen sind. Eigentlich ist es nicht ganz korrekt, Sake als Wein zu bezeichnen. Auch wenn die Inhaltsstoffe fermentiert sind, wird der Trank schließlich aus Getreide gebraut - genau wie unser gutes altes Bier. Ein anständiger Reiswein sollte auf keinen Fall weniger kosten als ein vorzeigbarer Wein, alles darunter ist wegen teilweise großzügigem Alkohol- und Zuckerzusatz Garant für Kopfschmerzen. Sake wird grob in *tokutei meishoshu* und *futsushu* unterteilt, wobei ersteres die feinere Klasse ist, aus der Sie wählen sollten. Innerhalb dieser Rangordnung finden Sie weitere Unterabteilungen. Reinheitsfanatikern sei damit geholfen, dass in der Gruppe der *junmaishu* die Inhaltsstoffe begrenzt sind auf Reis, Wasser und *koji*. Letztgenannter ist ein geheimnisvoller Schimmelpilz, der - an der richtigen Stelle eingesetzt - wahre Wunder vollbringt.[12]

Der Situation bei französischem Wein nicht unähnlich, ist es schwer, den Finger auf ein oder zwei bestimmte Sake-Produzenten zu legen. Es gibt in Japan über 1.600 Hersteller, und der Geschmack ist sehr unterschiedlich. Versuchen Sie es mit einem trockenen *Suigei* aus Kochi, einer erschwinglichen Sorte für Einsteiger. Aus Hyogo empfiehlt sich *Takinokoi*, ein solider Reiswein mit etwas vollerem Bouquet, den Sie auch warm genießen können, der allerdings etwas teurer ist. Zum Erwärmen im Wasserbad ist ein spezieller Flakon unverzichtbar, der aber in Verbindung mit Sake-Schälchen wiederum ein hübsches Mitbringsel ergibt. Falls Sie gewillt sind, für Sake etwas mehr Geld auszugeben, kaufen Sie *Shimeharizuru* aus Niigata, der Ihnen die Leichtigkeit des Seins auf unnachahmliche Art näher bringt, allerdings kein Sonderangebot ist.

Sollte es Sie während Ihres Japanaufenthaltes in den Süden verschlagen, dann lassen Sie sich den vorwiegend in Kyushu gebrauten *Shochu* nicht entgehen. Mit Alkoholgraden um 25 Prozent etwas stärker als Sake, wird dieses Getränk vorwiegend aus Gerste destilliert. Es gibt auch Shochu aus Süßkartoffeln, Buchweizen oder braunem Zucker, aber wenn Sie alle Sorten durchprobieren, riskieren Sie ein leichtes Absinken Ihres Wohlbefindens. Vorsicht übrigens, falls Sie geschäftlich hier sind! Die japanischen Trinksitten sind nicht ganz ungefährlich - deshalb sei an dieser Stelle angeraten, es lieber bei einer kleinen *Dégustation* zu belassen. Wollen Sie Shochu einkaufen, so probieren Sie es mit *Hakutake* aus Kumamoto, oder einem *Kakushigura* aus Kagoshima. Shochu ist als Getränk der einfachen Leute nicht teuer und in der Regel besser verträglich als Sake. Trinken Sie *on the rocks* oder mischen Sie ihn an kalten Tagen im Verhältnis eins zu fünf mit heißem Wasser - herzerwärmende Nebenwirkungen sind auf diese Weise garantiert.

Definitiv nur etwas für Genießer mit abgehärteter Leber ist der ausschließlich aus Reis destillierte *Awamori* aus Okinawa. Im Prinzip mit Shochu verwandt, liegt hier der Alkoholgehalt jedoch deutlich höher. Er mutet harmlos an, doch die Wirkung schleicht sich durch die Hintertür ins Oberstübchen des ahnungslosen Touristen. 43 Prozent Alkohol und mehr sind nicht zu unterschätzen, doch bürgen die 47 Brennereien der Insel für solide Qualität. Ähnlich einem guten Whisky braucht der Awamori Zeit zu reifen - die teuersten Sorten (*kusu*) haben mehr als 20 Jahre in tönernen Urnen verbracht und beglücken den Experten mit einem wunderbar reichhaltigen, abgerundeten Geschmackserlebnis. Okinawa ist in Japan der Ort mit dem größten Anteil an Hundertjährigen, und der Awamori hat da angeblich seine Hand im Spiel. Um diese Wirkung am eigenen Leibe zu überprüfen bedarf es allerdings einer gewissen Ausdauer, und dazu fehlt uns im Moment die Zeit.

Wenden wir uns dem Kunsthandwerk zu: Wenn Sie für weibliche Bekannte ein passendes Mitbringsel suchen, sei an dieser Stelle die reichhaltige Auswahl an filigranen Fächern empfohlen. Japanischer geht es nicht, und die Besitzerin wird die nächste Hitzeperiode praktisch herbeisehnen. Die Preise sind durchaus zivil, und ein geschmackvolles Motiv ist sicher dabei. Vorsicht jedoch bei Transport und Gebrauch: das hauchfeine Seidenpapier reißt schneller, als man denkt. Besonders schöne Exemplare werden deshalb lieber nicht benutzt, sondern auf einem Ständer ausgestellt. Auch an der Wand machen sich diese bunten Kunstwerke gut.

Berühmt sind die fein lackierten Kästchen, in denen man Schmuck oder Fotos (oder was auch immer) aufbewahren kann. Ursprünglich für religiöse Zwecke gedacht, fanden die kunstvollen Schatullen im Laufe des Mittelalters den Weg in bessere Haushalte. Auch hier die Warnung, dass originale Handarbeit seinen Preis hat. Doch gilt es, nicht zu knausern, sonst wird Sie das eingangs erwähnte höfliche Lächeln nicht mehr loslassen. Falls Sie beim Preis eines zierlichen Kästchens schlucken, so lassen Sie mich darauf hinweisen, dass es sich bei Markenerzeugnissen wirklich um etwas Besonderes handelt. Auf das vom *Keyaki*- oder *Ate*-Baum stammende Holz wird eine aus bis zu fünf Schichten bestehende Grundierung aufgetragen, bevor das eigentliche Motiv aufgemalt wird. Etwa 20 Arbeitsschritte sind nötig, bevor Sie so ein Miniaturkunstwerk in der Hand halten können, und vielleicht stellen Sie es besser ins Regal zurück, bevor Sie es am Ende noch fallen lassen.

In der Abteilung für Keramik nebenan sollten Sie sich erst recht vorsehen. Wenn Sie nicht sicher sind, zierliche Schälchen oder Vasen heil nach Hause zu bekommen, sparen Sie sich die Enttäuschung vielleicht lieber. Falls Sie jedoch daheim Ihre ganz private Teezeremonie abhalten wollen - viel Glück. Fragen Sie zum Beispiel nach der Bizen-Töpferei aus Okayama, deren Produkte seit Generationen zu den besten des Landes gehören.

Wollen Sie zu Hause Ihre Nachbarn (oder auch unerwünschte Eindringlinge) beeindrucken, wäre ein klassisches japanisches Schwert vielleicht das Richtige für Sie. Um Probleme mit Grenzschutz und Zoll zu umgehen, ist es hier sinnvoll, den Postweg zu wählen. Fragen Sie im Laden, dem Personal müssten derartige Probleme eigentlich bekannt sein. Bevor Sie nun aber einen Samurai-Klub ins Leben rufen, kurz ein paar Worte zu den dekorativen Waffen: Vor mehr als 1.500 Jahren kamen die damals neuartigen Schwerter aus China nach Japan. Erste japanische Imitationen, ebenfalls aus dieser Periode, beweisen, dass keine Zeit verloren wurde, die Schmiedekunst zu perfektionieren. Waren die frühen Exemplare noch geradlinig, fanden die Schwertkämpfer anhand unzähliger praktischer Übungen in der kriegerischen Heian-Ära (794-1185) bald heraus, dass sich die Kehlen ihrer Feinde mit einer gebogenen Klinge weitaus schwungvoller aufschlitzen ließen. Ein jeder Kämpfer hatte seine persönliche Ausrüstung, und die vielen Respekt einflößenden Einzelstücke, die aus dieser Zeit enthalten sind, geben beredtes Zeugnis individueller Fertigkeiten. Später, als das Shogunat der *Tokugawa* für mehrere hundert Jahre die Macht übernahm, waren kämpferische Auseinandersetzungen zwar seltener an der Tagesordnung, doch die kriegerischen Wurzeln der Regierungsklasse sorgten für einen regelrechten Boom in der Nachfrage. Jeder Edelmann, der etwas auf sich hielt, schmückte sich mit einem prunkvollen Schwert an seiner Hüfte. Mit der Zeit wurde der Markt weniger von Kriegern denn Kaufleuten beherrscht, und so erhielt dekorative Ornamentik den Vorzug vor pragmatischen Überlegungen. Der Weg war frei für Künstler wie *Kotetsu* oder *Somin*, deren üppiger Stil von der *Goto*-Familie oder der Schule in Nara übernommen wurden. Doch auch die schönste Party hat ein Ende: In Anbetracht der Unruhen um die Mitte des 19. Jahrhunderts bekam der Kaiser kalte Füße und verbot seinen

Untertanen ab 1876 das Tragen von Schwertern in der Öffentlichkeit. Arbeitslose Kunstschmiede waren gezwungen, ihre Fertigkeiten für den Bau von Ackermaschinen und anderem modernen Gerät zur Verfügung zu stellen - und so kam eine große Tradition zu einem traurigen Ende.[13]

Soweit also unser kurzer Ausflug in die Schwertgeschichte; ich hoffe, Sie verzeihen mir, etwas abgeschweift zu sein. Es ist ein faszinierendes Stück Japan und verdiente eigentlich mehr als nur einen Absatz. Ach, Sie wollen jetzt sicher etwas über Preise und Qualitätsunterschiede erfahren. Na gut. Originale Sammlerstücke sind - wenn nicht in Museumsvitrinen weggesperrt - naturgemäß recht kostspielig. Hier bewegen sich die Preise leicht im fünfstelligen Bereich (in Euro, versteht sich). Erstaunlich günstig und nicht weniger prunkvoll sind Nachbildungen. Hier sei allerdings darauf hingewiesen, dass die Klingen dieser Waffen in der Regel nicht geschliffen sind - vergessen Sie also nicht, sich rechtzeitig um entsprechende Schärfe zu bemühen, wenn Sie von oben erwähntem Einbrecher in Ihren eigenen vier Wänden nicht höhnisch ausgelacht werden wollen.

Zum Abschluss noch ein ganz spezieller Tipp, sozusagen für die Genießer unter den Souvenirjägern. Sie geben sich nicht mit Kopien zufrieden? Schon verstanden. Wie wäre es mit einer originalen *Noh*-Maske? Wenn Sie sich an die Kunstwerkstatt *Inoue* in Kioto wenden, haben Sie die Möglichkeit, ein kostbares Einzelstück zu erwerben, das in genau der gleichen Form im richtigen Noh-Theater verwendet wird.[14] Na, ist das was für Sie? Sie finden eine

Sammlung historischer Charaktere im Angebot, deren Anwendung auf der Bühne bis ins 14. Jahrhundert zurückgeht. Noh-Masken sind berühmt für ihren schlichten, doch gleichzeitig gesetzten Ausdruck. In 25 aufwändigen Arbeitsschritten wird eine Maske aus Holz geschnitzt und mehrfach lackiert. Mehrere Monate dauert es, bis ein solches Kunstwerk fertig ist. Da das Familienunternehmen stets auch für die Bühne produziert, ist natürlich mit längeren Wartezeiten zu rechnen. Haben Sie also Geduld, und planen Sie eine Investition in der Größenordnung von 300 bis 500 Euro. Zugegeben, ein Sonderangebot im Souvenirladen am Flughafen sieht anders aus, aber Sie sind ja nicht alle Tage in Japan.

Falls Ihnen trotz meiner liebevollen Bemühungen immer noch nicht geholfen sein sollte, empfehle ich Ihnen zu guter Letzt (denn langsam ist meine Geduld zu Ende) das Postkartenset mit zehn bunten Bildern aus Japan.

Wie die Feste fallen

In diesem Kapitel soll es um Feste und Feiertage gehen, die im Gegensatz zu Weihnachten und Valentine-Day für die japanische Seele eine wirkliche Bedeutung haben. Ist der Terminkalender doch seit alters her mit bunten Feierlichkeiten gespickt, die in der Vergangenheit überwiegend die Funktion hatten, den Zusammenhalt der dörflichen und städtischen Gemeinden zu fördern. Denn man mache sich nichts vor: Der Alltag war in früheren Zeiten hart. In einem an Ressourcen und Bodenschätzen armen Land wie Japan waren die Leute in engen Tälern mit begrenzter Anbaufläche aufeinander angewiesen, um zu überleben. Das ist teilweise immer noch so, und damit sich die Leute angesichts der harschen Realitäten nicht in die Wolle kriegen, hat man in weiser Voraussicht einige Verschnaufpausen eingerichtet.

Der Festivitäten sind viele, deshalb lassen Sie uns ohne Umschweife beginnen. Der wichtigste Feiertag war und ist das Neujahrsfest. In einem anderen Kapitel schon in seinen Auswirkungen auf das moderne Japan angesprochen, möchte ich hier über die Bräuche erzählen, die seit Jahrhunderten den Ablauf des Festes bestimmen. Früher bezeichnete *oshohgatsu* den gesamten ersten Monat des neuen Jahres, heute werden nur noch die ersten drei Tage des Januar so genannt. Punkt Mitternacht geht es los - wo bei uns Sylvesterböller, Sekt und beschwipste Umarmungen das Bewusstsein vernebeln, erklingen in Japan ganz besinnlich die Neujahrsglocken. Ganze 107 Mal werden sie angeschlagen, und jeder Ton steht für eine menschliche Unsitte oder Charakterschwäche, die es im neuen Jahr zu eliminieren gilt. Die Japaner sind in diesen Dingen sehr gründlich, und bei so vielen schlechten Eigenschaften legt man sich lieber ins Bett. Denn es gilt, am 1. Januar früh aufzustehen: Wer etwas auf sich hält, ersteigt im Morgengrauen den nächstgelegenen Berg und wartet dort auf den Sonnenaufgang. Sollte das Wetter mitspielen, ist das ein erhebendes Erlebnis, und ich wüsste keinen besseren Anfang für ein neues Jahr. Morgenmuffel können zur Not ja auch durchfeiern.

Ist man wohlbehalten zurückgekehrt, wartet ein traditionelles, wenn auch kulinarisch leicht unbefriedigendes Frühstück: *Ozoni* wird die dünne Suppe genannt, in der die berüchtigten klebrigen Reiskuchen schwimmen, an denen jedes Jahr ein oder mehrere ältere Menschen ersticken (eine geistesgegenwärtige Hausfrau geriet vor einigen Jahren in die Schlagzeilen, da sie ihrem Schwiegervater einen im Halse stecken gebliebenen *omochi* entfernt hatte - mit Hilfe eines Staubsaugers). Zum Essen wird der *otoso* genannte Reiswein gereicht, der uns für den Rest des Tages mit leichten Kopfschmerzen versieht, die mit etwas Glück beim Besuch eines Schreines vergehen. Hier verrichtet der wohlerzogene Japaner sein Neujahrsgebet und legt auch sonst eine Religiosität an den Tag, die man nur als überraschend bezeichnen kann. Nachdem man sich mit einem Talisman für die nähere Zukunft gewappnet hat, geht es nach Hause, wo das *osechi* genannte Neujahrsessen wartet. Seine Bestandteile strotzen vor Bedeutung: Esskastanien etwa symbolisieren Wald und Berge, Seetang und Fisch das Meer, Dorschrogen steht für die Hoffnung auf Kinder (auf sehr viele Kinder!). Dieses kalte Gericht wird in tagelanger Arbeit daheim hergerichtet oder fertig vom Supermarkt bezogen und hat die Funktion, die Hausfrau für kurze Zeit von den Lasten des Alltages zu befreien. Gekocht wird wieder ab dem vierten Januar, oft auch schon früher, weil die Familienmitglieder (inklusive Ausländer) das ewig gleiche Essen spätestens am Abend des zweiten Tages nicht mehr sehen können.

Weiter geht es zum *hina-matsuri*, dem Fest des Mädchens, das Anfang März begangen wird. Die Vorbereitungen für diesen Tag bleiben den Kindern überlassen, die in Schulen und Kindergärten so genannte *Hina*-Puppen basteln; Glücksbringer zum Schutz vor Krankheit und anderer Unbill. Kleine Finger schaffen hier adrette Mini-Kunstwerke: Auf einer mit rotem Filz ausgelegten Treppe sind bis zu 15 winzige Püppchen angeordnet, und ganz oben sitzen Kaiser und Kaiserin. Es sieht ein wenig aus wie die Tribüne eines

Fußballstadions, aber die liebevoll gefertigten Arrangements entzücken durch fein gearbeitete Details. Ähnliche Puppen gibt es dazu aus Kuchen und Konfekt, die - zu schade zum Hineinbeißen - in der Regel bis Anfang April vor sich hin gammeln.

Dann ist endlich der erste Höhepunkt der Festsaison erreicht: Die Kirschblüte, *sakura* genannt, deren Schönheit schon vor Jahrhunderten vom Adel des Landes bewundert wurde. Erst während der Edo-Periode (1603-1867) setzte sich unter dem gewöhnlichen Volk der Brauch durch, zum *hanami* genannten Picknick Parks und Flussläufe zu bevölkern. An anderer Stelle schon ausführlich beschrieben, blättern wir eilig weiter zum »Tag des Jungen« (immerhin lassen die Japaner ihren Mädchen den Vortritt, was an dieser Stelle lobend erwähnt werden soll), der in letzter Zeit als »Tag des Kindes« etwas verblasst ist. Anfang Mai als Teil der *Golden Week* im allgemeinen Ferientaumel oft vergessen, hat sich im modernen Japan lediglich der Brauch des *koi-nobori* gehalten. Falls Sie mal im Mai auf dem Lande unterwegs sind, werden Ihnen allerorten die prächtigen Flaggen auffallen, die seit alters her kundtun, dass ein Stammhalter auf Vaters Erbe wartet. Wenn Sie genauer hinschauen, bemerken Sie die seltsame Form der Fahnen: Unter einem *fukinagashi* genannten bunten Wimpel finden sich vier Karpfen, der Größe nach angeordnet. Diese haben nicht etwa mit Petri-Heil oder dergleichen zu tun, vielmehr symbolisiert der Karpfen einer alten chinesischen Legende zur Folge Männlichkeit und Kraft. Im Gegensatz zu träge in pittoresken Teichen mästenden Artgenossen (auch hier ist die Ähnlichkeit zu den Herren der Schöpfung frappierend) kämpfen sich in der Geschichte junge Karpfen den Oberlauf des gelben Flusses hinan, um sich am Ziel in einen Drachen zu verwandeln. Die vier Karpfenfahnen repräsentieren Eltern und Kinder (noch in unverwandelter Form) und geben im Wind ein farbenprächtiges Schauspiel.[15]

Ab jetzt wird es langsam wärmer, und Ende Juni feiert man das *hotaru-matsuri*, ein Fest, das dem Erscheinen des japanischen Leuchtkäfers gewidmet ist. Äußerlich einem gewöhnlichen Sommerfest nicht unähnlich, werden in der Nähe von Flussläufen zahlreiche Buden aufgebaut, an denen von Würstchen bis zu gegrilltem Tintenfisch alles anzutreffen ist, was einem Japaner das Wasser im Munde zusammenlaufen lässt. Bei Kindern besonders beliebt ist *kakegohri*, fein geraspelte Eiswürfel, mit klebrigem

Erdbeer- oder Melonensirup übergegossen, welcher wiederum großflächig über Kleidung und Autositze verteilt wird. Ist es endlich dunkel (wegen der südlichen Lage sind in Japan auch die Juniabende nicht besonders lang), versucht man, einen freien Platz am Flussufer zu ergattern. Da die Leuchtkäfer sich von lautstarken Menschenmengen und gleißenden Taschenlampen leicht verschrecken lassen, haftet diesen Festen oft etwas Enttäuschendes an: Nachdem man sich stundenlang nach Kräften vorgefreut und die Dämmerung herbeigesehnt hat, bleibt das erhoffte Schauspiel funkengleich durch die Nacht schwebender Insekten aus. Empfohlen sei hier, sich an Einheimische zu wenden, die einen zu Plätzen führen, wo man ohne Fest in aller Stille diese eindrucksvolle Naturerscheinung genießen kann. Wer einmal gesehen hat, wie die Leuchtpunkte in munteren Schwärmen pfeilschnell durch die Dunkelheit flitzen, wird es sein Lebtag nicht vergessen.

Die Zeit steht nicht still: Während der *Obon*-Tage im August wird an allen Ecken und Enden des Landes gefeiert, und wer noch keinem Hitzekoller erlegen ist, sollte die *Yukata* genannte Leichtversion des japanischen Kimono anziehen und sich ins Getümmel stürzen. Wer kein Interesse daran hat, zum unfreiwilligen Exhibitionisten zu werden, gebe hier auf einen fest verknoteten Gürtel Acht (dieser Rat kann vor allem der holden Weiblichkeit gar nicht genug ans Herz gelegt werden). Nach einigen Stunden mit japanischen Snacks, viel Bier und netten Darbietungen darf man den Höhepunkt eines solchen Festes keinesfalls verpassen: Das abschließende Feuerwerk rundet einen sommerlichen Aufenthalt in Japan auf unnachahmliche Weise ab. Zu behaupten, dass die Japaner von ihren Feuerwerken besessen seien, wäre nicht genug. Die Begeisterung und Hingabe, die dem *hanabi* (wörtlich: »Blumenfeuer«) gewidmet wird, ist beeindruckend. Im nordjapanischen Städtchen Omagari wird sogar ein jährlicher Wettbewerb ausgetragen, bei dem die Meister der Feuerkunst ihr Können messen. Vor über tausend Jahren aus China gekommen, verbindet sich mit der Knallerei eine richtiggehende Wissenschaft. Die einzelnen Bombenarten werden als *warimono* (die japanische Kugelbombe, auch bei uns häufig benutzt), *pokamono* und *hanwarimono* unterschieden; eine jede Art gibt unterschiedliche Effekte. Seien es großflächige Blumen oder viele kleine Explosionen, die Experimentierwut hiesiger Feuerspieler kennt keine Grenzen. Von nur zwölf

Gramm leichten Pulverkapselchen, wenige Zentimeter im Durchmesser, bis zum monströsen 400 Kilogramm schweren Superkracher (diese Bombenart explodiert in über 500 Metern Höhe und erzeugt eine Feuerblume von bis zu 600 Metern Spannweite) wird alles in die Luft gejagt, was sich an Metallpulvern anzünden lässt. Dass derartige Explosionen nicht ganz ungefährlich sind, zeigen die Statistiken: Bei Unfällen starben allein im Jahre 2003 mindestens vier professionelle Feuerwerker; bei einem Brand in einer Fabrik für Feuerwerkskörper in Kagoshima kamen sieben Menschen ums Leben. Aber wer wollte angesichts des farbenprächtigen Spiels der Flammen seine Zeit mit trockenen Statistiken vergeuden? Ohne Feuerwerk wäre der japanische Sommer nicht das, was er ist, und in dieser Gewissheit begeben wir uns zum nächsten saisonalen Höhepunkt: den Sportfesten im Oktober.

Auf Japanisch *undohkai* genannt, messen sich hier mehrere Gruppen in mehr oder minder sportlichen Wettkämpfen. Es handelt sich um eine japanische Kombination aus Bundesjugendspielen und Kindergeburtstag, die landesweit in allen Kindergärten, Schulen und Universitäten abgehalten wird. Erst seit rund 100 Jahren im Kalender verankert, ist diese Einrichtung eher dem modernen Japan zuzuordnen. Wie so oft steht das Gruppenerlebnis über dem individuellen Medaillenhunger, so dass die gute Laune aller Beteiligten sichergestellt ist. Mit dem herbstlichen Termin wird übrigens dem Beginn der olympischen Spiele in Tokio gedacht, die am 10. Oktober 1964 ihren Lauf nahmen.

Lassen Sie uns noch einen kurzen Blick auf das im November abgehaltene *shichi-go-san* (wörtlich: Sieben-fünf-drei-Fest) werfen. Früher war in Japan wie fast überall die Kindersterblichkeit recht hoch (mittlerweile hat Japan von allen G7-Staaten die niedrigste Rate), und so sahen die Eltern gesunder Sprösslinge sich bemüßigt, den zuständigen Gottheiten in aller Form ihren Dank zu bezeugen. Drei, fünf respektive sieben Jahre alte Kinder werden fein angezogen und in einem der *Ujigami*-Gottheit gewidmeten Schrein in einer festlichen Zeremonie gesegnet. Zur Belohnung gibt es einen riesigen Lutscher (*chitose-ame*, »tausendjähriger Bonbon«, Symbol für ein langes Leben - mit vermutlich schlechten Zähnen), den die Kleinen nach überstandenen Feierlichkeiten in die Hand gedrückt bekommen. Die Kinder sind im Allgemeinen als Babys schon in der *omiya-mairi* genannten Zeremonie in ersten Kontakt mit den religiösen Instanzen geraten, und so lassen sie alles geduldig über sich ergehen. Immerhin gibt es ein anschließendes Festessen, und der Weihnachtsmann, der sich in Japan größter Beliebtheit erfreut, lässt auch nicht mehr lange auf sich warten.

Soweit ein flüchtiger Überblick über die wichtigsten Feiertage und Festlichkeiten. Zusätzlich zu allen hier aufgeführten Anlässen gibt es noch unzählige weitere regionale Festivals und Bräuche, so dass vor lauter Partys kaum Zeit zum Verschnaufen bleibt. Aber was ein zünftiger Japaner ist, sieht er seine Arbeit sowieso als die eigentliche Erholung an und tankt im Büro die nötige Kraft, um die nächste Feierlichkeit durchzustehen.

地震

Erdbeben im Überfluss

Mein erstes stärkeres Erdbeben hat mich im siebzehnten Stock eines Hotels in Tokio heimgesucht. Es war acht Uhr morgens, und ich tat gerade das, was man nach dem Aufstehen so tut - ich erleichterte mich im Badezimmer. Plötzlich fing das Klo an zu wackeln, und es brauchte nicht lange, bis mir klar wurde, dass auch die Außenwelt von dem Geschüttel betroffen war. Was ich erlebte, war nun gerade einmal ein harmloses Beben in der Größenordnung fünf auf der Richterskala, doch es reichte für einen ersten Eindruck.

Mein nächstes Beben, im Herbst des Jahres 2000, war schon eine Stufe stärker und traf mich im Keller des Kunstmuseums der Präfektur Hiroshima (immerhin hatte ich dieses Mal Hosen an) - das große Beben in Tottori an der Küste des japanischen Meeres zog seine Kreise bis weit in den Süden. Wie in heißer Butter wackelten das Museum und ich hin und her. Das Erdbeben erreichte dieses Mal schon die Stärke 7,3 auf der Richterskala, zerstörte Häuser und Geschäfte an der Nordküste und sorgte für 34 Verletzte. Eigentlich hatte ich jetzt genug, doch die unter Japan sich im Streite befindenden Erdplatten sahen das scheinbar anders: Nur ein halbes Jahr später kam ich in den zweifelhaften Genuss, sozusagen direkt im Epizentrum eines schweren Bebens zu tanzen. Während eines Konzertes auf einer Insel südlich von Hiroshima erklang ohne jede

Vorwarnung ein Geräusch wie das eines überdrehten Presslufthammers. Dieses Mal wankte der Grund nicht langsam hin und her, sondern hopste wie verrückt auf und ab. So stark waren die Schüttelbewegungen, dass man kaum noch aufrecht gehen konnte.

Länger als eine halbe Minute dauerte der Spuk, dann war alles wieder ruhig. Das Gebäude, welches die Konzerthalle beherbergte, hatte wie durch ein Wunder nur geringen Schaden erlitten - bis auf ein wenig Putz, der von Wänden und Decke gerieselt war, schien nichts Schlimmeres passiert. Anders sah es in der Ladenzeile nebenan aus: umgestürzte Regale, chaotisch über den Boden verteilte Waren, eine zerborstene Glastür. An der Hängebrücke, die die Insel mit dem Festland (beziehungsweise der Hauptinsel) verbindet, hatte es ein armdickes Kabel zerrissen, die Passage für den Autoverkehr war gesperrt. Glücklicherweise ging die Fähre noch, und so kamen wir mit einiger Verspätung wohlbehalten nach Hause. Das Beben hatte bei einer Stärke von 6,4 auf der Richterskala für abgedeckte Dächer und Risse in Hauswänden gesorgt, doch in Hiroshima selbst hielt sich der Schaden glücklicherweise in Grenzen - einzig unsere Katze schien leicht traumatisiert.

Nach und nach wurde die Bilanz offenbar: 161 Verletzte und zwei Tote. Eine Frau wurde von einem herabfallenden Betonteil am Kopf getroffen, als sie in Panik aus ihrem Haus stürzte. Ein 80-jähriger Mann wurde von einem Metallträger in einer Turnhalle erschlagen.

All das sind Erfahrungen, auf die ich gut und gerne hätte verzichten können, doch wecken diese persönlichen Eindrücke ein neuartiges Verständnis für die beiden großen Erdbeben, die Japan in den letzten zehn Jahren heimgesucht haben.

Welche unglaublichen Energien etwa bei dem schweren Erdbeben in Kobe 1995 freigesetzt wurden, lässt sich im Nachhinein kaum erahnen. Am 17. Januar ging es um 5:46 Uhr morgens los: Auch hier wurden Stadt und Land eher vertikal als horizontal durchgeschüttelt, was vermutlich für die gewaltige Zerstörungskraft verantwortlich war, die das Beben entfaltete. Binnen einer Stunde folgten 16 weitere Erdstöße, die selbst anfangs nur leicht beschädigten Gebäuden nach und nach den Rest gaben. Mehr als 6.400 Menschen kamen ums Leben, über 40.000 wurden verletzt, unfassbare 240.000 Gebäude teilweise oder komplett zerstört. Was die anschließenden Brände betraf, hatten die Bewohner von Kobe sogar noch Glück: Bei dem großen Kanto-Erdbeben von 1923 starb der überwiegende Teil der 140.000 Opfer in dem Flammeninferno, welches durch trockenes Wetter, ungünstige Winde und fehlende Brandschneisen optimale Bedingungen zu seiner Ausbreitung fand.

Die andere Naturkatastrophe, von der ich hier erzählen möchte, ist in ungleich frischerer Erinnerung. Am 24. Oktober 2004 erfasste ein Beben der Stärke 6,8 die Region um Niigata im Nordwesten Japans. Wieder war es eine Serie von Erdstößen, die für die gewaltigen Zerstörungen verantwortlich zeichnete: Zwei Stunden lang schüttelten ganze sieben beinahe gleich schwere Beben die Präfektur, ließen Gebäude einstürzen und verursachten Erdrutsche. Durch abgesackte Straßen war ein entlegener Teil der Stadt Tokamachi tagelang von der Außenwelt abgeschnitten - Anwohner wurden mit Hubschraubern notdürftig versorgt. Wenig besser erging es über 300 Menschen in der Stadt Kawaguchi - auch hier waren Erdrutsche für zerstörte Wege verantwortlich. Zum ersten Mal in der Geschichte der japanischen Hochgeschwindigkeitszüge entgleiste ein Shinkansen-Express; zum Glück blieben die Insassen jedoch unversehrt. Nach Tagen des Chaos und der Ungewissheit in der gesamten Region die schreckliche Bilanz: 35 Tote und mehrere tausend Verletzte.

Bei diesen unfassbaren Zahlen sind es oft individuelle Tragödien, die in der Erinnerung haften bleiben - zum Beispiel der Fall einer Mutter und ihrer beider Kinder, deren Wagen von einer Schlammlawine erfasst wurde. Nach tagelangen Bergungsversuchen gelang es, den zweijährigen Jungen lebend aus dem Auto zu befreien - seine ein Jahr ältere Schwester und die Mutter konnten nur noch tot geborgen werden.

Was lässt sich aus all diesen Katastrophen für die Zukunft lernen? Zuerst sei angemerkt, dass der anhand der Richterskala ermittelte Stärkegrad eines Erdbebens nicht immer deutliche Rückschlüsse auf den entstandenen Schaden zulässt. Vergleicht man die oben erwähnten Beben in Tottori und Kobe, so stellt man fest, dass letzteres trotz schwächerer Amplitude ungleich stärkere Verwüstungskraft entfaltete. Hier setzt die von japanischen Forschern entwickelte Skala an, die bei einer Spannweite von eins bis sieben die Intensität eines Bebens an der Oberfläche misst, sich jedoch bislang im Ausland nicht etablieren konnte.

Eine große Rolle spielt die Tiefe, in der ein Erdstoß ausgelöst wird. So blieben wir in Hiroshima im Jahre 2001 lediglich von einer größeren Katastrophe verschont, weil sich das Epizentrum ganze 60 Kilometer unter dem Erdboden befand. Je näher das Beben an der Oberfläche, desto größer dazu die Gefahr verheerender Nachbeben.

Bis heute sind die Bemühungen ungebrochen, Erdbeben einigermaßen zuverlässig vorherzusagen. Doch bis auf eine etwas hilflos anmutende Risikokarte, auf der mit recht großzügigen Wahrscheinlichkeiten um sich geworfen wird, haben die Forscher bislang wenig Konkretes zustande gebracht. Natürlich sollen alle zuständigen Wissenschaftler hiermit aufs herzlichste ermuntert werden, ihre Arbeit fortzusetzen, nur werden Sie mir nicht die Skepsis absprechen, die mich überkommt, wenn ich von zehn- bis fünfzigprozentigen Wahrscheinlichkeiten innerhalb der nächsten 50 Jahre höre. Genauso gut könnte man auf diese Weise einen Lottogewinn vorhersagen, oder das Risiko, von einem Blitz erschlagen zu werden. Ein beliebtes Spiel ist es, anhand in der Vergangenheit aufgetretener Muster die Wahrscheinlichkeit eines neuerlichen Bebens vorauszusagen. So finden wir in den Annalen der Stadt Hiroshima ein stärkeres Beben etwa alle fünfzig Jahre - und können demnach in der Hoffnung leben, theoretisch noch für etwa 46 Jahre verschont zu bleiben. Ähnliches gilt für Tokio: hier hat die Zeitspanne in der Vergangenheit bei etwa 75 Jahren gelegen. Die letzte große Naturkatastrophe fand 1923 statt.

Solange kleinere Beben die aufgestaute Energie der miteinander ringenden Erdplatten abbauen, hat die Bevölkerung an der Oberfläche keinen Grund zur Sorge. In letzter Zeit ist es unter Tokio allerdings verdächtig ruhig geworden...

Bitte dicht genug ans Pissoir treten

An der Bushaltestelle, die nahe meiner Wohnung gelegen ist, schmorten die wartenden Fahrgäste bis vor kurzem noch ganz ungehindert in der Sonne. Dank der Aufmerksamkeit der öffentlichen Verkehrsbetriebe der Stadt Hiroshima wurde nun jedoch ein schützendes Dach aufgebaut, das dem überhitzten Passagier wohltuenden Schatten spendet. Das Dach ist etwa zwei Meter fünfzig hoch und ruht auf drei schlanken Säulen.

So weit, so gut. Doch was erblickten meine gelangweilten Augen, als ich neulich ganz frisch dem Eintreffen des Omnibusses entgegenfieberte? An jeder der drei Säulen heftete fein säuberlich ein Zettel im Postkartenformat, aus wasserfestem Hochglanzpapier. Neugierig geworden, studierte ich die Verlautbarungen, die offenkundig für Passagiere wie mich bestimmt waren. Es handelte sich um Richtlinien und Gebrauchshinweise für die neue Errungenschaft. Anscheinend ist es nicht vorgesehen, dass ein Busreisender sich einfach so unter das Dach stellt. Weiß der Himmel, was ob meiner Naivität alles hätte passieren können! Beflissen holte ich nach, was ich als korrekter Japanresident längst hätte tun sollen. Die Gebrauchsanleitung gliederte sich in fünf Punkte:

1. Bitte nehmen Sie davon Abstand, auf das Dach zu steigen
2. Bitte legen Sie keine schweren Gegenstände auf das Dach
3. Bitte rütteln Sie nicht mutwillig an den Stützen
4. Sollte sich eine Schneeschicht von mehr als 20 Zentimetern auf dem Dach ansammeln, ist diese bitte unverzüglich zu entfernen
5. Das Spielen in der Nähe des Daches ist nicht erlaubt - Eltern haften für ihre Kinder

Kritisch maß ich die Höhe des Unterstandes. Jetzt, wo ich es offiziell verboten wusste, hätte ich doch zu gerne einmal das Dach erklettert. Es schien kein einfaches Unterfangen; die glatten Stützen boten keinen nennenswerten Halt. Auch überlegte ich, wie jemand es wohl fertig bringen sollte, überdurchschnittlich schwere Gegenstände nach oben zu befördern - das Dach ist einem Baldachin gleich abgerundet, so dass auch der schönste Amboss herunterrutschen muss. Probehalber rüttelte ich ein wenig an den Metallpfosten (nicht zu stark; derartige Gebote sind schließlich nicht zum Spaß da, außerdem wollte ich mich nicht strafbar machen). Schnee hatte sich leider keiner angesammelt (es war sonnige zwanzig Grad warm), und Kinder waren auch keine in der Nähe. Sogar wenn sie es gewollt hätten: selbst für die frechsten Gören wäre beim besten Willen kein Platz zum Herumtoben gewesen. Kinder spielen in Japan nur auf gesonderten Spielplätzen, die von offizieller Seite großspurig als Park deklariert werden. Bevor wir nun auf Regeln und Gebote zu sprechen kommen, welche die Nutzung solcher Grünzellen definieren, lassen Sie uns ein wenig ausholen.

Bekanntermaßen sind die Amerikaner Weltmeister darin, interessante Verbraucherhinweise zu erfinden. Sei es die Warnung, dass heißer Kaffee heiß ist, oder dass ungeschälte Erdnüsse vor dem Verzehr geschält werden müssen - in den Vereinigten Staaten sind Sie vor jeder Hinterhältigkeit unberechenbarer Konsumgüter geschützt. Deutschland kann zweifellos einen Spitzenplatz beanspruchen, wenn es um die üppige Dekoration ansonsten schnöder Straßenzüge geht - überall finden sich bunte Schilder, die aufzeigen, in welcher Art Parkzone man sich befindet, wann der Gebrauch der Hupe erlaubt ist, oder auf welche Art man sich bei Zusammenlaufen zweier Spuren einzuordnen hat. Japan ist der Gewinner in der Kategorie der Verhaltensregeln. Angeblich haben die Japaner vor allen anderen Nationalitäten den höchsten Intelligenzquotienten - die Anwendung des kognitiven Potentials scheint den Bürgern jedoch nicht zugetraut zu werden. So finden sich Schilder über Schilder, die etwa das gefahrlose Überqueren eines Bahnüberganges erläutern. An einem solchen Brennpunkt bürgerlicher Ratlosigkeit in unserer Nähe warten jeweils 16 Hinweistafeln in beiden Richtungen auf den wissbegierigen Passanten.

Wer in Japan eine Rolltreppe besteigt, begibt sich in Lebensgefahr: das ist jedenfalls der wesentliche Inhalt der endlos wiederholten Durchsage, die man bei zehn Stockwerken im Kaufhaus am Ende auswendig kennt. Überflüssig zu sagen, dass Kinderspiel auch hier nicht toleriert wird.

Rolltreppen, Bahnübergänge, Unterstände - wenn nicht hier, wo sollen sich unsere lieben Kleinen sonst austoben? Natürlich in den oben bereits angeführten Parks. Auch dort wird auf großen Hinweisschildern ausgiebig erläutert, was alles untersagt ist - offenes Feuer etwa, oder das Mitbringen von gefährlichen Substanzen, ebenso das Verzieren des Areals mit Farbspray. Wer sich erdreistet, seinen Hund auf der Grünfläche spazieren zu führen, hat für die ordnungsgemäße Entsorgung der Hinterlassenschaften zu sorgen. Wer an seinem Golfschwung feilen möchte, sollte dies woanders tun. Gleiches gilt für das Wegwerfen von Hausmüll. Wenn man beim letzten Punkt der Hinweisliste angelangt ist, hat man den Anfang schon wieder vergessen. Da so vieles verboten ist, wäre es vermutlich Platz sparender, ein Schild aufzustellen, das sich auf Erlaubtes beschränkt.

Tatsächlich sind die meisten jungen Leute es gewohnt, bei jeder Aktivität mit einem ellenlangen Katalog von Regeln und Geboten überschüttet zu werden. Daher ist es für Schüler und Studenten gewöhnlich sicherer, sich erst zu bewegen, wenn sie gesagt bekommen, wohin. Sollte der Supergau im Hirn eines Japaners eintreten - eine Situation ohne wegweisende Richtlinien - so schaut er oder sie wohlweislich, was die Masse macht, und passt sich flugs an.

Anfang dieses Jahres sollte bei einem unserer Kinderkonzerte zu lateinamerikanischen Klängen die aus Fußballstadien bekannte *La Ola* ausprobiert werden. Was ursprünglich als spontane Begeisterungsäußerung des brasilianischen Publikums begonnen hat, lässt sich natürlich nicht ohne weiteres auf japanische Minderjährige übertragen. Zuerst mussten einschlägige Instruktionen her: sollten sich Programmhefte oder andere Gegenstände auf den Knien befinden, hatten die Kinder selbige vor dem Aufspringen an einen sicheren Ort zu legen. Überdies sei größte Vorsicht geboten, sich nach vollbrachter Welle beim Hinsetzen nicht zu verletzen. Es gab noch ein paar weitere Gebote bevor es losgehen konnte, insbesondere galt es, die Reihenfolge der Begeisterungsausbrüche festzulegen. Überflüssig zu sagen, dass *La Ola* im begrenzten Raum des Konzertsaales zu einem Sturm im Wasserglas verkam.

Wenn Sie als Herr der Schöpfung in Japan ein Pissoir aufsuchen, werden Sie manchmal von einem Schild in Augenhöhe aufgefordert, dicht genug an das Becken heranzutreten. Das tun Sie sowieso, da - kaum dass das Geschäft seinen Lauf nimmt - zumeist kleine Putzfrauen hinzukommen und sich emsig an die Arbeit machen. Doch das nur am Rande.

Merken Sie was? Sie lesen seit geraumer Zeit in vorliegendem Buch, ganz ohne zu wissen, welche Richtlinien und Hinweise mit der Handhabung verbunden sind. Das geht natürlich nicht so weiter, und deshalb sei hiermit der verbindliche Regelkatalog nachgeliefert (vor allem der letzte Punkt ist typisch japanisch):

1. Lesen Sie das Buch von vorne nach hinten. Sollten Sie den Text falsch herum lesen, kann für Ihr geistiges Wohl keine Verantwortung übernommen werden
2. Achten Sie beim Lesen auf eine aufrechte, entspannte Haltung
3. Sorgen Sie für ausreichendes Licht
4. Benutzen Sie das Buch nicht für entfremdende Aktivitäten (etwa als Wurfobjekt oder Fliegenklatsche)
5. Lassen Sie Kinder das Buch nicht ohne Aufsicht ihrer Eltern lesen
6. Lassen Sie das Buch nicht achtlos auf dem Boden herumliegen - besonders Kinder und ältere Menschen könnten darüber stolpern und sich verletzen
7. Lesen Sie in einem Zustand geistiger Entspannung. Denken Sie daran, dass dieses Buch für die Gemeinschaft verfasst wurde. Lassen Sie uns alle daran mitwirken, unser Zusammenleben harmonischer zu gestalten!

Das Bauklötzchenspiel

An dieser Stelle möchte ich Sie gleich von vornherein warnen. Denn besonders witzig geht es auf den nächsten Seiten nicht zu, im Gegenteil, einem kommen fast die Tränen. Halten Sie also Ihr Schnupftuch bereit und folgen Sie mir auf einer Erkundungstour in die moderne japanische Stadt.

Zuoberst sei festgestellt, dass Baufirmen in Japan in etwa den Status haben wie in Deutschland die Autohersteller, oder auch die Ölfirmen in den Vereinigten Staaten. Das bedeutet, dass kein Politiker in absehbarer Zukunft die Frechheit besitzen wird, gegen die allgemeine Bauwut zu Felde zu ziehen. Für Arbeit ist gesorgt, und sollte es nicht genug zu tun geben, finden sich immer ein paar ältere Stadtviertel, die dem nächsten Erdbeben sowieso nicht standgehalten hätten. Ergo: Weg mit baufälligen alten Hütten, her mit Betonkathedralen, die mit ausgeklügelten Hochglanzprospekten beworben werden.

Im Prinzip sieht der vernunftbegabte Bürger ja ein, dass in einem Land mit so geringer Nutzfläche die Bewohner übereinander gestapelt werden müssen. Nur zur Erinnerung: Japan hat keinen Platz. Und wo Platz ist, sind steile Berge, die das Bauen von Straßen und Häusern zu einem Abenteuer machen. Ist bei uns etwa ein Drittel der Fläche grundsätzlich frei kultivierbar (also offen und ohne störende Unregelmäßigkeiten), muss sich Japan mit klaustrophobischen zwölf Prozent begnügen. Dazu kommt ein weiterer interessanter Aspekt, der das Gesicht hiesiger Ansiedlungen prägt: Es gibt in Japan im engeren Sinne kein Bauen in Hanglage. Egal wo, ein Baugründstück wird stets eingeebnet, bevor ein Gebäude errichtet wird. Was in traditionellen Dörfern noch pittoresk wirkt, nämlich stattliche Gutshöfe im Wechsel mit terrassenförmig angelegten Reisfeldern, wird in der modernen Baulandschaft ad absurdum geführt - hier ermöglicht es den profitgierigen *developers* (»Entwickler«, wie sie sich gerne nennen), mit minimalem Anpassungsaufwand überall die gleichen Schuhkartons hinzusetzen.

Ist so ein Klotz in Vorbereitung, wird mit aller Macht um zahlungskräftige Kunden gebuhlt. Neben kiloweise Prospekten und Flugblättern wird die ahnungslose Bevölkerung mit Werbespots bombardiert, dazu kommen Haustürbesuche und äußerst unerwünschte Anrufe während des Abendessens. Der Aufwand, den die hiesigen Baufirmen im Wettbewerb um den schönsten Betonblock treiben, ist für uns Europäer beinahe unfassbar - noch während sich ein Apartmenthaus im Bau befindet, wird nebenan ein so genannter *model-room* errichtet. Nachdem der Interessent einen Verkaufsbereich mit zahlreichen Tischen und Kinderecke (natürlich mit neuestem Spielzeug und aktuellen Videos) durchschritten hat, betritt er eine komplette Wohnung, die dem künftigen Zuhause bis ins kleinste Detail nachempfunden ist. Fast möchte man in der blank polierten Küche ein Steak brutzeln oder sich auf der modernen Toilette mit zehn verschiedenen Spülfunktionen erleichtern. Natürlich geht der Realismus nicht so weit, die Einrichtung ist nur zum Anschauen vorgesehen. Doch bis zum originalgetreuen Balkon mit Falltür für die Feuerleiter ist alles da. Schicke Designermöbel und Plastikblumen runden das perfekte Bild ab. Am liebsten würde man gleich am nächsten Tag einziehen.

Doch Vorsicht sei dem geboten, der sich allzu rasch blenden lässt - billig wird der Spaß nicht. Schließlich muss der ganze Werbeaufwand bezahlt werden. Dazu kommt, dass Wohnungen im Allgemeinen als Kapitalanlage nur bedingt tauglich sind: Hat man sich schweren Herzens dazu durchgerungen, Omas Sparbücher zu plündern, wird der Wiederverkäufer verdutzt feststellen, dass der Wert seiner Immobilie sich in zehn Jahren bereits um gut ein Drittel reduziert hat. Eine Lebensdauer von über dreißig Jahren wird Mehrfamilienhäusern hierzulande kaum attestiert. Natürlich könnte jetzt der gewitzte Käufer mit gezücktem Taschenrechner kalkulieren, dass es sich daher lohnen würde, mit dem Kauf ein paar Jahre zu warten. Ähnlich den Leuten, die einen Jahreswagen dem fabrikneuen Automobil vorziehen, ließe sich so ein hübsches Sümmchen sparen. Das stimmt, und daher versuchen die Baufirmen alles, um anhand ihrer betörenden Werbemethoden den Vernunftinstinkt des potentiellen Käufers zu betäuben. Dazu kommt, dass Japaner verrückt nach neuen Dingen sind. Egal ob Auto oder Möbel - ist ein Gegenstand durch fremde Hände gewandert, lässt die Attraktivität nach. Nagelneu muss alles sein, ohne Kratzer, und am besten auch noch einem aktuellen Trend folgend.

Schauen wir uns doch einmal näher an, was wir für unsere 200.000 Euro bekommen. Zuoberst natürlich die Ehre, in einem Betonklotz mit repräsentativem Namen wohnen zu dürfen: *Lions*

Mansion, Park Court, Laurel Court, Royal Mansion, Park Hills, River View, River Palace - dem Einfallsreichtum der Werbefachleute scheinen keine Grenzen gesetzt. Falls Sie also Bekannte besuchen, die ganz königlich zu wohnen vorgeben - erwarten Sie nicht zuviel. Auch Adlige müssen heutzutage sparen.

Als nächstes werfen wir einen Blick auf Einrichtungen und Extras außerhalb der Wohneinheiten. Dazu gehört oft eine Platz sparende automatische Parkgarage, in deren Turm das eigene Auto auf Knopfdruck verschwindet. Ich hätte natürlich größte Sorge, die richtige Zahlenkombination zu behalten, oder mein geliebtes Gefährt als einen in die Mangel genommenen Blechhaufen wieder zu bekommen - doch für technikbegeisterte Japaner sind derartige Gedanken kein Hinderungsgrund. In einem speziellen Bereich findet sich häufig auch noch ein Platz zum Autowaschen. Hier kann der Familienvater nach Herzenslust mit seinem automobilen Stolz herumplanschen, sogar das Seifenwasser wird umweltgerecht entsorgt. Natürlich muss er sich mit den 85 anderen Autobesitzern arrangieren, die geduldig Schlange stehen. Doch das ist für einen gesellschaftsgeübten Japaner kein großes Problem.

Treten wir ein in die heiligen Hallen: Im Eingangsbereich dominieren Marmor und glänzender Chrom; eine Pförtnerloge lässt den Eindruck entstehen, sich nach Manhattan verirrt zu haben. Bevor sich der Sesam öffnet, hat man eine Zahlenkombination einzugeben, die auch hier nicht vergessen werden sollte. Bei größeren Häusern findet sich im Inneren häufig eine repräsentative Besucherlounge, in der man mit Bekannten Tee trinken kann, ohne jedes Mal die eigenen vier Wände aufräumen zu müssen. Praktisch auch das manchmal vorhandene Gästezimmer, in dem die Schwiegermutter ganz nobel untergebracht und unangenehme Nähe zur Familiengemeinschaft vermieden wird. So kann man Beschwerden über etwaige Kakerlaken im Bett gelassen an die Hausverwaltung weitergeben, und die Besuchsstimmung ist nicht weiter getrübt. Willkommen ist ebenfalls der Partykeller, wo man hinter schallisolierten Wänden bis spät in die Nacht seine Gäste mit Tanz- und Gesangseinlagen amüsieren kann, ohne dass der Nachbar von unten an die Decke klopft. Bei so viel hausinterner Harmonie muss selbstverständlich noch ein Kinderspielzimmer her, in dem die Kleinen zur Nachbarschaftspflege angehalten werden. Sie ahnen es vielleicht schon: es ist schwer, sich bei so viel Service nicht vom eigentlichen Kernstück des Hauses ablenken zu lassen - der eigenen Wohnung. Betreten wir also den Fahrstuhl. Je weiter wir nach oben gelangen, desto mehr lässt der Prunk nach. Nüchterne Galerien an frischer Luft führen die Bewohner zu ihren Eingangstüren. Im Inneren ähnelt eine moderne Wohnung durchaus dem schon beschriebenen Einfamilienhaus, nur dass alles etwas enger ist. Wenn man Glück hat, entschädigt der Blick vom Balkon für die schmale Toilette - mit den lichten Höhen eines fünfzehnten Stockes kann ein Haus im eng bebauten Wohnviertel nebenan natürlich nicht konkurrieren.

Doch was erschauen unsere müden Augen: ein Stadtbild, das der europäische Provinzbürger am ehestem mit dem Inneren eines Computers vergleicht. Es gibt in Japan nämlich keine Bauordnung, die Größe und Höhe eines Gebäudes vorschreibt. Das heißt, die gibt es schon, aber sie scheint nur für Privathäuser zu gelten. Firmen, vom einfachen Hinterhofbetrieb bis hinauf zum machtvollen Konzern, bauen in der Regel so, wie es ihnen Spaß macht. Und Spaß macht dem Aufsichtsrat in erster Linie eine Bilanz mit schwarzen Zahlen - ergo überwiegen funktionale Bürokästen. Dass Baufirmen darüber hinaus die besten Beziehungen zu kommunalen Ämtern unterhalten, wird spätestens darin deutlich, dass sich öffentliche Gebäude nicht im Geringsten von der Misere abheben. Japans Architekten scheinen allesamt ihr Diplom in einem Schwimmbad gemacht zu haben - würden sie sonst ewig gleich anmutende Bauten entwerfen, von oben bis unten mit Badezimmerkacheln verkleidet? Die größte Konzerthalle in Hiroshima etwa mutet von außen an wie ein überdimensionales Duschbad.

Vorherrschende Gebäudefarbe ist grau. Riesige Werbetafeln auf den Dächern setzen die einzigen Farbtupfer, und man fragt sich ob des Durcheinanders, wo denn die anheimelnde Atmosphäre japanischer Altstadtbereiche geblieben ist. Findet sich tatsächlich mal ein altes Haus zwischen den Bürotürmen, so ist es fast durchweg in einem beklagenswerten Zustand. Dagegen sind moderne Gebäude stets makellos gepflegt und werden von einer ganzen Armee entschlossener Wachleute behütet. Einig ist dem Dienstpersonal fast überall, dass es aus schmächtigen älteren Herren besteht. Ob eine Einstellungsbedingung ist, sich durch winzige Schießscharten zu winden, oder ob der Lohn für ein ordentliches Schnitzel nicht reicht - ich habe es bislang nicht in Erfahrung bringen können. Doch als Ersatz für Körperfülle dienen ein jederzeit griffbereites Funkgerät und ein schickes Abzeichen auf der Schulter. Wenn das keine Übeltäter abschreckt, dann weiß ich es auch nicht.

Die Krone japanischer Städteverunstaltung gebührt zweifellos den allgegenwärtigen Spielcasinos, *pachinko* genannt. Ob sie nachts das Firmament mit gleißenden Scheinwerfern abtasten, überdimensionale Könige im Spielkartendesign auf ihre Dächer pflanzen oder sich durch lautstark plärrende Werbefahrzeuge unbeliebt machen - in keiner Stadt darf ein solcher architektonischer Las-Vegas-Klon fehlen.

Nachdem wir uns also einen Rundblick über die städtebauliche Realität des modernen Japan verschafft haben, stellen wir fest, dass das turmhohe Apartmenthaus, auf dessen Balkon wir uns immer noch befinden, schon gar nicht mehr so schlecht aussieht. Wenn man sich im Inneren aufhält, bleibt einem zumindest der triste Anblick des eigenen Betonklotzes erspart.

In Anbetracht der negativen Stimmung, die dieses Kapitel beherrscht, entschuldige ich mich an dieser Stelle. Ich muss doch einmal den Inhalt des Kühlschrankes untersuchen, der mir im Partykeller aufgefallen ist.

Weltrekord im Geschwindigkeitsessen

Wenn ein Europäer an Japan denkt, was kommt ihm dann in den Sinn? Toyota vielleicht, Sony etwa, und mit etwas Glück auch noch Sushi und Sake. Doch ist Ihnen schon einmal aufgefallen, dass es nur wenige Gesichter gibt, die sich mit all diesen Dingen verbinden? So sehr wir uns auch an die ständige Präsenz japanischer Waren und Marken gewöhnt haben, so unheimlich scheint es gleichzeitig, dass ein Identität stiftendes Band zu fehlen scheint.

Dabei geben sich einige hochtalentierte Japaner alle Mühe, der weiten Welt ihren Stempel aufzudrücken: ohne die genialen Filme des Akira Kurozawa etwa wäre eine ganze Generation berühmter Hollywood Regisseure von Clint Eastwood bis Woody Allen unbeeinflusst geblieben. Wussten Sie außerdem, dass George Lucas seine Star-Wars-Saga nach japanischem Vorbild entworfen hat? Kostüme und Charaktere sind mittelalterlichen Kriegern nachempfunden, und die gutwilligen *Jedi*-Ritter stellen eine Art Science-Fiction-Variante der Samurai dar.

Gehen wir noch etwas weiter zurück, so stoßen wir auf den begnadeten Holzschnittkünstler Ando Hiroshige (1797-1858), dessen Drucke im 19. Jahrhundert weite Kreise zogen. Zu einer Zeit kreiert, als Japan sich noch dem Westen verschloss, kamen die Bilder des Farbartisten wenig später per Zufall nach Europa: Einem französischen Kunstsammler fiel das dekorative Papier auf, in das die Keramikerzeugnisse gewickelt waren, die er aus Japan importiert hatte. Rasch holte er einen befreundeten Maler hinzu, welcher im Verbund mit Kollegen wie Monet oder Cézanne den künstlerischen Wert des sensationellen Fundes bestätigte. Schon bald zeigte sich Hiroshiges Einfluss unter anderem in den Bildern von Monet, Van Gogh und Kokoschka oder in der Musik Debussys. Und das alles wegen Einwickelpapier.[16]

Kennern anspruchsvoller Bücher ist natürlich der japanische Schriftsteller Kenzaburo Oe ein Begriff, dessen Werk 1994 mit dem Nobelpreis für Literatur ausgezeichnet wurde. Ein machtvoller Könner des Wortes, in vielerlei Hinsicht das literarische Gewissen des modernen Japan, kann der Leser dennoch nicht umhin, seinem Werk eine sonderlich anmutende Faszination an allen menschlichen Körperausscheidungen zu attestieren. Allen, denen das nichts weiter ausmacht, und denen zum Beispiel die Bücher von Günter Grass gefallen, sei hier der 1967 geschriebene Roman »Der stumme Schrei« empfohlen, der mit der Geschichte zweier rivalisierender Brüder durchaus beeindruckt.

Im musikalischen Bereich ist es derzeit vor allem ein Name, der die Welt der Klassik durcheinander wirbelt: der des Dirigenten Seiji Ozawa. Seit einem halben Jahrhundert im Ausland, begann der drahtige Maestro seine Karriere standesgemäß mit dem Gewinn der Dirigierwettbewerbe in Besançon und Tanglewood. Dann geriet er für zwei Jahre unter die Fittiche von Leonard Bernstein, und bald gab es kein Zurück mehr: Nach Jahren als Chefdirigent in Toronto und San Francisco landete er schließlich in Boston, wo es ihm so gut gefiel, dass er überhaupt nicht mehr weg wollte. Knapp 30 lange Jahre drückte er dem traditionsreichen Orchester seinen Stempel auf, bis es irgendwann genug war: Vor drei Jahren fand sich endlich der Mut zur Trennung (die Mitglieder, die Ozawa eingestellt hatten, waren mittlerweile so alt, dass sie sich kaum noch erinnern konnten, wie der Maestro an ihr Dirigierpult geraten war), und seitdem leitet der üppig behaarte Meister die Wiener Philharmoniker. Ein solcher Aufstieg elektrisiert natürlich die heimischen Fans: Das Wiener Neujahrskonzert 2004 schoss als CD veröffentlicht bis in die Top-Ten der japanischen Verkaufscharts.

Von der Musik zum Sport: Wer die olympischen Spiele 2004 verfolgt hat, wird sich an die vielen metallbewehrten Japaner erinnern, die wiederholt die Siegerpodeste zierten. Was den Rest der Welt überraschte, ging daheim als das »Wunder von Athen« in die Geschichtsbücher ein - ganze 37 Medaillen, davon 16 goldene, errangen die Sportler Nippons in einem bis dato beispiellosen Erfolgsrausch. Selbst 1964, auf heimischem Boden in Tokio, hatte sich ein derartiges Ergebnis nicht einstellen wollen. Wo genau liegen die Gründe für den hervorragenden fünften Platz Japans in der Gesamtwertung? Nun, die Trainingsmethoden mögen eine Rolle gespielt haben. Ging es in der Vergangenheit für einheimische Athleten hauptsächlich darum, sich in einer Gruppe qualifizierter Mitstreiter zu behaupten, nahmen japanische Sportfunktionäre in den letzten Jahren schweren Herzens Abschied vom Gruppengeist und wandten sich Konzepten zu, die auf den individuellen Sportler zugeschnitten sind. Zum Beispiel der Schwimmer Kosuke Kitajima, der seine Brust gleich zwei Mal mit einer goldenen Münze geschmückt sah: An normalen Trainingstagen schwänzeln fünf Experten um ihn herum und analysieren jeden Atemzug des Sportlers. So viel Brimborium um eine einzige Person ist etwas Neues im traditionellen japanischen Gruppenverständnis, doch der Erfolg gibt der neuen Methode Recht. Neben den Schwimmern waren es vor allem die Judokas, die das Feld dominierten und somit alle Teilnehmer daran erinnerten, wo ihr Sport herkommt.

Ehe man sich versah, waren die olympischen Spiele vorüber und der ganze Tross wieder über den Ural abgedampft. Für einen bleibenden Eindruck eignen sich die Olympioniken also weniger, und daher schauen wir uns die Sportler an, die ihren ständigen Wohnsitz im Ausland haben: Fußballfreunden kommt natürlich sofort der Name Hidetoshi Nakata in den Sinn, der mit seiner Tätigkeit beim AS Rom und derzeit in Florenz gewissermaßen als Vorreiter japanischer Ballkünstler im Ausland gelten mag. In seinem Kielwasser folgten der Stürmer Shunsuke Nakamura, derzeit bei Reggina in Italien, sowie Naohiro Takahara, seit 2003 beim HSV in Diensten. Der junge Offensivspieler scheint sich mittlerweile recht gut in der norddeutschen Tiefebene eingelebt zu haben und vermag sogar einen Großteil der in Interviews an ihn gestellten Fragen auf Deutsch zu beantworten. Nur als ein zehnjähriger Schüler wissen wollte, ob er am Wochenende denn immer nach Japan fliege, verschlug es dem Fußballidol die Sprache.

Wortlos und kühl, dafür umso erfolgreicher, gibt sich Ichiro Suzuki in den Major Leagues in den USA. Seit vier Jahren in Diensten der Seattle Mariners, hat das japanische Baseballgenie die Profiliga in den Vereinigten Staaten aufgerollt wie kaum ein Ausländer vor ihm: Der mit einer Mischung aus Bewunderung und Distanz als *batting machine* bezeichnete Sportler brach in seiner zweiten Saison den Rekord für die meisten *hits* innerhalb eines Jahres. Was kein Amerikaner in über 100 Jahren zustande gebracht hatte, gelang dem Reaktions-Wunderwerk aus Japan: Mit 225 *singles* (dem sicheren Erreichen der ersten Base aus eigener Kraft) überbot Suzuki einen Rekord, der seit sage und schreibe 1898 unangetastet gewesen war. Ichiro, der im Gegensatz zu anderen Profis auf dem Trikot seinen Vornamen aufgedruckt hat, bereitete weiteren japanischen Baseballtalenten den Weg ins Land der unbegrenzten Möglichkeiten: In der Gruppe der Nachzügler ist es vor allem der stämmige Hideki Matsui, der sich in die Herzen der amerikani-

schen Zuschauer gespielt hat. In Diensten der New York Giants, haut das liebevoll *Godzilla* genannte Kraftpaket den Gegnern die Bälle um die Ohren, dass Rudolf Giuliani seine Freude hat.
Geht ein Japaner ins Ausland, betrachten seine Landsleute daheim mit größtem Interesse, wie sich der- oder diejenige in der weiten Welt schlägt. Sie benehmen sich wie eine Familie, deren erstgeborenes Kind zur Schule kommt - aufgeregt, stolz und gleichzeitig besorgt. Fern der Heimat ist ein Japaner daher hauptsächlich Japaner, und erst in zweiter Linie ein Individuum, welches es zufällig in die Fremde verschlagen hat.

Doch keiner der bislang genannten Exilanten erfüllt seine Landsleute daheim mit so viel Bewunderung wie derzeit Takeru Kobayashi. Der schmächtige Nimmersatt hat dieses Jahr zum fünften Mal in Folge das Hotdog-Wettessen auf Coney Island im amerikanischen Bundesstaat New York gewonnen.[18] Jahr für Jahr versammeln sich dort zum Tag der Unhabhängigkeit allerlei Pfundskerle, um zu schauen, wer in kürzester Zeit die meisten Wurstbrötchen verschlingen kann. Seit Kobayashi vor vier Jahren zum ersten Mal an dem Wettbewerb teilnahm, ist kaum etwas für seine Mitstreiter übrig geblieben: Letztes Jahr verschwanden im Zeitraum von zwölf Minuten stattliche 53 Hotdogs im Magen des gerade einmal 65 Kilogramm leichten Japaners. Versuchen Sie mal, zwölf Hotdogs in 53 Minuten zu essen, und Sie werden in etwa nachempfinden können, was für eine übermenschliche Leistung Kobayashi vollbringt. Es versteht sich von selbst, dass der Siebenundzwanzigjährige mit seinen Fähigkeiten eine ordentliche Karriere aufgebaut hat, die ihn Jahr für Jahr sechsstellige Dollarbeträge nach Hause karren lässt. Und wer wollte es ihm missgönnen? Was sind schon Ozawa oder Oe, Nakata oder Ichiro gegen 53 Hotdogs?

Lassen Sie mich abschließend feststellen, dass wir auch in Zukunft gespannt darauf sein dürfen, wer oder was aus dem fernen Japan zu uns kommen wird. Werfen Sie also das Einwickelpapier japanischer Importe nicht weg, und schließen Sie Ihre Speisekammer ab. Man kann nie wissen.

Rotgold

Wenn wir als Nebel-Regen-Nieselwetter gebeutelte Deutsche im Herbst nach Japan schauen, müssten wir eigentlich vor Neid blau anlaufen. Wo bei uns die wirklich goldenen Oktobertage zumeist an einer Hand abzählbar sind, kann man sich dort vor natürlicher Prachtentfaltung kaum retten. Doch der Reihe nach: Sommer und Herbst vertragen sich in Japan nicht besonders. Nachdem die Hitzeperiode bis weit in den September hinein das Land in eisernem Griff gehalten hat, gilt es, eine Reihe furchterregender Wirbelstürme zu überstehen, bis man endlich aufatmen darf. Doch irgendwann ist die Taifun-Saison vorbei, und man kann sich ganz unbeschwert auf den Oktober freuen (keine Regel ohne Ausnahme: Manchmal verspäten sich die Naturkatastrophen etwas - wenn Ihr Flugzeug beim Landeanflug also vom Sog der Gewalten erfasst wird, sagen Sie nicht, dass ich Sie nicht gewarnt hätte).

Als erstes stellt der hitzegeplagte Japan-Resident fest, dass er nachts wieder in Ruhe schlafen kann. Die hiesigen Power-Zikaden haben sich beruhigt, und wenn man das Fenster aufmacht, weht kühle Nachtluft herein. Freudig verlegt man die Fernbedienung der Klimaanlage, um sicher zu stellen, dass man sie im nächsten Sommer garantiert nicht wieder findet. Dann setzt man prüfend das Thermometer an und registriert zufrieden, dass die Mindesttemperatur auf unter zwanzig Grad gefallen ist. Sie müssen einige Zeit in Japan gelebt haben, um nachvollziehen zu können, was dieser Moment bedeutet. Ich feiere regelmäßig Ende September mein ganz privates »Unter Zwanzig Grad Festival«, indem ich - halten Sie mich jetzt bitte nicht für exzentrisch - mir den ersten heißen Kakao seit Monaten genehmige. Natürlich wird mir etwas zu warm, aber dann setze ich mich im Dunkeln auf den Balkon und genieße die kühlende Brise auf meinem Gesicht.

Ich bin rundum mit mir und dem Land zufrieden, denn ich habe die Gewissheit, dass in den nächsten zwei Monaten die Temperaturen tagsüber in dem Bereich liegen, der Jacke oder Mantel überflüssig macht, und sich nachts Schritt für Schritt der Zehn-Grad-Marke nähern. Wenn es nicht so trocken wäre, könnte man fast von einem skandinavischen Sommer reden. Denn das kommt noch zu meiner Freude über die frische Luft hinzu: Im Allgemeinen hat es sich in den Sommermonaten ausgeregnet, und Herbst wie Winter markieren vor allem an der Südküste die Trockenperiode des Landes. Falls Sie das Pech haben, in Hokkaido oder an der feuchten Küste des japanischen Meeres gelandet zu sein - seien Sie sich meines Mitleides gewiss.

Aber noch sind die Schneestürme im Norden kein Thema, und auch Hokkaido kommt in den einzigartigen Genuss des so genannten *Indian Summer*. Der Begriff stammt eigentlich aus Nordamerika, in dessen Osthälfte Jahr für Jahr die Appalachen rostrot erglühen. Doch lassen Sie mich Ihnen versichern: der Herbst in Japan ist mindestens genau so eindrucksvoll. Falls Sie nichts Besseres zu tun haben, können Sie mit dem Kalender in der Hand dem Verwelkungsgrad der Laubbäume von Norden nach Süden hinterherfahren. Es lohnt sich tatsächlich.

Anfang November ist es dann in Westjapan soweit: Bewaffnet mit Fotoapparat, Feldflasche und Liederbuch (letzteres wegen der in den Herbstmonaten recht aktiven Bären; später mehr dazu) zieht es mich in die bunten Berge. In Japan bekommt der Naturliebhaber als besonderes Bonbon den Anblick des *Momiji*-Baumes geboten. Dieser rührige Miniaturahorn, nicht viel größer als Dirk Schrempff und mit zierlichen sechsfingerigen Blättern versehen, erstrahlt in einem Rot, das Van Gogh nicht besser hinbekommen hätte. Schon von weitem stechen die leuchtenden Blätter aus jeder Nadelbaumkolonie heraus und setzen Farbtupfer, die Monet vor Neid erblassen ließen. In einem Naturpark bei Hiroshima ist der Einfahrtsweg von Momiji-Bäumen übersäumt, so dass man sich, wenn es soweit ist, in einem glühend roten Tunnel wieder findet, durch dessen Blattwerk einzelne Strahlen der Sonne verspielt hindurchschauen. In den Ästen des Unterholzes haben fleißige Spinnen riesige Netze gewoben - die japanischen Spinnen tun es den Einwohnern gleich und geben sich nicht mit Durchschnittsarbeit zufrieden. Lassen Sie mich an dieser Stelle beruhigend versichern, dass die Tierchen völlig harmlos sind, das Resultat ihrer weit reichenden Tätigkeit jedoch ab und zu an Ihren Haaren hängen bleiben wird. Keine Panik also, es ist nicht böse gemeint.

Für alle, die es ganz genau wissen wollen: Wie schaffen es nun japanische und auch amerikanische Bäume, zu derart rötlicher Pracht zu gelangen, wo doch im heimischen Deutschland die Bemühungen in der Regel bei einem matten Orange enden? Gelbliche und auch rote Farbstoffe sind in vielen Blättern eigentlich das ganze Jahr über vorhanden. Das Problem ist nur, dass das ebenfalls vorhandene Chlorophyll diese Farbstoffe nicht zum Zuge kommen lässt und mit seinem dominanten Grün alles andere unterbuttert. Ebenso dominant ist das in einigen Baumarten reichlich vorhandene Karotin, das gemeinsam mit dem Chlorophyll die roten und rot-blauen Sonnenstrahlen absorbiert. Erfreulich für alle Herbstfreunde: Karotin ist wesentlich dauerhafter als sein Partner. Um mit Hilfe des Chlorophylls Sonnenlicht in chemische Energie umzuwandeln, braucht der Baum nämlich viel Sonne und Wärme. Sonst ist mit den grünen Blättern gewissermaßen Essig. Nun kann man sich leicht vorstellen, was bei kühleren Temperaturen im Herbst passiert: Der Baum bereitet sich auf seinen Winterschlaf vor; aus Erfahrung weiß er, dass Licht- und Wasserversorgung im Winter nicht ausreichen, um von seinen Blättern satt zu werden, und er schließt all seine Nahrungskanäle. Resultat: Der Chlorophyll-Anteil in den Blättern geht gegen null, und das Karotin übernimmt die Regentschaft. Das Laub wird goldgelb. Wenn der Baum nun in Vorbereitung auf seinen Winterschlaf die Nahrungszufuhr von den Blättern verweigert, wissen diese plötzlich nicht mehr, wohin mit all ihrer Energie. Also bringen Bäume, die genügend Zucker produzieren, daraus einen leuchtend roten Farbstoff hervor: Das Anthozyalin, das auch für rote Äpfel oder Kirschen verantwortlich ist. Dieses Kunststück vollbringen nicht alle Bäume, so dass Sie erst um die halbe Welt reisen müssen, um in den Genuss dieses einmaligen Schauspiels zu kommen.[19]

Nach diesem kleinen Ausflug in die Biochemie zurück zu etwas handfesteren Dingen: Neben dem himmlischen Obst, das man in letzter Zeit auf vielen Plantagen selbst ernten kann, gehört das Grillen natürlich zu den beliebtesten Vergnügungen in freier Natur.

Neben dem köstlichen Rindfleisch finden sich vor allem *sanma*, ein lang gestreckter Verwandter der Makrele, und *hamaguri*, eine japanische Muschelart, über den glühenden Kohlen. Letztere springt unter Hitzeeinwirkung auf und zeigt dem Esser damit an, dass sie gar ist - und erlaubt daher auch Kochkünstlern wie mir die gefahrlose Zubereitung. Zum Essen gibt es einen herzhaften Schluck Herbstbier, *Akiaji* (»Herbstgeschmack«), wie das von der *Kirin*-Brauerei freundlicherweise jeden September auf den Markt gebrachte kräftige Bier heißt. Es passt mit seinem reichhaltigen Geschmack vorzüglich zu der trockenen, klaren Luft und macht ein Picknick im Angesicht des flammenden Blättermeeres zu einem unvergesslichen Erlebnis.

Ach so, wenn Ihnen in der Einsamkeit der japanischen Bergwelt (denn einsam fühlt man sich in der enormen Weite leicht) ein Landsmann entgegen kommt, der aus vollem Halse »Im Frühtau zu Berge« oder »Das Wandern ist des Müllers Lust« schmettert, dann wundern sie sich nicht. Die in Japan weit verbreiteten Schwarzbären sind nämlich im Herbst recht aktiv, um sich das für ihren Winterschlaf nötige Fettpolster anzufressen. Will man als harmloser Wanderer nun diesen pelzigen Zeitgenossen aus dem Wege gehen, oder besser selbige in die Flucht schlagen, so sollte man sein Kommen rechtzeitig ankündigen. Es ist niemandem zu wünschen, einen Bären zu erschrecken (oder erschreckt zu werden, je nachdem), bloß weil man auf Samtpfoten durch den Wald schleicht. Glocken am Bein gehen nach kurzer Zeit ebenso auf die Nerven wie ein lärmendes Transistorradio - was eignet sich also besser, als deutsches Liedgut? Bis jetzt habe ich noch alle Raubtiere in die Flucht geschlagen, und ein paar japanische Naturfreunde dazu.

Micky spricht Japanisch

Wenn man Kinder hat, dann tut man Dinge, auf die man vorher nie gekommen wäre. Man sieht sich in voller Indianermontur durchs Haus toben, oder man hängt reichlich unelegant auf dem Pferd eines bunten Karussells, bemüht, nicht herunterzufallen. Man durchsucht Spielzeugläden mit ernstem Blick und einer Entschlossenheit, die man seit Grundschultagen nicht gekannt hat. Manchmal kommen wie durch einen dichten Nebel Erinnerungen an die Zeit zurück, als man noch ein rational denkender Mensch mit ausreichend Nachtschlaf gewesen ist. Aber das ist immer nur vorübergehend, und man will ja nicht seine Qualifikation für das größte aller kindlichen Vergnügen (zumindest in Japan) in Frage stellen: eine Reise ins Disneyland Tokio.

Im Jahr 2003 kamen über fünf Millionen Besucher aus dem Ausland nach Japan.[20] Zwar hatte allein Venedig im gleichen Zeitraum mehr Touristen zu verzeichnen, doch scheinen die Bemühungen der japanischen Fremdenverkehrsämter in die richtige Richtung zu gehen. Auf die große Schar Erlebnishungriger wartet eine stattliche Zahl an Kunst- und Kulturschätzen - das über tausend Jahre alte Erbe einer der bedeutendsten Kulturnationen unseres Planeten. Allein zwölf Sehenswürdigkeiten haben es auf die Liste des Weltkulturerbes der UNESCO geschafft, und jede von ihnen ist eine Reise wert. Doch was machen die vielen ausländischen Touristen? Mehr als zwei Drittel strömen ins Disneyland Tokio, als ob sie Angst hätten, dass der Vergnügungspark morgen geschlossen würde. An zweiter Stelle der Beliebtheitsskala stehen die *Universal Studios* in Osaka, an dritter ein *Huis Ten Bosch* genannter Vergnügungspark in der Nähe von Nagasaki, in dem der Besucher durch einen Nachbau des malerischen Holland spazieren kann. Wenn das keine traurige Statistik ist, dann weiß ich es auch nicht.

Und was sagt uns das? Ausländische Touristen sind nicht unbedingt in erster Linie an Japan interessiert. Die Begegnung mit einer knapp einen Meter siebzig großen Ratte mit abnormal riesigen Ohren fasziniert die Leute mehr als die Geschichte der Samurai oder Ninja. Und die Hotels im Tokioter Disneyland sind ständig ausgebucht. Auch wenn das weniger an Ausländern liegt, als am nationalen Ansturm: In den letzten beiden Jahren verzeichnete der Resort durchschnittlich sage und schreibe 25 Millionen Besucher pro Jahr.

Doch aller Skepsis zum Trotz: die Kinder wollen unbedingt hin, die Ehefrau auch, und so willigt man ein, allein, um später mitreden zu können. Schon bei der Anfahrt zum schicken Hotel fällt die geographische Weite ins Auge. Das Areal ist riesig, und dem gestressten Familienvater, der seine müde gelaufenen Kinder abends huckepack ins Bett tragen muss, schwant nichts Gutes. Doch man ist nicht zur Erholung hier, und der stolze Eintrittspreis muss durch energisches Amüsieren wieder hereingeholt werden. Anhand Wochen im Voraus angeschaffter Zeitschriften und Spezialführer wird die Route durch den Park geplant. Dazu muss ein Zeitplan erstellt werden, in dem die Amüsierdauer bis auf die Minute festgelegt ist. Nachdem am nächsten Morgen das Frühstück in aller Eile verschlungen ist (es gilt, keine Zeit zu verlieren), geht es los. Eine Hochbahn, deren Fenster, Türgriffe und Schaffner allesamt im Micky-Design gehalten sind, bringt den Besucher zum Eingang. Schon von weitem sieht man die Menschenmassen, die sich vor den engen Eingangsschleusen drängen. Für eine Sekunde möchte man am liebsten umkehren, doch dann erwacht der Eroberungstrieb. Es gibt kein Zurück mehr.

Das japanische Verhältnis zu Micky und Konsorten war allerdings nicht immer so ungetrübt, und während wir trotz gültiger Eintrittskarte eine halbe Stunde vor dem Eingang warten, hier eine kurze Geschichte des Parks: Bereits 1979 kam es zu einer Vereinbarung zwischen Disney und der so genannten *Oriental Land Corp.*; eine Firma, unter der man sich Abenteuer aus Tausend und einer Nacht vorstellt, die in Wirklichkeit aber aus Bauschutt Land gewinnt. Besagte Firma hatte gerade einen Teil der Bucht von Tokio trockengelegt und ein bisschen Kleingeld gespart, um dem Disney-Konzern einen attraktiven Deal vorzuschlagen. Dieser hielt dankbar die Hand auf, und so eröffnete nach dreijähriger Bauzeit das erste Disneyland außerhalb der Vereinigten Staaten von Amerika. Dummerweise hatte die Chefetage von Disney es versäumt, Nägel mit Köpfen zu machen - Organisation und Verwaltung des neuen Vergnügungsparks blieben der *Oriental Corp*. überlassen, die den Park unabhängig von Disney betrieb. Und was passiert, wenn man den *Magic Kingdom* einer Firma in die Hände legt, die vormals hauptsächlich Müll ins Meer geschüttet hat, kann man sich denken: Die Besucherzahlen blieben über die ersten Jahre dürftig, und 1987 wäre die Party beinahe zu Ende gewesen.

Ob der unhaltbaren Verhältnisse krempelte Micky die Ärmel hoch und kam persönlich über den Pazifischen Ozean, um nach dem Rechten zu sehen. 1989 feierte der Themenpark als offizielles Kind der Disneyfamilie seine Auferstehung und hat seitdem nicht mehr zurückgeschaut. Besucherzahlen stiegen konstant auf ungeahnte Höhen, und als 2001 der kleine Bruder *Disney Sea* nebenan seine Pforten öffnete, schien es, als hätte der Konzern eine Lizenz zum Gelddrucken bekommen - die Auslastung übertraf schon im ersten Jahr die Erwartungen um mehr als die Hälfte.

So freut man sich denn herzlich über den wirtschaftlichen Erfolg des Parks und quetscht sich mit den anderen 24,9 Millionen Besuchern in engen Schleusen vor dem Portal. Nur wer eine gewisse Ausdauer im Gerangel mit vergnügungswütigen Micky-Fans an den Tag legt, erweist sich des Heiligtums würdig. Doch endlich wird man ins Innere gelassen und sieht einem Bummel durch die malerisch aufgemachten Gassen freudig entgegen. Nichts da - es gilt, vor den anderen Besuchern die begehrten Attraktionen zu erreichen, die alle so weit auseinander liegen, dass man sich bald wie ein Marathonläufer (mit Lebendgepäck) vorkommt. Der Zugang zu besagten Attraktionen wird durch ein kompliziertes System geregelt, das nur meine Frau versteht. Überall muss man sich ausgiebig anstellen, doch gibt es eine langsame und eine schnelle Schlange, und um in die schnellere Gruppe hineinzukommen bedarf es eines Gutscheins, den zu erhalten man sich wiederum in einer langsamen Schlange anstellen muss. Es ist alles wahnsinnig kompliziert, und um den Rundgang im Park zu meistern, sollte man eine Menge Sekundärliteratur studiert haben. Hat man einen Schnellgutschein bekommen, darf man nicht zu weit weg gehen (oder sich etwa anderweitig amüsieren) - man hat in der auf dem Zettelchen angegebenen Zeitspanne zu erscheinen, sonst wird man gnadenlos wieder in die langsame Schlange verwiesen.

Als wir da waren, bestand die Hauptattraktion aus einer knapp einminütigen Fahrt durch das Reich eines Bilderbuchhelden. Puh der Bär, oder *Winnie the Pooh*, grinst einem mit seinen Stofftierfreunden von allen Seiten entgegen, und ehe man auch nur »Puh!« gesagt hat, ist man wieder draußen.

Die Faszination der Japaner für niedliche Comic-Charaktere ist faszinierend an sich: in keinem anderen Land sind Disney-Kulleraugen so populär wie hier. Und die Leute begnügen sich nicht nur mit dem Anschauen, bei weitem nicht. Kein T-Shirt, keine Handtasche, kein Kugelschreiber, den nicht einer dieser harmlos wirkenden Charaktere zieren würde. In Wirklichkeit sind Micky oder Snoopy allerdings eiskalte Geschäftsleute: Knapp dreißig Milliarden Euro werden in Japan jährlich mit dem *merchandising* genannten Verkauf von Lizenzprodukten umgesetzt, was etwa in der Größenordnung des Bruttosozialproduktes von Luxemburg liegt.

Doch nicht nur Donald und Pluto lassen die Herzen japanischer Kinder (und vor allem junger Frauen) höher schlagen - es gibt eine ganze Reihe im Westen bislang unbekannter Figuren, die bei uns erst in letzter Zeit den Markt aufrollen. Da ist Kitty, eine verniedlichte Katzenausgeburt, die seit 1974 nicht mehr von japanischen Bleistiftspitzern oder Wäschegarnituren wegzudenken ist. Seit Showgrößen wie Mariah Carey oder Cameron Diaz dabei erwischt wurden, in der Öffentlichkeit mit Kitty-Schmuck und -Kleidung herumzulaufen, hat der Wahnsinn auch die USA erreicht - im Land der Cowboys und Astronauten wurden letztes Jahr 4,3 Milliarden Dollar allein mit japanischen Cartoon-Figuren umgesetzt.

Weitgehend unbekannt dagegen sind bei uns japanische Klassiker wie *Doraemon*, eine Roboterkatze, die seit 1979 im fernöstlichen Kinderprogramm ihr Unwesen treibt. Schon etwas verjährt, dafür umso nostalgischer kommt der *Astro-Boy* daher. 1951 von Osamu Tezuka kreiert, hält der Roboter mit dem Aussehen eines kleinen Jungen (und atomkraftgetriebenem Herzen) allerlei außerirdische Unbill von der Erde fern. Tezuka zeichnet übrigens für die Erfindung von *Kimba* verantwortlich, dem kleinen weißen Löwen, der in den siebziger Jahren deutsche Fernsehbildschirme unsicher machte.

Der größte Geschäftserfolg der letzten Jahre sind die in ihrer Vielzahl unerschöpflichen Pokémon, deren Name eine Kombination aus »Pocket« und »Monster« vereint. Wer diese Symphonie aus Kindchenschema und Geschäftskalkül nicht kennt, sollte seine Kinder fragen: Die von Nintendo 1996 auf den Markt gebrachten Mini-Ungeheuer haben seit ihrem Erscheinen den satten Umsatz von rund einer Milliarde Euro eingefahren und stellen damit eine nicht zu unterschätzende Wirtschaftsmacht dar. Unsere Kinderzimmer sind schon sang- und klanglos an die Invasion dieser bunten Armee verloren gegangen, nur im Wohnzimmer gibt es noch vereinzelt neutrales Territorium.

Disneyland ist allerdings noch fest in amerikanischer Zeichentrick-Hand: Seien es die Helden der Toy Story oder Klassiker wie die sieben Zwerge - überall rennt man in Schaumstoff gewordenen Ausgeburten der Kinoleinwand. Mit weichen Kostümen gepolstert verrichtet hier eine Armee junger Menschen ihren Dienst an der guten Laune eines ganzen Landes.

Gelegentlich sind Gastarbeiter und -innen unter dem ewig lächelnden Personal, doch mit über 99 Prozent stellen Einheimische den weitaus größten Anteil an Tänzern, Schauspielern und lebendigen Cartoon-Figuren. Die Anforderungen sind streng: so ist es auch bei eisigen Temperaturen einem Wärter im Disneyland untersagt, die Hände in die Taschen zu stecken. Betreten werden darf der für alle sichtbare Bereich nur in voller Montur - nicht auszudenken, wenn aus der Micky-Verkleidung plötzlich ein asiatischer Kopf hervorschaut. Doch auch auf solche Fälle ist man vorbereitet - sollte der Nachwuchs ob eines derartigen Schocks in Ohnmacht sinken, findet er sich bald in der Erste-Hilfe-Station des Parks wieder. Ob die dort angestellten Sanitäter als Prinzen verkleidet ihre Patienten wach küssen habe ich allerdings nicht in Erfahrung bringen können.

Nachdem man den ganzen Tag mit anderen Menschen gemeinsam angestanden hat (so in etwa stelle ich mir den Alltag in der ehemaligen Sowjetunion vor), gilt es, einen guten Platz für die allabendlich stattfindende Parade zu ergattern. Abgefrorenen Gliedmaßen und vereisten Fotoapparaten zum Trotz wird in der Dunkelheit ausgeharrt, bis der Tag mit einem bunten Umzug ausklingt. Die Kette von imposanten Wagen und gekonnt tanzenden Schaustellern reißt nicht ab, und ich bedaure nur, dass ich im Jahre 2001 nicht dabei war, als Peter Pan alias Alan Cranford mit dem Fuß am Wagen von Captain Hook hängen blieb und zwangsläufig einen Großteil der Parade auf einem Bein hüpfend zubrachte. Schade aber auch.

Falls man am späten Abend dann das Glück hat, sein Hotel wieder zu finden, liegt man bald darauf im geräumigen Bett und versucht, den ewig munteren Disney-Melodien zu entkommen, die sich die letzten zwölf Stunden über ins wehrlose Gehirn gemeißelt haben.

Bleibt nur zu versprechen, dass ich an anderer Stelle noch über klassische japanische Sehenswürdigkeiten berichten werde, aber ich richte mich in der Reihenfolge nach der Mehrheit der Touristen. Und mit dem nicht gerade umwerfend originellen Gedanken, dass Disneyland eben auch Japan ist, fallen mir die Augen zu.

Sicher ist sicher

Es wird Zeit, dass wir uns mit Ihrer Sicherheit in Japan beschäftigen. Lesen Sie also dieses Kapitel aufmerksam, denn es kann den Unterschied darüber ausmachen, ob Sie wohlbehalten und gesund oder mit einem Messer im Bauch heimkehren.

Das ist natürlich nur Spaß, denn Japan ist immer noch eines der sichersten Länder der Erde. Sie brauchen also um Ihre Wertsachen nicht mehr und nicht weniger besorgt zu sein als daheim auch. Ebenso Ihr körperliches Wohlbefinden - Gewaltverbrechen machen glücklicherweise nur einen verschwindend geringen Teil der gesamten Kriminalstatistik aus. Die überwiegende Zahl - 80,1 Prozent aller Delikte, um genau zu sein - besteht aus gewaltfreiem Diebstahl, in welcher Form auch immer.

Natürlich nützt Ihnen die schönste Statistik nichts, wenn Sie ohne Handtasche im Rinnstein sitzen, doch lassen Sie uns aus purer Neugier einmal die Situation in Deutschland und Japan vergleichen. Im Jahre 2002 kamen auf 100.000 Einwohner in der Bundesrepublik 7.893 Straftaten. In Japan waren es im gleichen Zeitraum lediglich 2.240, also weniger als ein Drittel. Beiderlei Statistiken halten Verstöße im Straßenverkehr außen vor, ebenso Staatsschutzdelikte. Noch deutlicher wird der Unterschied im Vergleich der Verbrechen, die leichte bis schwere Körperverletzung einschließen: Hier stehen 78.759 Fällen in Japan ganze 421.688 Vorfälle in Deutschland gegenüber. Anders ausgedrückt: in der Bundesrepublik kommt auf 194 Bürger ein Gewaltopfer pro Jahr, während ein Krimineller in Japan sein Ziel unter 1.587 Mitmenschen aussuchen muss.[21] Auch wenn diese Zahlen beruhigend erscheinen mögen: ein Paradies harmonischen Zusammenlebens findet sich selbst in Japan nicht. Doch es wäre ja viel zu langweilig, wenn die Presse des Landes nicht ab und zu von saftigen Schlagzeilen aufgewirbelt würde.

Schauen wir uns den Fall eines Hundezüchters in Urawa an, der in einen Disput mit einem Kunden geriet, welcher seinen Welpen nicht bezahlen wollte. Möglich, dass der Hund seinem neuen Besitzer ein paar Häufchen am falschen Ort hinterlassen hatte - ich weiß es nicht genau. Auf jeden Fall schnappte sich der Ladeninhaber den säumigen Kunden und zwängte ihm eine mit Strychnin gefüllte Kapsel die Kehle hinunter. Der auf diese Weise eingeschläferte Kunde wurde fachgerecht zerkleinert und verbrannt, seine Asche von der Frau des Mörders in alle Windrichtungen zerstreut. Einem lokalen Mafiosi, der gerade in der Nähe war, kam die Sache nicht geheuer vor. Anstatt jedoch zur Polizei zu gehen, tat er das, was sich für einen ordentlichen Vertreter der Unterwelt gehört: Er erpresste den Hundezüchter, nur um anstelle des geforderten Geldes alsbald eine dem ersten Opfer ähnliche Kapsel in seinen Magen gezwungen zu sehen. Wenig besser erging es seinem Komplizen, dessen Überreste auch bald im Wind verflogen. Da der wackere Hundezüchter gerade so schön in Übung war, entledigte er sich des nächsten problematischen Kunden auf bewährte Weise - nun war es an einer 54-jährigen Hausfrau, unfreiwillig die bittere Medizin zu schlucken.

Das Treiben währte nicht lang: Der Züchter wurde samt Gattin überführt und zum Tod durch den Strick verurteilt. Das Paar erhob Einspruch, schließlich hatte es nur das Wohl seiner Hunde im Sinn gehabt. Das sah der Richter des obersten Gerichtshofes in Tokio anders, und so ist der Weg zum Galgen frei.

Die Todesstrafe wird in Japan tatsächlich noch vollzogen, doch werden Datum und Ort der Vollstreckung nicht veröffentlicht, und Schwerverbrecher hierzulande völlig ohne Medienspektakel beseitigt.

Immerhin kann die hiesige Polizei auf eine eindrucksvolle Statistik schauen: Auch wenn die Traumzahlen der achtziger Jahre mit Aufklärungsquoten von über 90 Prozent Vergangenheit sind (Japans Kriminelle scheinen sich schneller als die Staatsgewalt fortzubilden), werden doch immerhin deutlich mehr als die Hälfte aller Übeltäter erwischt.[22] Zumindest in der Fehleranalyse ist die japanische Polizei rasch und zielstrebig. Ich habe hier den Fall eines Verdächtigen aus Ibaraki vorliegen, der im Zusammenhang mit dem spurlosen Verschwinden von vier Mitgliedern eines lokalen Betrügerringes gesucht wurde. Endlich fanden die Beamten den Gesuchten: er war auf einem unbenutzten Grundstück in der Stadt Ogawa damit beschäftigt, ein weites Loch auszuheben. Als die

Polizisten eintrafen, wischte er sich den Schweiß von der Stirn und bat die Beamten, ihm bei der Entsorgung von vier schweren Müllsäcken zur Hand zu gehen. Die Kollegen der Streife taten wie gewünscht (nun ja, vermutlich haben sie ihm bei seiner Arbeit auch nur zugesehen) und fragten ihn nebenbei, ob er eine Ahnung habe, wo die vier gesuchten Ganoven geblieben sein könnten. Der Verdächtige zuckte unschuldig die Schultern, und zufrieden zogen die Gesetzeshüter wieder von dannen. Zurück auf der Wache, bei Tee und Reiskuchen, muss einem der Polizisten dann aufgefallen sein, dass sie vergessen hatten, den Inhalt der Müllsäcke zu kontrollieren. Also zog die Truppe wieder los und suchte ein weiteres Mal das verlassene Grundstück auf. Der Verdächtige hatte natürlich gerade seine schöne Grube wieder zugeschaufelt und wies die Beamten ärgerlich darauf hin, dass sie sich ihre Einwände etwas früher hätten überlegen können. Bitte, sollten doch die Ordnungshüter selbst sehen, wie sie die Müllsäcke wieder ausbuddelten. Gesagt, getan: Natürlich kamen die Leichen der gesuchten Ganoven zum Vorschein, und so nahm alles noch ein gutes Ende - der Verdächtige wurde in aller Form festgenommen, und die Polizei konnte sich ob ihrer Scharfsinnigkeit brüsten.[23]

Ein beliebtes Thema in der japanischen Öffentlichkeit ist die Ausländerkriminalität. Nun will ich bierseligen Rechtspopulisten nicht das Wort reden, doch sprechen hier die Zahlen in der Tat eine klare Sprache: Sogar wenn man Verstöße gegen das Einwanderungsgesetz ausklammert, zeichneten fremdländische Mitbürger im Jahre 2004 für stolze sieben Prozent aller Vergehen verantwortlich - wo der Ausländeranteil in der Bevölkerung bei gerade eineinhalb Prozent liegt. Von allen Nationalitäten treiben es die Chinesen am buntesten: Obwohl sie nur ein knappes Viertel aller Ausländer stellen, haben sie beinahe die Hälfte der nicht-japanischen Vergehen auf dem Kerbholz. Das Problem ist natürlich, dass chinesische Einwanderer - im Gegensatz zu uns Nordeuropäern - von vornherein in organisierten Gruppen ins Land kommen, und die unbefugte Besitznahme anderer Leute Eigentum zu ihrem Lebenszweck erkoren haben. In ihrem Eifer machen sie sogar der klassischen japanischen Mafia das Terrain streitig - und so findet sich die einst so machtvolle *Yakuza* in ein schmachvolles Rückzugsgefecht verwickelt. Wer immer noch dem nostalgischen Glauben verfallen ist, dass die Yakuza im Einvernehmen mit der

Staatsgewalt lustlosen Immobilienbesitzern zum Verkauf ihrer Habe auf die Sprünge hilft oder die Szene der Kleinkriminellen kontrolliert, der irrt. Nachdem die Wirtschaftskrise der neunziger Jahre für einen heftigen Einbruch bei Schutzgeldzahlungen gesorgt hat, wandten sich die schweren Jungs aufregenderen Wirkungsfeldern wie Prostitution oder Drogengeschäften zu. Letzteres vor allem verdarb der Yakuza die Sympathien, der sie sich bis dato bei Gesetzesmachern und -hütern erfreut hatte. Dazu kommen neuerdings handfeste Nachwuchsprobleme - jungen Leuten sind die Berufsaussichten als Vollzeitmafiosi nicht rosig genug. Mit *kitsui, kitanai, kiken* (»anstrengend, schmutzig, gefährlich«) verurteilen Jugendliche heutzutage eine Tätigkeit, für die ihre Vorväter noch begeistert ihre kleinen Finger ließen (wer bei der Yakuza versagt, hat traditionell ein Fingerglied abzutrennen - kein Wunder, dass sich qualifizierter Verbrechernachwuchs in letzter Zeit lieber für öffentliche Ämter bewirbt).[24]

Und was bedeutet das für Sie als Japan-Besucher? Nun, um in Japan Opfer eines gewaltsamen Übergriffs zu werden, müssen Sie schon großes Pech haben. Die meisten schweren Verbrechen geschehen nicht ohne ein Vorspiel von Eifersucht, unbeglichenen Rechnungen oder Hundehäufchen. Das gleiche gilt für die Mafia - für Besucher fast unsichtbar, sind die immerhin 85.000 Mitglieder der japanischen Unterwelt mit ihren Geschäften so abgelenkt, dass sie kaum eine Bedrohung für gewöhnliche Bürger darstellen.[25] Machen Sie den dekorativ tätowierten Jungs also nicht das Terrain streitig, dann haben Sie nichts zu befürchten.

Rendezvous mit Godzilla

An einem klaren Tag im Frühling des Jahres 1954 standen zwei Männer auf der Aussichtsplattform eines Hochhauses in Tokio. Äußerlich hoben sich die beiden kaum von den anderen Touristen ab, die das Panorama der Millionenstadt genossen. Wer allerdings zufällig der lebhaften Diskussion lauschte, die von beiden mit ausladenden Gesten unterstrichen wurde, musste erbleichen - offensichtlich ging es um das Vorhaben, ganze Straßenzüge in Schutt und Asche zu legen. Ein gewitzter Passant zögerte nicht lange - unauffällig rief er die Polizei, welche die vermeintlichen Terroristen flugs verhaftete.

Und so geschah es, dass einer der erfolgreichsten japanischen Filme aller Zeiten beinahe nicht gedreht worden wäre - bei den Männern handelte es sich um Ishiro Honda, Regisseur, und Eiji Tsuburaya, Fachmann für Spezialeffekte. Die beiden hatten lediglich Godzillas filmischen Weg der Zerstörung durch die Hauptstadt besprechen wollen.

In Japan heißt das liebenswerte Gummimonster übrigens *gojira* - eine Kreuzung aus *gorilla* und *kujira* (Japanisch für »Wal«). *Gojira* lautete ursprünglich der schmeichelhafte Spitzname eines Angestellten der Toho-Studios - ob jener in Bezug auf das neue Monster um seine Meinung gebeten worden ist, habe ich leider nicht herausgefunden.

Über ein halbes Jahrhundert später kann sich die Bilanz des »Affenwals« sehen lassen: stolze 27 Filme, die über 100 Millionen Zuschauer in die Kinopaläste lockten. Dazu kommt - wichtiger als alles andere - ein Stern im berühmten *Walk of Fame* in Los Angeles. Während der feierlichen Zeremonie auf dem Hollywood Boulevard bedankte sich Godzilla für diese Ehre, die zuvor nur zwei anderen Japanern zugekommen ist (falls Sie gerade etwas zu schreiben haben: Sesshu Hayakawa und Mako Iwamamatsu), indem er wild brüllte und weißen Rauch ausstieß. Immerhin zeigte er sich damit eloquenter als Arnold Schwarzenegger, wenngleich wir mit Godzillas Ernennung zum Gouverneur von Kalifornien nicht in naher Zukunft rechnen sollten.*

---

*Außer Godzilla sind übrigens nur drei »künstliche« Stars verewigt: Micky Maus, Donald Duck und Kermit, der Frosch

Bevor Godzilla seine bewährte Gestalt bekam, hatte es Pläne gegeben, einen gigantischen Oktopus aus dem Meer kriechen zu lassen. Das wäre freilich eher im Stile der Zeit gewesen, die auf amerikanischer Seite mit Riesenspinnen und Außerirdischen geradezu gespickt war. Seien wir den Leuten der Toho-Studios dankbar, dass sie sich für einen etwas vermenschlichten Dinosaurier entschieden haben - was wäre eine japanische Großstadt ohne das tapsige Monster, welches alle paar Jahre brüllend durch die Straßen marschiert.

Der Schrei Godzillas wurde alsbald zu seinem Markenzeichen. Umso unglaublicher klingt dessen Entstehungsgeschichte: Der Komponist Akira Ifukube, üblicherweise ein Garant für klassische Filmmusik, strich mit einem Lederhandschuh über die Saiten eines Kontrabasses. Der Klang wurde ein wenig verhallt und akustisch aufgemöbelt - et voilà. Wo heute einer ganzen Armee von Tontechnikern die Synthesizer heißlaufen würden, ging es damals noch richtig rustikal zu. In Anbetracht des Millionenpublikums handelt es sich bei Godzillas Schrei vermutlich um das populärste Werk für Kontrabass solo, das je komponiert wurde - wenngleich es sehr kurz ist.

Godzilla gebührt die Ehre, einen wichtigen Beitrag zur Aufarbeitung der Kriegsvergangenheit Japans geleistet zu haben. Von Anfang an waren die Parallelen zur jüngeren Geschichte des Landes unverkennbar - als nukleares Beiprodukt verstrahlt Godzilla alles und jeden; wer nicht durch seinen Feuerhusten umkommt, stirbt später an radioaktiver Verseuchung. Wo haben wir das bloß schon mal gehört…

Wer sich heute den ersten Film der Godzilla-Serie anschaut, kann sich ein gutwilliges Schmunzeln nicht verkneifen. Die Schiffe, die der 50 Meter-Gigant versenkt, sehen aus, als schwämmen sie in der Badewanne des Regisseurs. Auch wird der aufmerksame Zuschauer feststellen, dass die Godzilla bedrängenden Kampfflugzeuge an feinen Drähten befestigt sind. In der Tat erinnert die Originalkulisse eher an Spielzeug denn Arbeit. Der einzige, der es richtig schwer hatte, war Haruka Nakajima. Der Gummianzug, den der Godzilla-Darsteller trug, wog massige 91 Kilogramm. Auch war es im Inneren so heiß, dass in regelmäßigen Abständen der Schweiß des tapferen Schauspielers aus dem Kostüm abgezapft werden musste.

Wer es nicht lassen kann, der sollte sich in den *Spaceworld-*

Vergnügungspark in Kitakyushu begeben. Dort findet der Godzilla-Fan eine Ausstellung über die Pioniertage; zahlreiche Fotos und Anschauungsobjekte warten auf interessierte Monsterfreaks.

Wenden wir uns einem anderen Filmemacher zu, der vor allem in letzter Zeit mit seinen Werken für Aufsehen sorgt. Hayao Miyazaki hat es mit seinen Zeichentrickfilmen bravourös geschafft, der Massenware von Disney und Co. zu trotzen. Der bislang letzte Streich des Meisters animierter Phantasie ist *Hauru no Ugokushiro* (wörtlich auf Deutsch: »Howls Wanderschloss«, deutscher Buchtitel der Romanvorlage von Diana Wynne Jones: »Sophie im Schloss des Zauberers«). Im Jahre 2004 veröffentlicht, wurde der Film bei der Biennale in Venedig in den höchsten Tönen gelobt. Ein anderes Werk Miyazakis hatte nur zwei Jahre zuvor in Berlin den goldenen Bären eingeheimst - »Chihiros Reise ins Zauberland« (Originaltitel: *Sen to Chihiro*) ist der Film, mit dem der Meister den bislang größten Einspielerfolg verzeichnen konnte.

Hayao Miyazaki wurde 1941 als Spross einer Familie von Flugzeugbauern geboren. Die Spuren elterlichen Schaffens sind in seinem Werk überdeutlich - der Traum vom Fliegen nimmt als zentrales Motiv in beinahe jedem von Miyazakis Filmen eine Sonderstellung ein. Der Weg zum Ruhm war steinig - auf Drängen der Verwandtschaft studierte der angehende Zeichentrick-Virtuose zunächst Wirtschaft und Politikwissenschaften. Doch kaum hatte der junge Hayao der Universität den Rücken gekehrt, klopfte er bei den Toei-Studios an, damals eine der ersten Adressen für Zeichentrickfilme.

Jahrelang schlug sich Miyazaki mit Gelegenheitsarbeiten herum, eiferte seinem Vorbild Osamu Tezuka nach (Sie erinnern sich - der mit dem *Atomboy*) und entwickelte konsequent seine eigene

Bildsprache. Als Angestellter der Zuiyo-Pictures war er in den siebziger Jahren an der Fernsehserie »Heidi« beteiligt, die seinen Zeichenstil erstmals außerhalb Japans bekannt machte.

In den Achtzigern startete Miyazaki durch: Mit *Kaze no tani no Nausiäa* (»Nausicäa aus dem Tal der Winde«) gelang der große Durchbruch. In dem 1983 erschienenen Film zieht das Animationsgenie alle Register seines Könnens: eine willensstarke Heroine, übergroße Insekten (die wie Kellerasseln im Monsterformat aussehen), apokalyptische Schlachten und, selbstverständlich, jede Menge Fliegerei. Zusätzlich wurde das Publikum von der Musik des Komponisten Jo Hisaishi zu Tränen gerührt - die kreative Allianz beider Künstler hat mittlerweile über 20 Jahre gehalten.

Vom Erfolg seines Endzeitdramas angestachelt, machte Miyazaki sich 1985 mit seinem *Studio Ghibli* selbständig - und hat fortan nicht mehr zurückgeschaut. Kassenknüller im Jahresrhythmus diktieren seither das japanische Kinogeschehen. Auch im Ausland sehnt mittlerweile eine stattliche Fangemeinschaft das jeweils nächste Epos des Meisters herbei, doch ist zumindest die Zahl der auf Deutsch erschienen Filme recht dürftig. Neben den beiden erwähnten Titeln findet sich lediglich noch »Prinzessin Mononoke« (original: *Mononokehime*), eine beeindruckende Saga um ein kämpferisches Wolfsmädchen.[26]

Verlässt man in Japan das Kino (oder schaltet den Videospieler ab, je nachdem), lässt der mediale Kulturschock nicht lange auf sich warten. Das Fernsehprogramm hat es noch immer geschafft, mir Tränen der Verzweiflung in die Augen zu treiben. Nun sind deutsche Privatsender im Wettbewerb um das niedrigste Niveau auch nicht zu unterschätzen - doch urteilen Sie selbst.

Grundsätzlich gilt im japanischen Fernsehen, dass niemand alleingelassen wird. Morgen-, Mittags-, Abendmagazine; Unterhaltungssendungen, Dokumentationen: stets sorgt eine Gruppe Prominenter dafür, den einsamen Fernsehzuschauer in ihre Unterhaltung einzubeziehen. Wer das endlose Geschnatter satt ist und verzweifelt den Kanal wechseln möchte, sucht vergeblich. Die Sendeformate gleichen sich aufs Haar.

Lediglich bei den im öffentlichen Fernsehen oft übertragenen Galakonzerten hauchen die Sänger ihre *enka* genannten Schlager ganz einsam ins Mikrofon. Hastig greift man auf ein Neues nach der Fernbedienung, nur um Sekunden später besorgt auf die Programmzeitschrift zu schielen - einige Prominente bringen es fertig, auf allen Kanälen gleichzeitig zu erscheinen. Womöglich liegen die Studios nahe beieinander, oder es steht eine Armee von Doppelgängern bereit.

Am wahrscheinlichsten erscheint jedoch die Vermutung, dass die Stars (oder deren Manager) ihre gegenwärtige Popularität um jeden Preis auskosten wollen; Zitronen gleich, die darauf drängen, ausgequetscht zu werden. Die Quittung folgt für die Lieblinge der seichten Unterhaltung auf dem Fuß. Kein Bereich ihres persönlichen Daseins, der nicht der Neugier des Publikums eröffnet wird. Wäre der Typus des aufdringlichen Fotografen nicht italienisch *Paparazzi* benannt, hätten die japanischen Kollegen sicherlich gute Chancen, auf die Berufsbezeichnung einzuwirken. In einem Klatschblatt waren neulich 53 Hinterteile prominenter Frauen abgebildet - bekleidet, versteht sich, doch nicht ohne einschlägigen Kommentar. Selbst Unbekannte werden schamlos verfolgt. Allen anständigen Mitbürgern ist noch mit Abscheu der Moment in Erinnerung, als die Presse sich am 23. Juli 1999 in einer dichten Menschentraube vor dem Hause Naoyuki Nagashimas versammelte. Der Pilot war Stunden zuvor bei einer Flugzeugentführung getötet worden. Seine Frau kehrte ahnungslos vom Einkaufen zurück - und wurde mit den grausigen Nachrichten vor laufender Kamera überrumpelt.

Doch lassen Sie uns dieses Kapitel mit vergnüglicheren Gedanken abschließen. In letzter Zeit erfreut sich eine *Urawaza* genannte Sendung mit raffinierten Haushaltstipps zunehmender Beliebtheit. Vom Backen mit Tofu bis zum Putzen mit fermentierten Sojabohnen findet sich ein buntes Panoptikum sinnvoller und unsinniger Ratschläge. Eine Idee ist mir konkret in Erinnerung geblieben: Wenn Sie in Ihren voll gepackten Urlaubskoffer einen schlaff aufgeblasenen Plastikball hineinstopfen, kommen Hemden und Unterwäsche so ordentlich am Zielort an, wie sie einsortiert wurden. Um diese radikale These zu untermalen, wurden zwei Koffer - einer ohne, der andere mit Ball - an einem Bungee-Seil befestigt und von einer Brücke gestoßen. Und siehe da: es funktionierte. Chaos hier, Bügelfalte dort. Etwas unbefriedigend verlief nur die anschließende Diskussion der versammelten Prominentenrunde, da jemand einwarf, dass der Ball doch nun reichlich Platz wegnehmen würde. Dem wusste niemand etwas zu entgegnen, und ungerührt wurde der nächste Beitrag angekündigt. Nun, vielleicht hat wenigstens die Sache mit dem Bungee-Seil Spaß gemacht.

Mit Godzilla oder Nausicäa kann das alles natürlich nicht konkurrieren - lassen Sie uns also an dieser Stelle ganz diskret den Stecker ziehen. Auf Wiedersehen im Kino.

Ein bisschen von jedem

Hier ist eine typisch japanische Statistik, die Sie als vernunftbegabten Europäer zur Verzweiflung treiben dürfte: Wie wir bereits gelernt haben, bevölkern 127 Millionen Japaner die hiesige Inselgruppe. Laut dem »Religionsjahrbuch«, welches das Kultusministerium jedes Jahr herausgibt, finden sich hierzulande jedoch 216 Millionen Angehörige verschiedener Religionsgemeinschaften. Wie geht das zusammen?

Gestatten Sie mir vorab die Bemerkung, dass alles, was in Japan mit Religion zu tun hat, nicht unbedingt den Gesetzen der Logik unterliegt. Erwarten Sie also von meinen bescheidenen Erklärungsansätzen nicht zu viel.

In Japan leben etwa 1,9 Millionen Christen, und wenn diese Herrschaften ihre spirituellen Bemühungen einigermaßen ernst nehmen, sollten wir zumindest hier von einer gewissen Neigung zum Monotheismus ausgehen. Bei den anderen Glaubensrichtungen kann man sich dieser Ausschließlichkeit nicht so sicher sein - zwar ist es ein offenes Geheimnis, dass jede kirchliche Gemeinschaft die Zahl ihrer Mitglieder etwas schönt, doch das allein wird wohl kaum als Erklärung für die überschüssigen 87 Millionen Gläubigen ausreichen. Nein, Tatsache ist eher, dass sich die Mehrheit der Bevölkerung sowohl dem Schintoismus (genau 107 Millionen Gläubige[27] im Jahr 2002) als auch dem Buddhismus (95 Millionen) zugehörig sieht.

Japaner haben eine durchweg praktische Einstellung zur Religion. Wie Allianz-Kunden fühlen sie sich durch ihren zweispurigen Glauben gegen alle Unbill versichert, die ihnen im Laufe ihres Lebens (und danach) droht. Neugeborene Kinder werden im *jinja* genannten schintoistischen Schrein gesegnet. Zum Neujahrsgebet geht man wahlweise zu Schrein oder in den *otera* genannten buddhistischen Tempel. Hochzeiten werden häufig schintoistisch ausgerichtet, Beerdigungen dagegen folgen in der Regel dem buddhistischen Protokoll. Worin besteht nun der Unterschied zwischen beiden Glaubensrichtungen?

Die eigentliche Nationalreligion der Japaner ist der Schintoismus, dessen Ursprünge bis in vorchristliche Zeiten zurückreichen. Im Grunde ein Naturglaube, werden über 100 Götter angebetet, die jeder für sich einen genau bestimmten Verwaltungsbezirk beanspruchen. So gibt es einen Gott des Meeres, einen des Flusses, einen des Waldes, eine höhere Macht ist für Sicherheit auf Reisen zuständig, eine andere für Erfolg bei Studium und Beruf - kurz, es überwiegt der praktische Nutzen.

Ein Besuch im Schrein läuft nach folgendem Muster ab: Der Gläubige tritt an eine Barriere, die das Innere des Gebäudes vom Vorplatz abtrennt, wirft ein Geldstück in einen für Almosen vorgesehenen Kasten und klatscht in die Hände, um die Aufmerksamkeit der gewünschten Gottheit auf sich zu lenken. Er weiß genau, wohin seine Fürbitte gerichtet ist, so dass sein Gebet nicht ins Leere läuft. Anschließend werden - je nach Dringlichkeit der Bitte - in marktähnlichen Ständen am Rande verschiedene Glücksbringer erworben: kleine Zettelchen etwa, die ähnlich einem Horoskop die Zukunft voraussagen, oder auch Blättchen mit frommen Wünschen, die an den Ästen eines heiligen Baumes befestigt werden.

Wer zum Beispiel ein neues Auto kauft, fährt bald zu einem dafür designierten Schrein, um das Gefährt fachgerecht segnen zu lassen. In der Gebühr für diese Prozedur ist ein kleiner Glücksbringer aus Stoff enthalten, der an den Innenspiegel geknotet für sichere Fahrt sorgt. Sollte ein derartig geschütztes Automobil dennoch in einen Unfall verwickelt werden, plagt sich ein gläubiger Schintoist nicht lange mit komplizierten Erklärungen à la »die Wege der Götter sind unergründlich« herum. In dem Fall, dass der Fürbitte nicht wie gewünscht entsprochen wird, gilt einfach, dass der Betende nicht genug unternommen hat, um den Erfolg sicherzustellen.

Von daher rührt zum Beispiel die Geschichte der 1.000 Papierkraniche, auf Japanisch *orizuru* genannt (*oru*=falten, *tsuru*=Kranich). Sie haben vielleicht von dem Mädchen aus Hiroshima gehört, Sadako mit Namen, das zehn Jahre nach der Atombombe an Leukämie erkrankte und bis zu ihrem Tod im Wunsch nach Frieden unzählige Papiervögel bastelte. Die Idee wurde von Schulkindern in der ganzen Welt aufgegriffen, und mittlerweile gibt es im Friedenspark von Hiroshima eine Ecke, die vor Millionen bunter Kraniche überquillt. Unwissentlich folgen Kinder aus aller Herren Länder damit der schintoistischen Überzeugung »viel hilft viel« - eine Tradition, die vor Gleichmut bewahrt und den Gläubigen in der Pflicht hält.

Shintoistische Götter sind übrigens nicht ganz so erhaben, wie der wohlmeinende Reisende aus dem Abendland annehmen möchte. Heiratswillige Paare etwa halten sich besser vom *Itsukushima*-Schrein auf Miyajima fern, dessen Göttin mit niederer Eifersucht sogar die hoffnungsvollste Allianz zu spalten droht. Auch schlüpfen überirdische Wesen gerne in menschliche Körper und mischen sich unter die Sterblichen: In der Legende »Die Göttin des Berges« steigt der Geist des heiligen Fujisan (der höchste Berg Japans) in Gestalt einer bildschönen Frau herab und weist einem Jüngling namens Yosoji den Weg zu einem Fluss, dessen Wasser magische Heilkräfte besitzt.[28]

Neben Gottheiten sind es vor allem die eigenen Ahnen, die im Schintoismus eine Rolle spielen. Die Urgroßeltern wachen Schutzengeln gleich über ihre Nachkommen und passen auf, dass alles seinen rechten Gang geht. Verhalten sich Hinterbliebene nicht den Erwartungen entsprechend, müssen sie sich allerdings auf etwas gefasst machen: Im Märchen »Der Schneegeist«[29] wird erzählt, wie eine jung verstorbene Frau so lange in ihrem ehemaligen Haus herumspukt, bis der Ex-Gatte sich besinnt und ihrem greisen Vater eine anständige Behandlung zukommen lässt.

Der Buddhismus kennt im engeren Sinne keine Gottheit. Vielmehr fühlt man sich an eine Philosophie erinnert, anhand derer sich der Mensch seinen individuellen Weg suchen muss. Dem Heilsuchenden werden vier Grundtugenden an die Hand gegeben - Sanftmut, Arbeitseifer, Freundlichkeit und Aufrichtigkeit - die gewissermaßen den vollkommenen Menschen ausmachen. Um zu diesem Idealzustand zu gelangen, wartet ein langer Weg des Leidens, der nicht nur auf ein Menschenleben beschränkt ist. Hat ein Buddhist etwas Übles angestellt, so muss er unter Umständen im nächsten Leben dafür büßen. Daher wissen Angehörige dieser Religion nie, wie nah oder fern sie dem Nirwana genannten Paradies in ihrer derzeitigen Existenz sind. Der Glaube gibt ihnen nur vage Richtlinien an die Hand - etwa die vier Grundwahrheiten[30] : (1) Leben bedeutet Leiden; (2) Sehnsucht ist die Wurzel allen Leidens; (3) Sehnsucht kann überwunden werden; (4) der achtfache Weg ermächtigt, das Leiden zu überwinden. Alles klar?

Was ist nun der achtfache Weg? Dieser Weg ist eine Art spirituelle Tour de Force, die in den dreifachen Kreis des Purismus führt. Es mutet alles wie ein großes Labyrinth an, das durch die vieldeutigen

Texte des Sanskrit eher noch verschleiert wird: *Form ist nichts als Leere, und Leere ist Form. Fühlen, Phantasieren, Wollen, Empfangen sind nicht anders. So ist alles im Wesen leer. Es gibt nichts, was erscheint und verschwindet, wächst und abnimmt. Keine Form, kein Fühlen, kein Phantasieren, kein Wollen, kein Empfangen. Keine Verwesung, kein Tod, kein Auslöschen derselben.*[31]

Im Idealfall ermöglicht der Buddhismus eine Säuberung der Seele und macht eine Behandlung beim Psychologen überflüssig. Daher ist es kein Wunder, dass vor allem Hollywood-Stars den teuren Gang zum Spezialisten scheuen und sich lieber dem fernöstlichen Glauben zuwenden. Der bekennende Buddhist Richard Gere zum Beispiel hat sich mittlerweile im siebten Kreis auf dem fünfzehnten Weg zur dritten Wahrheit verlaufen und findet nicht mehr zurück.

Der in Indien etwa tausend Jahre vor Christi Geburt entstandene Buddhismus findet im japanischen *Zen* (wörtlich: »Meditation«, abgeleitet vom Sanskrit-Begriff *chian*) seine reinste Form. Meditation und Selbstdisziplin sind die Grundpfeiler des klösterlichen Lebens, das die Mönche in Kioto führen. Der Lehrling hat sich hinzuknien und so lange mit geschlossenen Augen zu meditieren, bis ihm Erleuchtung widerfährt. Anschließend muss er seinem Meister über die gedanklichen Wanderungen Rechenschaft ablegen.

Die erste Begegnung christlicher Missionare mit Zen-Buddhisten im 16. Jahrhundert zeugt übrigens von erstaunlich gutem Willen auf beiden Seiten. Auf jeden Fall trifft die friedlichen Mönche, die sich ihr Leben lang ausschließlich vegetarisch ernähren, keine Schuld daran, dass kurze Zeit später das Christentum gewaltsam aus Japan verdrängt wurde. Der Shogun fürchtete den wachsenden Einfluss der neuen Religion - und das nicht ganz zu Unrecht. Schon war der erste *daimyo* (Fürst) zum Christentum konvertiert, und ganze Ländereien schickten sich an, dem Beispiel zu folgen. Großzügige Geschenke der Missionare drohten, die Bevölkerung zu verwöhnen und vom traditionellen asketischen Lebensstil abzubringen.

Zu Anfang des 17. Jahrhunderts wurden überall im Lande Christen auf grausamste Weise verfolgt und getötet. So barbarisch das Vorgehen auch war - vermutlich hat der damalige Shogun mit seinem rigorosen Durchgreifen die Unabhängigkeit des Inselreiches auf Jahrhunderte gesichert. Ein Japan unter dem Einfluss Roms wäre über kurz oder lang der Habgier westlicher Kolonialmächte hilflos ausgeliefert gewesen.

Da die übrig gebliebenen Religionen im Gegensatz zum Christentum auf einen konkreten Verhaltenskatalog verzichten, besannen sich die Herrschenden ab dem 17. Jahrhundert auf die Lehre des Konfuzius, welche ein Jahrtausend zuvor aus China gekommen war. Hier fanden sie praktische Richtlinien, die sowohl Familie als auch Volk strengen hierarchischen Regeln unterwarfen. Überall im Land wurden Tafeln mit schlauen Sprüchen aufgestellt - und diese Art der öffentlichen Belehrung hat sich merkwürdigerweise bis in die Neuzeit gehalten. Noch immer finden wir an Brücken und öffentlichen Gebäuden in Versform abgefasste Parolen wie »Immer schön sicher fahren!« oder »Dieses ist eine freundliche Nachbarschaft - begrüßen wir uns also auf der Straße!«.

Der moderne Japaner geht in Fragen der Religion den bequemen Weg des geringsten Widerstandes - gibt es einen Anlass, wird dort gebetet, wo es am sinnvollsten scheint. Ob Maria oder *Amaterasu* (die shintoistische Sonnengöttin) - schaden kann die Fürbitte nicht. Egal, welche Glaubensrichtung - der Zweck lässt über das Kleingedruckte hinwegsehen. Immerhin weiß die Mehrheit der Japaner, dass in Tempel und Kirche zum Gebet nicht in die Hände geklatscht wird, und das scheint zu reichen.

Mein persönlicher Eindruck ist, dass Japaner die buddhistische Lehre letztlich immer aus dem Blickwinkel des Schintoismus betrachtet haben. In einigen Schreinen finden sich winzige buddhistische Tempelchen - Rundum-Service in spirituellen Dingen ist also garantiert. Beide Religionen haben sich in vielen Bereichen angeglichen und unterscheiden sich fast nur noch in den Augen von Experten.

Markant sind allerdings die *torii* genannten Torbögen, die den Eingang zu einem Schrein markieren (die Wortähnlichkeit mit dem deutschen »Tor« ist rein zufällig!). Deren malerischster steht in der Nähe von Hiroshima - mitten im Wasser. Die Insel Miyajima galt früher als heiliges Land, folglich wurde der berühmte Itsukushima-

Schrein auf Pfählen am Ufer errichtet. Mittlerweile dürfen auch Normalsterbliche auf die Insel, wo zahlreiche Sakralgebäude zur ganz privaten Pilgertour einladen. Wenn Sie möchten, können Sie es den Japanern gleichtun und wie ein Staffelläufer von einer Religion zur anderen sausen. Die Statistik würden Sie damit ohnehin nicht beeinflussen.

Wenn Sie hier waren, haben Sie was zu erzählen

Vermutlich werden Sie mir an irgendeinem Punkt Ihrer Japanstudien mit dem Reiseführer vor der Nase herumwedeln und sagen: Alles schön und gut, das ganze Gerede über Japan und so, aber was soll man konkret machen? Welche der vielen hundert Sehenswürdigkeiten sollte man auf keinen Fall verpassen?

Nun, werden Sie dann von mir hören, das Spannende an diesem Land ist ja gerade, dass jeder Besucher es für sich entdecken kann, und ein jeder Tourist andere Orte und Dinge interessant findet als sein Vorgänger.

Aber gut, ich will nicht so sein. Ich habe mir etwas ganz besonderes ausgedacht. In diesem Kapitel empfehle ich Ihnen drei der bekanntesten Sehenswürdigkeiten, die Sie auf keinen Fall verpassen sollten. Dann gibt es drei Orte, auf die man als Anfänger nicht so leicht kommt, und zuletzt drei Geheimtipps, mit denen Sie daheim angeben können.

Los geht's: Wenn es sich irgendwie einrichten lässt, sollten Sie der Kulturachse Nara-Kioto mehr als nur einen flüchtigen Besuch abstatten. Will man alle Kunstschätze betrachten, benötigt man ein gutes Durchhaltevermögen. Daher an dieser Stelle nur die Bekanntesten: Der *Todaiji*-Tempel in Nara ist die größte Holzstruktur der Welt. Allein das Torgebäude erhebt sich 25 Meter in die Höhe - doch das ist noch nichts gegen das *Todaiji-den* genannte Herzstück der Anlage, das mit knapp 50 Metern Höhe sogar die Ecktürme des deutschen Reichstages in Berlin überragt. Ursprünglich 90 Meter breit, wurde die jetzige Struktur nach einem Brand im Jahre 1567 in reduzierter Form aufgebaut - beeindruckende 57 Meter reichen immer noch, um dem dekorativen Riesenkasten seinen Platz im Guinnessbuch der Rekorde zu sichern.

Im Inneren finden Sie eine Buddha-Statue, deren schiere Größe Ihnen den Atem verschlagen wird. Im Jahre 752 geweiht, sitzt der 15-Meter-Koloss nicht ganz so sattelfest auf seinem Lotusthron, wie es den Anschein hat. Schon hundert Jahre nach seiner Erschaffung verlor er in einem Erdbeben den Kopf (bei starken Beben würde es Ihnen nicht anders gehen); auch drohte der Gigant nach hinten zu kippen. Eine Extraportion Erde hat das zwar verhindert, doch sind dem Buddha in den Großbränden der Jahre 1180 und 1567 Gesicht und Hände teilweise geschmolzen. Heutzutage ist freilich von diesen Zwischenfällen nichts mehr zu bemerken - der Riese ist makellos restauriert und wird einmal pro Jahr einer gründlichen Reinigung unterzogen.

Wenn Sie die Statue umrunden, finden Sie auf der Rückseite ein schmales Loch in einer der Trägersäulen - zwängen Sie sich hindurch, und Sie finden einen Platz im Paradies reserviert (oder machen Sie eine Diät und kommen Sie noch mal).

Kioto ist eine Stadt, die den Besucher auf die Suche schickt - Kunstschätze und Kulturdenkmäler liegen weit auseinander und wollen der Reihe nach entdeckt werden. Lassen Sie sich das Vergnügen nicht entgehen - umso stärker der Eindruck, wenn Ihre touristische Schnitzeljagd von Erfolg gekrönt wird. Mein Lieblingsplatz in Kioto ist der *Kinkaku-ji,* ein von oben bis unten vergoldeter Pavillon inmitten eines malerischen Teiches. Ursprünglich Teil der feudalen Villa des Shoguns Yoshimitsu, wurde das Areal nach dem Tode seines Besitzers im Jahre 1408 in einen Tempel umfunktioniert. Der Garten bietet vor allem im Herbst den idealen Hintergrund für das Kunstwerk, aber auch Kirschblüten sind als Dekoration nicht übel. Betrachten Sie das Gebäude von allen Seiten, durch Bäume und Sträucher hindurch, entdecken Sie jede Perspektive für sich - Sie werden den Anblick nicht so bald vergessen.

In Himeji müssen Sie nicht lange suchen - schon von der Bahn aus können Sie den beeindruckenden *Himeji-jo* ausmachen, der sich am Nordende der Innenstadt erhebt. Der Kern der Anlage erblickte als Schutzburg im 14. Jahrhundert das Licht der Welt, nach 1600 entstand im friedlicheren Spätmittelalter der optisch dominierende zentrale Teil. Wie durch ein Wunder überlebte das Gebäude die schweren Bombenangriffe im zweiten Weltkrieg und gilt heutzutage als die besterhaltene Wehranlage in Japan. Wer ins Innere vordringen möchte, hat sich durch vielerlei Tore und Verteidigungswälle zu arbeiten, die einen guten Eindruck vermitteln, wie schwer es Eroberern gemacht wurde. Sollten Sie sich mit dem Gedanken tragen, die Burg anzugreifen, lassen Sie sich warnen: es existiert kaum ein Winkel, von dem aus Sie nicht mit Pfeilen oder Steinen beschossen, kein Mauervorsprung, von dem nicht kochende Flüssigkeiten auf Ihr Haupt herabgeschüttet werden können. Die Anlage ist nie erfolgreich eingenommen worden, und der Grund lässt sich leicht nachvollziehen. Lösen Sie am Eingang also brav Ihr Billett, dann werden Sie unbehelligt bis in den zentralen Turm gelangen, von dessen sechstem Stock Sie einen weiten Blick auf Stadt und Meer haben. Hier oben wäre für den Burgherren der letzte Fluchtpunkt vor dem obligatorischen Selbstmord gewesen - wozu es in Himeji nie gekommen ist.

Berühmt zwar, doch in einer Gegend, in die der Japantourist nicht so leicht gerät, ist der *Izumo-taisha* genannte Schrein in der Nähe von Matsue am japanischen Meer. Hier versammeln sich die Götter des Schintoismus jedes Jahr im Oktober (vom Rest Japans während dieser Zeit als gottverlassen zu sprechen, ist also nicht ganz falsch). Erklärtes Ziel aller heiratswilligen Paare, garantiert die Gottheit *Okuninushinomikoto* eine erfüllte Beziehung (aber erst, wenn Sie den Namen dreimal hintereinander richtig ausgesprochen haben). Die Anfänge des Schreines gehen bis in vorchristliche Zeiten zurück, und die Architektur hat sich seit dieser Periode nur wenig verändert. Freilich wurde die Holzstruktur immer wieder restauriert und umgebaut, und der Anblick, der sich dem Betrachter bietet, ist nicht mehr ganz so eindrucksvoll wie früher, als die Haupthalle angeblich sogar den oben beschriebenen Todaiji in Nara überragt hat. Über dem Eingang finden Sie zu überdimensionalen Zöpfen geflochtene Hanfseile, in deren Ende Sie eine Münze werfen können. Bleibt das Geldstück stecken, erwartet Sie ein langes und erfülltes Leben (mit etwas weniger Geld).

Folgen Sie mir weiter nach Süden: In der Nähe von Miyazaki auf Kyushu finden Sie eines der vielen Naturphänomene, die Japan sein ganz spezielles Gesicht verleihen. Nein, gemeint sind nicht etwa die

Hinterlassenschaften der deutschen Fußballnationalmannschaft, die dort während der Weltmeisterschaft 2002 ihr Quartier hatte, sondern die tropisch anmutende Insel *Aoshima*. Ein winziges Eiland mit dichtem Palmenwald, wird dieses Fleckchen wegen der geriffelten Felsformationen am Strand auch »Des Teufels Waschbrett« genannt. In unzähligen Fugen und Ritzen gibt es kleine Pfützen zu entdecken, in denen Muscheln und Krebse auf die nächste Flut warten. Rutschen Sie aber nicht aus, wenn Sie bei Ebbe auf den scharfen Steinen herumklettern.

Sind Sie genug gekraxelt, können Sie dem Schrein einen Besuch abstatten, der mitten auf der Insel zwischen Palmen versteckt ist. Hier stellen Sie fest, dass auch noch andere Sportler diese Gegend heimsuchen - das meisterliche Baseball-Team der *Yomiuri Giants* hat in Miyazaki sein jährliches Trainingslager und holt sich auf Aoshima stets den Segen für die nächste Saison.

Etwas weiter westlich, in der Nähe von Kagoshima, finden wir ein Denkmal der jüngeren Vergangenheit Japans: Der *Tokkoh Heiwa Kaikan* (etwa: »Sonderangriff-Friedenshalle«) in Chiran gedenkt der berüchtigten Kamikaze-Bomber im zweiten Weltkrieg. Hier finden Sie ein Museum mit einer restaurierten *Mitsubishi Zero*, dem mit Abstand am häufigsten für die verheerenden Angriffe auf amerikanische Schlachtschiffe verwendeten Flugzeug. Dazu hängen an den Wänden hunderte von Fotos und Abschiedsbriefen, die dem Grauen des Krieges Gesichter und Schicksale zuordnen. Es mag dahingestellt bleiben, ob die kaum erwachsenen Piloten ihre letzte Mission wirklich freiwillig angetreten haben, oder ob der Freitod für die Nation erzwungen war. Über 2.500 junge Männer haben in den letzten Monaten des Krieges per Flugzeug ihr Leben gelassen. Von hier aus hat Japan seine junge Elite verheizt, und wie auch immer man über Krieg und Soldaten denkt - es ist in jedem Fall ergreifend, sich an dem Ort zu befinden, von dem die Flieger zu ihrer letzten Mission aufbrachen. Natürlich sollte man nicht vergessen, die knapp 5.000 Menschen in sein Gebet mit einzuschließen, die dem Wahnsinn auf der anderen Seite zum Opfer fielen.

Südlich von Kyushu dampft die Tropeninsel *Yakushima* vor sich hin. Hier ist ausnahmsweise kein Vulkan, sondern der viele Regen für den Dunst zuständig, der die Berge fast immer verdeckt. Bei knapp 10.000 Millimetern Niederschlag im Jahr (in Deutschland liegt der Jahresdurchschnitt bei rund 800) sollten Sie besser an wasserdichte Kleidung denken. Als Entschädigung wartet eine der faszinierendsten Landschaften Japans auf Sie: Versäumen Sie nicht, einen Ausflug in das über tausend Meter hoch gelegene Land der *Yaku-sugi* zu machen, der tausendjährigen Zedern. Der berühmteste Baum, *Johmon-sugi* (wörtlich: »Hanfseil-Zeder«) genannt, hat einen Umfang von 16,4 Metern, reckt sich 25,3 Meter hoch und ist etwa sechstausend Jahre alt - und damit die älteste Zeder der Welt.

Wie könnte es anders sein - Yakushima war bis in die siebziger Jahre hinein fest in der Hand der lokalen Holzwirtschaft. Zum Glück fiel selbst den dümmsten Politikern rechtzeitig auf, was für eine einmalige Naturlandschaft da zerstört wurde, und so verwandelte sich der überwiegende Teil der Wälder vom Holzgroßlager zum Nationalpark. 1993 wurde das Yaku-sugi-Land als Welterbe von Seiten der UNESCO geehrt.

Begeben wir uns wieder ein Stück nach Norden, so findet sich genau zwischen Kyushu und Honshu die Kanmon-Straße. Gerade einmal 600 Meter breit, ist diese Meerenge seit Urzeiten wegen unzähliger Strudel und Strömungen von Fischern gefürchtet und - wegen der einmaligen Artenvielfalt - gleichzeitig geliebt. Meeresgetier trainiert hier gewissermaßen in einer natürlichen Gegenstromanlage und ist daher besonders reich an zartem Muskelfleisch. Auf der Westseite der Kanmon-Straße liegt das verschlafene Städtchen *Moji-ko*. Wer dieses Fleckchen besichtigt, kommt kaum auf den Gedanken, dass hier einmal der landesweit wichtigste Knotenpunkt zwischen Wasser und Schiene gewesen ist. In Moji-ko sind zahlreiche Häuser und Bauwerke aus dem 19. Jahrhundert erhalten oder neu aufgebaut worden, und hier können Sie - wie kaum woanders - einen wirklichen Eindruck vom Japan der Meiji-Zeit (1868-1912) bekommen. Interessant vor allem der Bahnhof, der seit 1914 unverändert ist (im bauwütigen Japan ist das allein schon ein kleines Wunder) und vor dem Krieg zentraler Umsteigepunkt für Schiffsreisende war, die aus den damaligen Kolonien kamen.

In Moji-ko finden Sie die einzige Zugbrücke Japans, die nur Fußgängern offen ist. Spazieren Sie außerdem zum alten Zollhaus oder ins Mitsui-Klubhaus, in dem schon Albert Einstein übernachtete.

Als letztes möchte ich Ihnen einen kleinen Geheimtipp ans Herz legen - natürlich nur, wenn Sie sowieso in diese Gegend kommen.

Falls Sie mit dem Auto die gigantische Seto-Ohashi überqueren, die Honshu und Shikoku seit 1987 verbindet, dann sollten Sie unterwegs in *Yoshima* herausfahren. Hier gibt es eine Raststätte mit allerlei Informationen über das Jahrhundert-Bauwerk, einen lehrreichen Querschnitt durch ein baumdickes Trägerkabel und auch sonst allerlei Interessantes. Doch wenn Sie nur ein Stückchen dem Fußweg folgen, der unter die Brücke führt, gerade so weit, dass Sie Rastgebäude und Parkplatz aus Ihrem Blick verlieren, dann sehen Sie eine kleine Geisterstadt. Alte Bauernhäuser, die von ihren Bewohnern verlassen wurden, stehen einfach so unter der riesigen Brücke, mit verrammelten Fenstern und überwucherten Gärten. Schauen Sie nach oben, und Sie sehen nichts als den Betonkoloss, der den Himmel dominiert. Blicken Sie nach unten, und stellen Sie sich das Leben auf dieser einsamen Insel vor den Zeiten der Brücke vor. Einen besseren Schnittpunkt zwischen neuem und altem Japan werden Sie nicht finden.

Damit endet unsere Reise von den gefeierten Stars des touristischen Japan bis zum vergessenen Winkel. Nehmen Sie diese Liste als Ansporn, Ihre ganz privaten Entdeckungen zu machen - Sie werden sich wundern, was es noch zu finden gibt!

Auf Japanisch die Seele baumeln lassen

Folgen Sie mir in das Königreich der Gastlichkeit, das Japan in Wirklichkeit ist. Vergessen Sie alles, was ich Ihnen in früheren Kapiteln über moderne Hotels oder verwestlichte Küche erzählt habe - hier geht es um japanische Wellness, um die Essenz fernöstlichen Wohlfühlens.

Falls Sie die Gelegenheit haben, in einem *ryokan* oder auch nur in einem traditionell japanischen Resort-Hotel zu übernachten, dann lassen Sie sich diese nicht entgehen. Nirgendwo werden Sie ihren Reisestress eher vergessen, nirgendwo eine derartige Harmonie zwischen Körper und Geist erleben. Ich übertreibe nicht: traditionelle Landgasthöfe sind etwas Besonderes, und wenn man bei einer dieser Oasen der Ruhe angelangt ist, steht der Erholung nichts mehr im Weg. Entschuldigen Sie mein Schwärmen und lassen Sie mich der Reihe nach erzählen.

Das einzige, was sich im Zusammenhang mit den hiesigen Landgasthöfen zuweilen etwas schwierig gestaltet, ist die Anfahrt. Wenn man Glück hat, organisiert das Hotel einen Kleinbus, der die Gäste vom nächstgelegenen Bahnhof abholt. »Nächstgelegen« bedeutet oft eine kilometerlange abenteuerliche Fahrt über kurvige Bergstraßen (nichts für schwache Mägen), doch immerhin kann davon ausgegangen werden, dass sich der Fahrer in der Gegend auskennt. Komplizierter wird es, wenn Sie mit dem Auto unterwegs sind - das navigieren in ländlichen Gegenden ist nicht ganz ohne Überraschungen. Straßen, die auf der Landkarte mit beruhigend großen Nummern ausgezeichnet sind, verengen sich zusehends - auf einer Seite ist eine Felswand, auf der anderen geht es ohne Umschweife in eine steile Schlucht hinab. Natürlich kommt uns an der schmalsten Stelle ein Lastwagen der Holzabfuhr entgegen und drängt uns rückwärts zur nächsten Haltebucht zurück (wenn wir das Glück haben, nicht vorher abgestürzt zu sein). Im Schnitt kommt auf einen Kilometer Fahrt ein halber Kilometer rückwärts. Sisyphus hatte es leichter als ein Autofahrer auf einer japanischen Bergstraße.

Haben wir diese Torturen hinter uns gebracht, erwartet uns die verdiente Belohnung in Form einer schmucken Herberge mit gepflegtem Vorhof und angrenzendem Garten. Vor dem Eingang begrüßt uns die Belegschaft in traditionellen Kimonos. Unser Gepäck wird in Empfang genommen (viel benötigen wir nicht), und wir werden in das Innere gebeten. Hier müssen wir uns unseres Schuhwerkes entledigen und werden mit winzigen Schlappen versorgt, in denen wir für den Rest unseres Aufenthaltes wie ein Zirkusartist über die glatten Holzflure balancieren. Nachdem die Einreiseformalitäten erledigt sind, werden wir zu unserem Zimmer geleitet. Hier finden wir eine Miniaturausgabe des *genkan*, der uns vom Wohnhaus schon bekannt ist. Die winzigen Hausschuhe werden ausgezogen (zur Erinnerung: Strohteppiche nie mit Schuhen betreten!), und ab jetzt dürfen wir nach Belieben auf dem Boden herumtollen wie seit Kindertagen nicht. In der Mitte des Zimmers steht ein Tischchen, auf dem wir einen Begrüßungstee mit Süßigkeiten serviert bekommen.

In besseren Etablissements sollten wir dem grünen Tee die gebührende Aufmerksamkeit schenken; zusätzlich zu den bekanntermaßen gesundheitsfördernden Eigenschaften des Gebräus kommt hier noch ein fein nuancierter Geschmack. Sie haben es erraten - Tee ist nicht gleich Tee. Auch in Japan gibt es Sorten, die ähnlich unserem schwarzen Tee fermentierte Blätter beinhalten - doch die Krone japanischer Teekunst ist der unfermentierte grüne Tee. Junge Blätter werden gedämpft, schonend zerrieben und getrocknet, so dass die Inhaltstoffe möglichst unverändert erhalten bleiben. Bei edlen Sorten wie *gyokoro* oder *macha* werden die winzigen Blätter vor dem Pflücken etwa 20 Tage lang vor direktem Sonnenlicht geschützt, was dem Tee ein besonders delikates Aroma gibt. Macha ist ein feines Pulver, welches mit einem Bambusquirl in heißem Wasser verrührt wird. Es wird oft in der berühmten Teezeremonie verwendet und nimmt zu Recht eine Sonderstellung ein.

Nach dem Tee versuchen wir, die bereitliegende *Yukata* (wörtlich: »Badekleid«) anzuziehen. Wer es nicht hinbekommt, sei beruhigt - niemand wird sich daran stören, wenn Sie in Ihrer normalen Kleidung durch das Haus gehen. Falls Sie es nicht lassen können: Der linke Aufschlag geht über den rechten, der Gürtel wird idealerweise zweimal um den Körper gewickelt und vorne so fest wie möglich verknotet.

Vergessen wir das kleine Handtuch nicht, das im Zimmer bereit liegt, und es kann losgehen. Falls wir den Eingang zum Bad gefunden haben (fragen Sie auf Japanisch: *Ofuro wa doko desu ka?*), müssen wir uns je nach Geschlecht für einen bewimpelten Durchgang entscheiden. Praktischer als das mühevolle Erlernen des entsprechenden Zeichens ist vielleicht der Hinweis, dass in Japan rot üblicherweise für weiblich, blau dagegen für männlich benutzt wird. So einfach ist das.

Im Bad ist Entspannung angesagt. Wir haben natürlich etliche Bücher mit genauen Gebrauchsanweisungen für japanische Bäder studiert, haben angstvoll Maßregeln und Etikette auswendig gelernt. Keine Angst - wichtig sind eigentlich nur zwei Dinge: immer zuerst mit dem kleinen Handtuch waschen, und nie mit eingeseiftem Körper in die Riesenbadewanne steigen. Die restlichen Regeln sind nur von untergeordneter Bedeutung. Schließlich geht es um Erholung, und keinen Schulbesuch. Beim ersten Mal schauen wir vielleicht noch verstohlen nach den anderen Besuchern, nur um festzustellen, dass diese sich auch nicht immer Regelkonform verhalten. Natürlich sollte ein Bad in stiller Muße vor sich gehen, ich habe aber auch schon bierselige Partys erlebt, denen ich (als wohlerzogener Einwanderer) nur mit missbilligendem Stirnrunzeln begegnen konnte.

Bewegen wir uns außerhalb des Wassers, halten wir das nasse Handtuch diskret vor unsere Privatsphäre. Im Wasser tun wir es zünftigen Japanern gleich und platzieren das zusammengefaltete Stoffbündel auf unserem Kopf. Das sieht hübsch dekorativ aus, je nach Farbe eher wie ein Sahnehäubchen oder wie ein Hundehaufen, aber daran stören wir uns natürlich nicht. Außerdem wollten wir uns ja entspannen.

Gibt es ein *rotenburo* genanntes Freiluftbad, sei der Weg nach draußen unbedingt empfohlen. Nichts ist erhebender, als im Winter bei eisigen Temperaturen nackt durch den Schnee zu stapfen, um sich im nächsten Moment in rund 40 Grad heißem Wasser zu aalen. Ach ja, heiß sind japanische Bäder fast überall. Schon nach kurzer Zeit sind wir gar gekocht - zumindest wissen wir nun, wie es Missionaren in afrikanischen Kochtöpfen ergangen ist. Der Anfänger möge also Vorsicht walten lassen und die eine oder andere Pause einlegen.

Wie wir bereits an anderer Stelle gelernt haben, ist Japan von einem äußerst aktiven Untergrund gekennzeichnet, der für die vielen heißen Quellen (Japanisch: *onsen*) verantwortlich ist. Diese landesweit etwa 2.000 Gewässer sind ein Geschenk unserer Mutter Erde - als Draufgabe zur entspannenden Wirkung tritt fast überall ein heilender Effekt hinzu. Rheumatismus, Neurodermitis, hoher Blutdruck, Nervosität - kein Leiden, das sich nicht durch einen Besuch im Bad lindern ließe. Eine schönere Ausrede, unserem Körper etwas Gutes zu tun, werden wir kaum finden.

Doch des Guten nicht genug: Nachdem wir uns abgetrocknet und umgekleidet haben (der Kampf mit der Yukata geht nun schon ganz leicht von der Hand), erfrischen wir uns mit einem Spaziergang im Garten. Ein richtiger japanischer Garten wird den Betrachter mit allerlei Miniaturlandschaften verwöhnen, in denen wir uns ganz meditativ verlieren können. Nach der körperlichen Entspannung im Bad wird nun also der Geist einbalsamiert.

Mit fröhlichem Nichtstun vergeht die Zeit bis zum Abendessen wie im Fluge. Hungrig sind wir allemal, und so stürzen wir uns in das edle Essvergnügen, das uns im Speisesaal erwartet. Wie sieht nun die japanische Haute-Cuisine aus? Zunächst begeben wir uns an einen kniehohen Tisch und stellen fest, dass ein weiteres Gelenk an den Beinen willkommen wäre. Japanische Sitzplätze sind nicht für westliche Längen gedacht. Hat man die räumlichen Probleme fürs erste im Griff, findet man vor sich ein winziges Schälchen mit einem appetitanregenden Häppchen darin. Man sollte hier lieber nicht zu viele Gedanken an Art und Wesen dieser Winzigkeit verlieren, sonst wird es ein langer Abend. Zumeist schmeckt dieser Appetitanreger besser, als er aussieht, und der erste Schluck des japanischen Bieres mundet umso mehr. Das Menü, das wir in gehobenen Gasthöfen aufgetischt bekommen, kann sich indes sehen lassen: erlesene Fischsorten, roh, frittiert oder gekocht, Muscheln, schmackhaftes Wildbret (vor allem Wildschwein, *inoshishi* auf Japanisch), hauchzartes Rindfleisch, feinste Gemüse, Pilze - alles ist äußerst delikat angerichtet und schmeckt feiner als erwartet. Japanische Menüs schließen übrigens nicht mit einem süßen Dessert ab, vielmehr wird der Gourmet mit Suppe, Reis und Tee zu Ende des Abends auf den Boden der kulinarischen Tatsachen zurückgeholt.

Natürlich haben wir dem Bier reichlich zugesprochen, und so gestaltet sich der Rückweg ins eigene Zimmer zu einem kleinen Abenteuer. Sind wir jedoch wohlbehalten in den eigenen vier Wänden angelangt, finden wir die Szenerie verzaubert: das Tischchen ist verschwunden und hat einem einladenden Futon Platz gemacht. Nach Bad und Essen ist eine erholsame Nacht garantiert, und so sinken wir einem Kleinkind gleich in die Kissen.

Hier wartet in älteren Etablissements leider der einzige Teil japanischer Gastlichkeit, mit dem ich mich trotz emsiger Bemühungen bislang nicht anfreunden konnte: mit getrockneten Reiskörnern gefüllte Kopfkissen, die in ihren geringen Abmessungen meiner Nackenmuskulatur den Kampf angesagt haben. Immerhin scheint mein Hilfeschrei in moderneren Betrieben Gehör zu finden, und so stehen neuerdings mehrere Kissen mit verschiedenen Weichheitsgraden zur Auswahl.

Ehe ich es vergesse: Auch wenn wir uns einem zünftigen Samurai gleich in unsere Yukata verliebt haben - als Schlafanzug ist dieses Kleidungsstück nur Fortgeschrittenen zu empfehlen. Wenn niemand hinschaut, können wir getrost in unseren mitgebrachten Pyjama schlüpfen. Nachdem ich das Kunststück fertig gebracht habe, mich einmal beinahe mit dem langen Gürtel im Schlaf zu strangulieren, ziehe ich gewisse Grenzen. Schließlich besteht kein Bedürfnis, japanischer als die Japaner zu werden.

Am nächsten Morgen erwartet uns ein klassisches Frühstück mit Suppe und Fisch. Voller Zuversicht bestellen wir dazu eine Art Reisbrei, der mit Ei, Seetang und Sojasauce vermischt gar nicht so übel ist. Mit frischen Brötchen kann so eine Mahlzeit zu dieser Tageszeit zwar nicht konkurrieren - doch einen Versuch ist es allemal Wert, und gesund ist es obendrein.

Wer nach so viel Wonnegefühl die Heim- oder Weiterreise

antritt, ist von der Realität der wirklichen Welt beinahe geschockt. Trotz des kurzen Aufenthaltes haben wir uns an den angenehmen Trott gewöhnt und können uns ganz gut vorstellen, einmal als Senioren ein derartiges Dasein zu genießen. Warum sollte japanische Gastlichkeit nicht auch auf europäische Kur- und Wellnesseinrichtungen übertragbar sein? Schicken wir deren Betreiber zur Fortbildung ins Land der aufgehenden Sonne und warten ab, was passiert. Schaden kann es nicht.

Ach ja, und Trinkgeld ist auch nicht nötig.

怪談

Ein kalter Schauer

Wenn Sie an der Kanmon-Meerenge bei Dannoura im Westen Japans an einem dunstigen Tag am Ufer stehen, dann geben Sie gut Acht. Denn es war genau hier, wo der mächtige *Heike*-Clan von den feindlichen *Genji* im Jahre 1185 in einer gewaltigen Seeschlacht aufgerieben wurde. In den Nebelschwaden können Sie mit etwas Glück Schatten und Kampfgeräusche wahrnehmen, vielleicht sogar die geheimnisvollen Lichter sehen, von denen Fischer über die Jahrhunderte immer wieder berichtet haben.

Die Sage über den Untergang der Heike (*he-ike* ausgesprochen) ist in der so genannten *Heike-Monogatari* überliefert. Nichts blieb vom vormals mächtigen Herrscherhaus, dessen Geschlecht mitsamt seinem achtzehnjährigen *tenno* fast vollständig niedergemetzelt wurde. Die Ballade endet mit dem Klang einer einsamen Glocke - die wiederum die Stimmung für unzählige Geistergeschichten bereitete, welche über die Jahrhunderte entstanden sind.

So erzählt der irisch-japanische Schriftsteller Yakumo Koizumi alias Lafcadio Hearn in seiner Sammlung »Kwaidan« (*kaidan* ist die korrekte japanische Bezeichnung für eine Geistergeschichte) zum Beispiel die Legende von *Hoichi*, dem blinden Biwa-Virtuosen (die Biwa hat man sich als eine Art japanische Laute vorzustellen). Hoichi wurde eines Nachts von einem fremden Palastwächter an dessen Hof gebeten, um zum Lautenspiel die Heike-Monogatari darzubieten. Der Blinde folgte dem Wächter und wurde in ein

Schloss geführt, in dem der Geräuschkulisse nach eine große Gesellschaft versammelt war. Mehrere Nächte wiederholte sich das Spiel - stets erschien nach Sonnenuntergang der Wächter, um den braven Musiker abzuholen. Einem Priester kam das merkwürdig vor, und er stellte Hoichi eines Nachts nach, weil er sehen wollte, um welchen Palast es sich handelte. Umso überraschter war er, den Lautenvirtuosen einsam mitten auf dem Friedhof der Heike zu finden, zwischen den Grabsteinen die Ballade der Seeschlacht singend! Wie die Geschichte weitergeht, vor allem auf welch grausame Art der arme Hoichi vom Bann der Heike-Geister loskam, lesen Sie am besten selbst nach (siehe Bibliographie am Ende).

In Japan wimmelt es von Geistern. Seit alters her spuken ruhelose Seelen durch das Land und finden erst Frieden, wenn sie erreicht haben, was ihnen im Leben versagt blieb. Verstorbene kommen in Gestalt von Tieren zurück oder ergreifen Besitz von Menschen, die sich der Dämonen nicht erwehren können. Eine der berühmtesten Geistergeschichten, in Japan auch als Theaterstück bekannt, ist die schauerliche *Yotsuya-Kaidan*, welche von einem Ehedrama im 17. Jahrhundert erzählt.[32] Die junge Oiwa ist mit dem *ronin* Iemon verheiratet (der Begriff *ronin* bezeichnet einen herrenlosen Samurai). Das Paar lebt in Yotsuya, einem Stadtteil von Edo, das einfache Leben der damaligen Mittelschicht. Trotz beschränkter Verhältnisse hätte alles wunderbar sein können - wenn nicht Oume, eine junge Dame aus reicher Familie, ein eifersüchtiges Auge auf Iemon geworfen hätte. Um Iemons Herz vollständig zu gewinnen beschließt Oume, ihre Rivalin hinterrücks durch ein Gift zu entstellen, das der armen Oiwa als Medizin getarnt verabreicht wird. Als die junge Frau in den Spiegel sieht, ist ihre rechte Gesichtshälfte grausig verwandelt: ein Auge schaut geschwollen aus der Höhle, der Elfenbeinkamm reißt ganze Haarbüschel aus, die Kopfhaut ist blutig. Von ihrer eigenen Erscheinung zutiefst erschüttert, greift Oiwa einen Dolch und ritzt sich die Kehle auf. Im Sterben verflucht sie ihren Mann samt Nebenbuhlerin und Komplizen. Iemon, die Rache seiner toten Frau fürchtend, wirft den Leichnam in einen Kanal - und glaubt sich in trügerischer Sicherheit. Denn Oiwas Körper wird aus dem Wasser geborgen und erwacht zu neuem Leben. Als von Gift und Verwesung entstellter Geist bedient sie sich des treulosen Gatten, um genüsslich die Familie der Nebenbuhlerin auszulöschen. So verkommt Iemon zum Massenmörder, der zunehmend den Verstand verliert. Am Ende flieht der Verdammte in einen einsamen Tempel - in dem jedoch der Geist Oiwas auf ihn wartet. Rasend vor Angst taumelt Iemon hinaus und findet bald in einem Schneesturm sein unrühmliches Ende.

Heutzutage können Sie zum Grab Oiwas pilgern, das sich neben dem Eingangstor des Inari-Schreines im Tokioter Stadtteil Toshima unweit der U-Bahnhaltestelle Nishi-Sugamo befindet.[33] Wenn Sie dort aufrichtig Fürbitte leisten, werden Sie Gehör finden - sollte pure Sensationslust Ihr Antrieb sein, könnte Ihnen das gleiche Schicksal bevorstehen wie der tragisch Verunstalteten. Überlegen Sie es sich also gut! Tatsächlich begeben sich Schauspieler des Kabuki-Theaters vor der Premiere der Yotsuya-Kaidan in besagten Schrein, um Oiwas Geist durch frommes Gebet zu besänftigen.

Alte und neue Geistergeschichten werden in Japan überall erzählt. So tief verwurzelt ist der Glaube an Übersinnliches, dass die zahlreichen Zeremonien und Glücksbringer des Buddhismus wie auch des Schintoismus ihrerseits wie Aberglauben anmuten. Im Japanischen verheißen die Zahlen vier und neun Unglück, da ihre Schriftzeichen gleichzeitig auch »Tod« und »Qual« gelesen werden können. So ist es nur verständlich, dass die Feier zum Gedenken unlängst Verstorbener genau 49 Tage nach deren Ableben begangen wird.

Geldgeschenke dürfen weder 4.900 noch 49.000 Yen betragen. Gleiches gilt für Blumen - falls Sie einem kranken Japaner einen Strauß ins Zimmer stellen wollen, achten Sie also auf eine unverfängliche Kombination. Keinesfalls dürfen derartige Blumen weiß sein, und auch Topfpflanzen werden in Hospitälern mit Argwohn betrachtet - eine komplette Pflanze könnte schließlich implizieren, dass der Kranke Wurzeln schlägt.

Ebenso verpönt ist es übrigens, Essen direkt von Stäbchen zu Stäbchen weiterzureichen, da dergleichen nur bei Trauerfeiern geschieht - mit den Knochenresten des Verstorbenen. Auch sollten Sie keinesfalls Ihr Essbesteck in den Reis stecken, da auch das nur bei Beerdigungszeremonien vorgesehen ist. Desgleichen schlafen Japaner ungern mit dem Kopf nach Norden (in diese Richtung werden nur Leichen aufgebahrt), Pfeifen nicht nachts (lockt Schlangen herbei), schneiden ihre Fingernägel nur tagsüber (verhütet, dass die eigenen Eltern unerwartet sterben) und verdecken den Daumen, wenn ein Leichenwagen vorbeifährt (in Japan wird der Daumen wörtlich als »Elternfinger« bezeichnet; hier ist wiederum die Sorge um die alten Herrschaften ausschlaggebend).

Der japanische Kalender wird von einem komplizierten System beherrscht, nach dem sich gute und schlechte Tage voraussagen lassen. Wundern Sie sich also nicht, wenn Ihre japanischen Geschäftsfreunde wichtige Entscheidungen zu verschieben wünschen - es handelt sich dann einfach um einen dieser verflixten Tage, an denen man lieber im Bett bleibt. Ganze Lebensjahre werden unter dem Begriff *yaku-doshi* als Unglück bringend gefürchtet - Frauen begeben sich im Alter von 19 und 33 Jahren zur Fürbitte in einen geeigneten Tempel, Männern wird entsprechende Umsicht nach dem 25. sowie dem 42. Geburtstag ans Herz gelegt.

Ist es bei so viel Aberglauben ein Wunder, dass die Toten in Japan keine Ruhe finden? Wo es schon so viel übersinnliche Aktivität gibt - wie wäre es zum Abschluss mit einer kleinen Geisterjagd durch Tokio? Auch wenn Sie sich nicht in die Nähe des oben erwähnten Inari-Schreines trauen (ich hab's mir gedacht!) - verwunschene Orte sind modernen Straßenzügen zum Trotz reichlich vorhanden. Statten wir zum Aufwärmen dem Sendagaya-Tunnel einen Besuch ab, der in der Nähe des Nationalstadions unter dem Friedhof des Senjuin-Schreines verläuft. Verständlich, dass in ihrer Grabruhe gestörte Anwohner hier regelmäßig herumspuken.

Als nächstes auf dem Programm das Hochhaus mit dem trügerischen Namen *Sunshine 60*, welches etwa 300 Meter östlich des Bahnhofes Ikebukuro gelegen ist. Denn es war genau hier, wo der *Tokio-kochijo* stand - das Gefängnis, in dem unter anderem Hideki Tojo, Premierminister während des 2. Weltkrieges, 1948 enthauptet wurde.[34] In den ersten zehn Jahren seit Einweihung des modernen Gebäudes haben sich angeblich 150 Selbstmörder vom Dach gestürzt - nicht gerade ein Ort für Wankelmütige also.

Begeben wir uns schließlich auf die Spuren des Eingangs erwähnten Lafcadio Hearn, der im 19. Jahrhundert von der *mujina* berichtete, einem Geist, der im Stadtteil Minato sein Unwesen treibt. Japanischen Kindern ist diese Erscheinung auch unter dem Namen *nopperaboh* bekannt. Halten wir unsere Kamera bereit - sollten wir das Glück haben, einem solchen Gespenst zu begegnen (und hernach noch bei Verstand sein), wollen wir den Boulevardzeitungen entsprechende Bilder nicht vorenthalten.

Fahren wir abends mit der U-Bahn zur Haltestelle Akasaka-

Mitsuke (Marunouchi-Linie) und verlassen die Station in Richtung Norden. Dort gibt es einen *benkei-bori* genannten Wassergraben, ehemals Teil der zur Residenz eines Provinzfürsten gehörenden Befestigungsanlagen. Die andere Seite wird vom Akasaka-Park begrenzt - entsprechend duster ist die Straße, die entlang dem Wasser ansteigt.

Die letzte Begegnung mit der mujina liegt schon über hundert Jahre zurück. Hier ist die Begebenheit, frei nach Hearn: Eines Abends eilte ein Kaufmann den Weg hinan - er wusste von den Spukmärchen, die sich um die Gegend ranken, und wollte keine Zeit verlieren. Plötzlich wurde er einer jungen Frau gewahr, die am Rande des Grabens in sich zusammengesunken bitterlich weinte. Aus Angst, sie möge sich im Wasser das Leben nehmen wollen, trat er hinzu. Höflich bat er sie, doch mit ihm zu kommen, er werde ihr gerne behilflich sein, so es in seinen Kräften läge - doch die Frau hielt ihr Gesicht mit ihren weiten Ärmeln verborgen und schluchzte herzzerreißend. Wieder sprach der Kaufmann sanft zu ihr, bemüht, sie in ihrem Kummer zu beruhigen - da richtete sie sich mit dem Rücken zu ihm auf. Endlich drehte sie sich um, nahm langsam die Hände vom Gesicht - und der Mann prallte zurück. Die Frau, adrett gekleidet und frisiert, hatte weder Augen, noch Nase oder Mund.

So, jetzt wissen Sie, was Sie erwartet. Viel Spaß bei der Geisterjagd! Da fällt mir ein, dass ich gerade heute Abend etwas vorhabe. Zu dumm aber auch. Gehen Sie also schon mal voraus, wenn ich es schaffe, komme ich später nach.

Kabuki und Wagner

Falls Sie in Japan urplötzlich von brennendem Heimweh befallen werden, gibt es eine garantierte Abhilfe: Erleben Sie eine originalgetreue Wagneroper im Land der aufgehenden Sonne, und Sie werden sich beinahe wie in Bayreuth fühlen. Seit 25 Jahren brüstet sich die »Richard Wagner Gesellschaft Japan« damit, deutsches Kulturgut am anderen Ende der Welt zu pflegen. Unter der Schirmherrschaft Wolfgang Wagners organisiert und unterstützt die Gemeinschaft Aufführungen des »Ring« ebenso wie anderer Opern des Meisters.

Es gibt in Japan zwei reine Opernhäuser: die gigantomanische »Opera City« in Tokio, mit drei Bühnen und zwei Konzertsälen ein Garant für Orientierungslosigkeit (der Spielplan ist immerhin so prall gefüllt, dass es fast egal ist, wohin Sie sich verirren - irgendetwas ist immer los), sowie das malerisch am Biwa-See in Zentraljapan gelegene Opernhaus in Otsu. Beide Häuser sind Kinder der letzten Dekade, und bei allem neureichen Prunk fühlt sich der Authentizität suchende Tourist etwas verloren.

Begeben wir uns lieber auf Entdeckungsreise zum traditionellen japanischen Theater. Hier begegnen dem Besucher vor allem zwei Gattungen: *Noh* und *Kabuki*. Und wissen Sie auch, worin sich diese beiden Schauspielformen unterscheiden? Beim Kabuki versteht man fast nichts, und bei Noh noch weniger.

Doch halt, ein wenig Aufklärung verhilft dem westlichen Ignoranten auch hier zu einem ungekannten Kunsterlebnis. Noh (wörtlich »Fertigkeit«) ist die ältere und möglicherweise edlere Spielform. Aus traditionellen Tanzdramen hervorgegangen, wurde das klassische Noh im Laufe des 14. Jahrhunderts perfektioniert - seither sind nur wenige neue Werke verfasst worden. Falls Sie Gelegenheit haben, einer Aufführung beizuwohnen, dann sehen Sie vor Ihren Augen also ein Stück fleischgewordene Geschichte. Dieses erhabene Gefühl verhilft Ihnen allenfalls über die erste Stunde, und hier sei versichert, dass es japanischen Edelleuten, für die Noh exklusiv aufgeführt wurde, auch nicht anders ging - um die langwierigen Akte zu überbrücken, wurden in den Pausen komische Zwischenspiele gegeben, die sich bald unter dem Namen *Kyogen* verselbständigten.

Doch bleiben wir noch einen Moment in der Welt des Noh. Seit alters her lassen sich die Stücke in fünf Untergattungen einteilen: Dramen, in denen ein Gott die zentrale Rolle spielt; Dramen, in denen Krieger von Geistern heimgesucht werden; Werke mit Frauengestalten im Mittelpunkt; andere mit Dämonen, und - sicherlich am interessantesten - Stücke, in denen der Held den Verstand verliert.[35] Vielleicht haben Sie bis zum Ende der Aufführung ja herausgefunden, in welche Abteilung die Abendvorstellung passt. Im Zweifelsfall bietet sich natürlich die letzte Kategorie an, wobei an dieser Stelle davor gewarnt sei, nicht etwa den Protagonisten nachzueifern. Es ist alles nur ein Spiel (wenn auch ein sehr langes), und vermutlich waren Sie sowieso der Ansicht, dass Ihr Leben in letzter Zeit zu schnell an Ihnen vorbeisaust. Noh hat da eine gewaltige Bremswirkung, und das mag für das Fehlen jeglicher Kulisse entschädigen. Auch werden Sie in den drei Akten des Spiels so etwas Profanes wie eine Handlung vergeblich suchen: entweder, es ist alles schon geschehen und wird bloß noch einmal wiedergekäut, oder die Handlung erscheint einem der Charaktere ganz poetisch im Traum. Die Mehrzahl der Schauspieler verzichtet gänzlich auf jede Mimik - die Zuschauer würden hinter den kunstvoll gefertigten Masken sowieso nichts bemerken können. Auch die Gestik ist - vorsichtig gesagt - sparsam: ein Schritt kann eine ganze Reise bedeuten, eine unauffällige Handbewegung Verzweiflung ausdrücken. Als kleiner Leitfaden sei Ihnen hier noch an die Hand gegeben, dass alle Darsteller gemeinhin blütenweiße Socken tragen - bis auf komische Charaktere, deren Fußkleidung gelb ist. So, jetzt wissen Sie den Unterschied und können herzhaft mitlachen.

Schauen wir uns als nächstes das bereits erwähnte *Kyogen* (wörtlich: »Verrückte Wörter«) an. Obwohl etwa zeitgleich mit Noh entstanden, wurden die Stücke anfangs nur mündlich überliefert. Erst im 17. Jahrhundert finden sich entsprechende Aufzeichnungen, so dass beim Kyogen in der Regel das Idiom der Edo-Zeit vorherrscht, während Noh im älteren Sprachstil des 14. Jahrhunderts erhalten ist. Ein wichtiger Unterschied, der Ihnen natürlich nicht entgangen ist. Kyogen diente von Anfang an dazu, den jeweiligen Machthaber behutsam durch den Kakao zu ziehen. Natürlich waren dem Schabernack klare Grenzen gesetzt, und so triumphiert am Ende der Herr stets moralisch über den Diener.

Wie oben bereits angedeutet, waren Noh und Kyogen ausschließlich den oberen Schichten vorbehalten. Doch das einfache Volk ließ sich von der Klasse der Herrschenden nicht einfach die Unterhaltung verbieten, und so entstand eine dritte Kunstform: Das *Kabuki*-Theater, welches sich bis heute großer Beliebtheit erfreut. Der Begriff »*Kabuki*« hat seine Wurzeln einerseits in dem veralteten *kabusu*, »singen und tanzen«, andererseits in dem Wort *kabuku*, »sich vergnügen«. Beides passt, und Kabuki sei als lebendigste aller klassischen japanischen Theatergattungen dem westlichen Besucher ausdrücklich ans Herz gelegt.

Anfangs war es eine Frau, die der neuen Spielform auf die Beine half - die legendäre Okuni trat 1586 erstmals in Kioto auf, im ausgetrockneten Bett des Kamo-Flusses, der die Stadt in zwei Hälften teilt. Anfangs im Stile einer religiösen Darbietung, bekam ihr Tanz mehr und mehr erotische Züge, die der Menge offensichtlich gefielen. Nach und nach fanden weitere Charaktere den Weg in ihre Vorführungen; ermutigt durch den Erfolg ihrer Auftritte wagte Okuni es darüber hinaus, Musikinstrumente aus dem der Masse verbotenen Noh zu übernehmen. Derart rasant waren ihr Aufstieg und ihre Beliebtheit, dass sogar Kaiser und Shogun sich von ihren Fähigkeiten überzeugen mussten: so kam ihr Anfang des 17. Jahrhunderts die damals unerhörte Ehre zu, in den jeweiligen Herrscherpalästen in Kioto und Edo aufzutreten.[36]

Rasch stießen ihre mittlerweile zu prächtigen Dramen ausgereiften Werke an die Grenzen der damaligen Bühnen, und bei tausenden von Zuschauern blieb nichts anderes übrig, als die Vorstellungen auf freiem Felde abzuhalten. Vertretern der oberen Klassen war natürlich nicht geheuer, sich unter das gemeine Fußvolk zu mischen, und so entstanden separate Boxen, in denen Adlige vor Kontakt zu ihren Untertanen geschützt waren. Diese Boxen finden sich heute noch in den traditionellen Theaterhäusern, wo sie gegen entsprechende Bezahlung mittlerweile auch niederem Fußvolk offen stehen.

Nach dem Tode Okunis, welcher auf das Jahr 1609 datiert wird, war die Woge der Begeisterung über das neue Theater so gewaltig, dass die Spiele munter weiter gingen. Auch jetzt waren es die Frauen, die den Ton angaben. Männer traten nur in Nebenrollen auf und trugen insgesamt wenig zur Beliebtheit der Aufführungen bei: wohlhabende Zuschauer konnten die Schauspielerinnen nach Ende für eine Privatvorführung mieten - sexuelle Kontakte inklusive. Es ist in der Tat nicht auszuschließen, dass das in seiner frühen Form *Yujo-Kabuki* (»Freudenmädchen-Kabuki«) genannte Schauspiel letztlich nur ein Vehikel der Prostitution darstellte. Immerhin fällt in diese Epoche die Aufnahme der Shamisen-Flöte in das Begleitorchester, und so kann - trotz halbseidenen Publikums - davon ausgegangen werden, dass einigermaßen ernsthaft Theater gespielt wurde.

Wie häufig, wenn etwas richtig Spaß macht missfällt es den Machthabern. Der Shogun, über das moralische Wohl seiner Untertanen besorgt, setzte 1629 ein Verbot durch, das bis ins 19. Jahrhundert Frauen von der Bühne verbannte. So entstand der Brauch, Frauenrollen (*onnagata*) von Männern darstellen zu lassen; eine Tradition, die im klassischen Kabuki bis heute unangetastet geblieben ist. Einigen Quellen zufolge ging es bei dem Verbot weniger um Moral, als um die Sorge, dass sich die einst so zähen Krieger des Machthabers bei Wein, Weib und Gesang über die Maßen verausgabten und ihren eigentlichen Aufgaben fernblieben.

Wie auch immer, jetzt waren die Männer an der Reihe. Berüchtigt dafür, nichts anbrennen zu lassen, ließ das Bühnenvolk ab nun wohlgeformte Jünglinge auf die Bühne. Mit ihren mädchenhaften Frisuren stellten diese eine ungekannte Versuchung für wohlhabende Bürger dar, und aus der Not heraus bevölkerten sogar die Krieger das Publikum, denen das Frauenverbot ursprünglich gegolten hatte. So ausgehungert waren die Zuschauer, dass sich im Streit um die Jünglinge regelrechte Kämpfe abspielten. Natürlich konnte das dem Shogun auch nicht recht sein, und so wurde nach allerlei Hin und Her 1652 allgemein verfügt, dass die Locken ab müssen: Alle Schauspieler hatten ihre Häupter kahl zu scheren, darüber hinaus wurden Musik und Tanz von der Bühne verbannt.

Und siehe da: in der Beschränkung zeigt sich bekanntlich der Meister. Plötzlich stand anspruchsvollen Darbietungen nichts mehr im Wege, und so entwickelte sich Kabuki zu der gehobenen Kunstform, die es bis heute geblieben ist. Zwar kehrten Musik und Tanz nach einiger Zeit wieder zurück, doch die temporäre Konzentration auf das gesprochene Wort hatte dem Niveau der Deklamation deutlich auf die Sprünge geholfen. Die Stücke wurden länger, teilten sich erstmals in mehrere Akte und wurden in der nun anschließenden *Genroku*-Periode (1673-1735) so weit verfeinert, dass ihre Form im Wesentlichen bis heute unverändert geblieben ist.

Die lange Zeit der inneren Stabilität verhalf Japan zu einer ungekannten ökonomischen Blüte, und mit dem Wohlstand stieg auch das allgemeine Bildungsniveau. Reiche Bürger gefielen sich in der neuartigen Rolle als Mäzen, und ihre Spenden in Verbindung mit einem zahlungskräftigen Publikum ermöglichten die Existenz von elf professionellen Theatern allein in Edo, Osaka und Kioto.

Die Meiji-Ära machte ab Mitte des 19. Jahrhunderts mit ihren fundamentalen Umwälzungen auch vor der Bühne nicht halt. Noh, in den Augen des modernen Kaisers Ausdruck einer überkommenen Gesellschaftsordnung, verschwand zeitweise fast völlig. Die etablierten Kabuki-Theater ließen sich die Chance nicht entgehen und spielten seit alters her überlieferte Noh-Dramen erstmals vor den Augen eines gewöhnlichen Publikums. Puristen schrieen empört auf, aber immerhin wurden auf diese Weise viele bedeutende Werke vor dem sicheren Vergessen bewahrt.

Doch auch Kabuki bekam seinen Teil ab: so wurde bald von oben verordnet, dass sich das seit der Genroku-Zeit praktisch unveränderte Theater modernen Erfordernissen anzupassen habe. Die Inszenierungen sollten nicht nur unterhalten, sondern einen bildenden Einfluss ausüben und das Bewusstsein für den neu erwachten Staat stärken. So sehr Schriftsteller und Schauspieler auch gegen die aufgezwungenen Neuerungen protestierten, konnten sie dennoch nicht verhindern, dass sich die turbulenten Zeiten auf den Kabuki-Bühnen widerspiegelten. Radikal modernisierter Haarstil oder dem 19. Jahrhundert entsprechende Kleidung - dem Publikum wollte das neue Theater nicht gefallen, so dass das Pendel nach dem zweiten Weltkrieg wieder zurück zum klassischen Kabuki der Genroku-Periode schwang.

Allerdings sind die Jahrzehnte der Umwälzungen an der Theaterbühne nicht spurlos vorübergegangen: historisch korrekte Kostüme und Sprache sind nur zwei der durchaus positiven Veränderungen, die sich im Laufe des 20. Jahrhunderts etablieren konnten.

Derzeit erfreut sich Kabuki ungebrochener Beliebtheit. Neben den permanenten Schauspielhäusern - Kabuki-za und Nationaltheater (*Kokuritsu Gekijoh*) in Tokio, Naka-za und Shochiku-za in

Osaka, Minami-za in Kioto sowie Misono-za in Nagoya - finden in Mehrzweckhallen überall im Land Aufführungen vor ausverkauften Häusern statt.

Falls Sie die Gelegenheit haben, einem Schauspiel auch nur teilweise beizuwohnen, sei das hiermit unbedingt empfohlen. Einen besseren Einblick in die traditionelle Volksseele der Japaner werden sie nirgendwo bekommen. Allein der Auftritt wichtiger Charaktere auf dem *hanamichi* (»Blumenweg«) genannten Laufsteg aus dem Publikum heraus sucht im westlichen Theater seinesgleichen.

Zumindest die Schauspielhäuser in Tokio stellen ausländischen Besuchern Kopfhörer mit Simultanübersetzungen und Erläuterungen zur Verfügung, was für Anfänger recht sinnvoll ist. Im Kabukiza in Ginza können Sie vom Balkon aus einem »Schnupperakt« beiwohnen, der Sie vor dem mehrere Stunden dauernden Schauspiel bewahrt. Lassen Sie sich in die faszinierende Welt des japanischen Theaters entführen und genießen Sie das farbenfrohe Bühnengeschehen. Und wenn Ihnen der Abend dennoch lang wird, denken Sie nur an die nicht enden wollenden Wagneropern, die ein paar U-Bahnstationen weiter gegeben werden.

Warum man in Japan ein »Kranker« ist

Vermutlich wissen Sie längst, dass Japaner die höchste Lebenserwartung der Welt haben - eine Japanerin wird im Schnitt knapp fünf Jahre älter (genau 85,59 im Jahre 2004) als ihre Geschlechtsgenossin in Deutschland.[37] Und auch die Nachricht, dass in Japan die Zahl der über Neunzigjährigen dieses Jahr erstmals die Millionenmarke überschreitet, wird Sie kaum überraschen. Ich möchte Sie gar nicht lange mit Statistiken langweilen - viel interessanter ist es, einen Blick hinter die Kulissen des Geschehens zu werfen. Bleiben Sie dabei, es lohnt sich.

Am 9. März 2005 erschien in der *Japan Times* eine Notiz, die meine Aufmerksamkeit weckte. Die Überschrift lautete: »Derzeit ältester Mann der Präfektur Hyogo schon seit 1995 tot?« In dem kurzen Report wird von Kyujiro Kanaoka berichtet, dem seit 1999 die Auszeichnung zukam, mit 107 Lebensjahren der älteste Einwohner der Präfektur Hyogo im Westen Japans zu sein. Nun ist den offiziellen Stellen plötzlich aufgefallen, dass es sich bei ihrem Ehrenbürger um einen mumifizierten Leichnam gehandelt hat. Offenbar hat der Sohn des werten Verstorbenen - mit 75 Jahren selbst nicht mehr der Jüngste - es verabsäumt, das zuständige Amt vom Ableben seines Vaters zu unterrichten. In dem kurzen Report wird gemutmaßt, dass der Sohn für den offiziellen Tod seines Vaters bis zum Glück bringenden Jahr des Hahnes im chinesischen Kalender warten wollte. Der Junior wird mit den Worten zitiert: »Ich glaube nicht, dass mein Vater schon so lange tot war.«

Nun mag man diese Begebenheit etwas makaber finden - doch wirft sie die Frage auf, inwiefern man den gängigen Statistiken Glauben schenken darf (außerdem fragt man sich, was sich die Journalisten der Japan Times angesichts ihrer kruden Berichterstattung gedacht haben). Japan brüstet sich zu Recht mit der gesunden Lebensweise seiner Bürger. Fettarme Ernährung, körperliche Bewegung und ein harmonisches Gesellschaftsleben, das kaum jemanden allein dastehen lässt, gelten als Eckpfeiler der Volksgesundheit. Doch was nützen landesweit 23.000 Hundertjährige, wenn die Grenzen zwischen Leben und Tod zu verschwimmen drohen? Wäre es nicht besser, noch einmal gründlich nachzuzählen, bevor man sich blind auf Berichte verlässt, die Japan als

Rentnerparadies darstellen?

Es scheint kaum verwunderlich, dass man bei Senioren hierzulande nicht an ein vorzeitiges Ableben glauben mag. Die Energie, mit der alte Menschen in Japan ihren Alltag bestreiten, erstaunt immer wieder. So berichtete die *Asahi-Shimbun* unlängst stolz, dass der Weltrekord im Hundertmeterlauf von einem 95-jährigen Japaner gebrochen worden ist. Natürlich ging es hier um die Altergruppe der 95 bis 99-Jährigen (schade aber auch), doch verdienen die 22 Sekunden, in denen Kozo Haraguchi die Strecke zurücklegt, unsere Hochachtung.

Jedes Jahr findet landesweit das *Nenlympics* genannte Sportfest der Senioren statt (der Name setzt sich aus *Nen* = Jahr und dem größten Teil von *Olympics* zusammen), während dessen rüstige Rentnergruppen in ein richtiges Stadion einmarschieren (die Mehrheit schafft die Ehrenrunde ohne Unterbrechung) und sich eine Woche lang in olympischen Wettkämpfen messen. Die Leistungen und das Engagement der alten Leute - sei es in Weitwurf, Staffellauf oder Marathon (scherzhaft »Zehn kleine Negerlein« genannt) - nötigen durchaus Respekt ab.

In Japan sind Senioren in weitaus besserer Form als die jüngeren Generationen. Wer mit der Arbeit aufhört, fühlt sich urplötzlich von der Last der Überstunden und den langen Zugfahrten ins Büro befreit - von da ist es nur ein kurzer Weg in Schwimmbad und Fitnessstudio.

Anders die armen Teufel, die für das Bruttosozialprodukt zuständig sind. Schauen Sie sich in einem typisch japanischen Vorortzug um, und Sie werden Menschen im feinen Anzug sehen, welche die Kunst perfektioniert haben, im Stehen zu schlafen.

Ein durchschnittlicher japanischer 24-Stunden-Laden hat - zusätzlich zu Vitaminpillen und Energieriegeln - rund 40 verschiedene Getränke im Angebot, die unser gutes altes Red Bull wie ein einsames Waisenkind wirken lassen. Sie haben eine mehrstündige Autofahrt vor sich? Kein Problem, *Mocha Vitamin* hält Sie wach. Sie fühlen Ihren Organismus von einem Erkältungsvirus gepackt? Keine Bange, *Guronsan Red* hilft Ihnen auf die Sprünge. Sie fühlen, wie der Büroschlaf Ihren Körper übermannt? Nur fröhlich weitergearbeitet, *Regain 3000* belebt Ihren Kreislauf neu.

Sollten Sie - was Gott verhüten möge - bei Ihrem Japanbesuch ernsthaft krank werden, dann wartet eine herzhafte Breitseite neuester medizinischer Behandlungsmethoden auf Sie. Ein gut geschmiertes System steht bereit, Ihrem Gebrechen in Windeseile den Garaus zu machen, so dass Sie sich unbeschwert weiteramüsieren können. Freilich ist dieses System nur mit einem Ziel erschaffen worden - den siechen Mitgliedern der Gesellschaft so rasch wie möglich zur Rückkehr an den Schreibtisch zu verhelfen. Wo in Deutschland letztes Jahr ein statistischer Krankenstand von 3,6 Prozent schon als die Renaissance der Produktivität bejubelt wurde, kann der japanische Arbeitnehmer über soviel Malaise nur fassungslos den Kopf schütteln - schließlich feiert in seinem Land durchschnittlich weniger als ein Mitarbeiter von hundert krank.

Keine Regel ohne Ausnahme: Laut einem Bericht der *Mainichi Daily News* wurden im letzten Jahr zwei Angestellte des öffentlichen Dienstes in Kobe suspendiert, da sie - offiziell krank geschrieben - an einem Ski-Wettkampf teilgenommen und selbigen sogar auf dem Siegerpodest abgeschlossen hatten. Fazit: Ab Platz vier merkt es keiner.

Doch schauen wir uns an, wie es Kranken ergeht, die wirklich krank sind (auch wenn solche Unsitten in Japan tunlichst vermieden werden). Wer der Meinung ist, dass Patienten hierzulande mit tausend Jahre alter fernöstlicher Heilkunst umsorgt werden, der irrt - gleichwohl sanfte Heilmethoden unter dem Begriff *kampo* (wörtlich »chinesische Art«) weit verbreitet sind, herrscht in normalen Arztpraxen die Moderne. Und an diesem Zustand sind wir Deutschen nicht ganz unschuldig - zur Zeit der großen Modernisierungswelle im 19. Jahrhundert wurden mit unserer Hilfe alle überkommenen Heilmethoden als Stolperstein auf dem Weg in die Zukunft ausgeräumt. Im Jahre 1895 beschloss das Parlament, dass fortan nur noch in westlicher Medizin geschulte Ärzte praktizieren dürfen - der vorläufige Todesstoß für die traditionelle Heilkunst.

Angehende japanische Mediziner reisten in Scharen nach Deutschland, um sich in moderner Medizin unterweisen zu lassen. Der berühmteste Vertreter dieser Gruppe ist ohne Zweifel der Arzt und Schriftsteller Mori Ogai (1862-1922), eine Art japanischer Hans Carossa. Zusätzlich zu Studien der Bakteriologie bei Robert

Koch verfasste er mehrere Erzählungen über sein Leben in Deutschland und übersetzte Goethes »Faust« erstmals komplett ins Japanische. Wieder zu Hause, nahm Ogai während des ersten Weltkrieges die Position des Chefmediziners der japanischen Streitkräfte ein, nur um seine Karriere in aller Gemütsruhe als oberster Bibliothekar der kaiserlichen Büchervorräte abzuschließen.

Noch heute bedienen sich japanische Ärzte vorzugsweise deutschen Vokabulars - Patienten sind »Kranke«, eine Akte wird als »Karte« bezeichnet, und so weiter. Für eine Unterhaltung reicht das zwar nicht, aber immerhin haben Sie als deutscher Patient den Vorteil, den Namen Ihres Gebrechens nicht umständlich übersetzen zu müssen.

Ein weiterer Krieg war nötig, um die Japaner wieder zur traditionellen Medizin zurückzuführen - als Mitte der vierziger Jahre moderne Medikamente immer knapper wurden, besann sich die Not leidende Bevölkerung verstärkt auf Akupunktur und seit Urzeiten bekannte Heilkräuter. Nachdem 1961 die landesweite Krankenversicherung ihren Einstand gefeiert hatte, dauerte es nur sechs Jahre bis zu dem Beschluss, alternative Behandlungsmethoden in den Leistungskatalog zu integrieren (in Deutschland warten wir zum Teil immer noch darauf). Das Problem mit westlicher und östlicher Medizin ist hierzulande, dass die Ausbildung nur eingleisig vorgesehen ist - ein gewöhnlicher Arzt weiß im Allgemeinen kaum mehr oder weniger über sanfte Heilmethoden als sein deutscher Kollege. Wie bei uns zeigen sich in letzter Zeit Ansätze, beides zu kombinieren, was allerdings nicht ohne Probleme vor sich geht. Anfang der neunziger Jahre gerieten alternative Heilmittel zeitweilig in Verruf, da sie zuhauf von Ärzten verschrieben wurden, die sich über Anwendung und Nebenwirkungen nicht genügend informiert hatten.

Und so bewegen sich die hiesigen Methoden vorwiegend im ultramodernen Bereich - wo Deutsche in aller Ruhe krank sind, werden Japaner eilig kuriert. Deutsche lagen zwar laut einer Erhebung des Forschungsinstitutes »BASYS« mit 9,1 Arztbesuchen pro Kopf und Jahr (1998) bislang weltweit an der Spitze, doch Japaner sind die unbestrittenen Weltmeister im Medikamentenkonsum. Deutlich wird der Unterschied auch im Vergleich der Krankenhauskapazitäten - warten bei uns gemütliche 4,4 Betten pro 1.000 Einwohner auf Benutzung, sind es in Japan nur 1,9. Kein

Wunder also, dass Kyujiro Kanaoka es vorzog, im eigenen Bett das Zeitliche zu segnen.

Gestatten Sie mir zu Ende dieses Kapitels noch einen Ausblick in die Zukunft. Die Hürden auf dem Weg zum allseitigen Wohlbefinden Japans sind einfach zu benennen - Alkohol und Tabak. Wo bei uns nur ein knappes Drittel aller Männer raucht, frönen fast die Hälfte aller Japaner dem Glühtabak. Immerhin sind es nicht mehr so viele wie noch vor zwanzig Jahren, als umwerfende 64 Prozent der Söhne Nippons regelmäßig ihre Atemwege vergifteten, doch finden wir Lungenkrebs nicht umsonst an der Spitze der hiesigen Krebserkrankungen.[38]

Krebs ist in Japan eine Epidemie der letzten Jahrzehnte. So hat sich die Sterblichkeitsrate seit 1970 fast verdreifacht - und der Kampf hat eben erst begonnen. Neben Zigaretten ist Alkohol der größte Feind der Volksgesundheit. Bei knapp der Hälfte aller Japaner springt das Enzym, das Alkohol in der Leber in harmlose Essigsäure umwandelt, nicht an - die Folge sind knallrote Gesichter und Kopfschmerzen am Morgen danach. Doch ohne Gedanken an ungewisse Langzeitwirkungen wird in Japan gebechert, was das Zeug hält - keine Party ohne Trinkspruch, kein Geschäft, das nicht mit einem kräftigen Schluck besiegelt wird.

Und was bedeutet das konkret? Auf der einen Seite stellen wir fest, dass Japaner sich vermehrt mit den gleichen Krankheiten herumschlagen müssen, die auch in anderen Industrieländern grassieren. Auf der anderen Seite scheint der medizinische Fortschritt unaufhaltsam - ich bin gespannt, wann ein 95-jähriger im Hundertmeterlauf die Zehn-Sekunden-Marke unterbietet.

Japan steckt an

Ab und zu überkommt es mich, dann steige ich in ein Flugzeug und fliege gen Westen. Über Sibirien führt die Route, den Ural, und über Skandinavien dann schließlich nach Deutschland. Schon im Flugzeug geht es los: beim Anblick der energischen deutschen Flugbegleiterinnen fühle ich mich sofort heimisch. Bin ich erfolgreich gelandet, empfinde ich das Verlassen des Zollbereiches wie eine Zeitreise: als wäre ich nie fort gewesen, begrüßen mich altbekannte Zeitschriften- und Wurststände.

In einem gemieteten Auto geht es alsbald nach Norden, und nun bemerke ich: in Deutschland wird rechts gefahren. Linksverkehr und automatisches Getriebe gewohnt, dauert es ein paar Kilometer, bis ich mich mit dem gepflegten Kleinwagen angefreundet habe. Unterwegs halte ich an einer der zahlreichen Autobahnraststätten. Mein Blick schweift über ein ungewohntes Sortiment verschiedenster Speisen - was, zum Teufel, soll ich bloß essen? Die Kuchenportionen sind allesamt riesig, die belegten Brötchen ein Härtetraining für die Zähne (wussten Sie, dass die in Japan angebotenen Speisen im internationalen Vergleich die geringsten beißtechnischen Anforderungen stellen?), der grüne Tee ist auch nicht kostenlos und wird als *kombucha* in Flaschen verkauft.

Langsam schwant mir Übles: Ich bin Ausländer geworden. Nicht, dass ich mich nicht bald erinnern würde - aber es ist schon erstaunlich, im Selbstexperiment zu beobachten, wie Körper und Geist sich mit den Jahren in der Ferne umorientiert haben. Wenn ich jetzt auch noch vergesse, dem freundlichen Herrn im Keller einen halben Euro auf seinen Toilettenteller zu legen, dann bin ich beim Wiederaufnahmetest in die Heimat vorerst durchgefallen.

Beschämt schleiche ich zu meinem Auto zurück und nehme mir vor, für den Rest der Fahrt keine Dummheiten mehr zu machen. Doch das gelingt nur bis zur nächsten Tankstelle: Erst einmal bleibe ich aus Gewohnheit sitzen und wundere mich, dass es so still ist. In Japan wird man stets mit großem Geschrei eingewiesen und einem Rennfahrer gleich in Sekundenschnelle abgefertigt. Einzig das Entriegeln der Tankklappe und die Herausgabe des fälligen Geldbetrages verbleiben beim Passagier. Hat man Glück, so werden die Fußmatten ausgeklopft, der Aschenbecher geleert, oder man bekommt einen feuchten Lappen, um das Armaturenbrett abzustauben.

In Deutschland ist das Tanken rustikale Handarbeit, und ich bekomme mangels Übung anfangs den Verschluss nicht auf. Hat man ohne größere Zwischenfälle das Benzin in die dafür vorgesehene Öffnung eingefüllt, kommt die freudige Entdeckung, dass ein kleiner Supermarkt auf den zahlungswilligen Kunden wartet. Es ist lange her, doch die Erinnerungen stellen sich alsbald wie von selbst ein - die unzähligen Male, an denen die Dorftanke spontan anberaumte Partys gerettet hat; der Plausch an der Kasse, die vielen unerwarteten Begegnungen.

Mit vor lauter Nostalgie tränenverschleierten Augen lege ich daher das letzte Stück zurück, das mich noch von den Lieben daheim trennt, und der erste Abend findet im berauschenden Vakuum völliger Zeitlosigkeit mit reichlich Wein und Erzählen seinen Ausklang.

Am nächsten Tag wird es ernst: Ich bin nun wieder richtig zu Hause, und es gibt keine Entschuldigung mehr. Ich bin ausnahmsweise unter Gleichen, und das bedingt einen gewissen Anpassungsdruck. So stehe ich morgens beim Bäcker und stelle fest, dass ich die neuartigen Münzen nicht auseinander halten kann. Die nette Verkäuferin tröstet mich entfremdeten Exilanten mit den Worten, dass ihr das auch manchmal noch passiere - soll ich die gute Frau über meinen Besucherstatus aufklären? Doch nein, es hat sich schon eine Schlange gebildet, und ich habe ja noch andere Dinge zu tun.

Zum Beispiel, mit Nachbarn und alten Bekannten Kaffee zu trinken. Unbewusst verbeuge ich mich nach allen Seiten und entschuldige mich für die geringsten Ungeschicklichkeiten, als ginge es um Leben und Tod. Die Japan-Neurose fordert ihren Tribut.

Beim Einkaufen wird es nicht besser. Das erste, was den Teutonen auf Zeit in Geschäftsstraßen und Fußgängerzonen verwirrt um sich blicken lässt, ist die Stille. Sollte man etwa allein sein? Doch nein, im näheren Umkreis wimmelt es von entschlossen blickenden Menschen, die schweigend ihre Besorgungen erledigen. Überhaupt erscheinen einem heimische Geschäfte und Kaufhäuser völlig bar jener Reizüberflutung, an die man sich im fernen Osten zwangsläufig gewöhnt hat: lärmende Lautsprecher an jeder Ecke, marktschreierisch ihre Waren anpreisende Verkäufer, schrille Werbedisplays wohin das Auge blickt. Hier verstellt nichts den Blick auf die Ware, aber das ist auch das einzig Positive. Nichts darf man anfassen, mit nichts herumspielen, ohne gleich in Kaufzwang zu geraten, und auch sonst fühlt man sich unter den strengen Blicken des Personals nicht recht wohl. Mit dem allseitigen Rundum-Service in japanischen Geschäften verglichen, glänzt das Verkaufsteam eines deutschen Kaufhauses in der Regel mit kühler Distanz. Ein Beispiel: Ist man in Japan zum Kauf entschlossen, so stellt man sich an eine Kasse, ganz gleich, ob diese besetzt ist oder nicht. Ehe man sich versieht, eilen schon mehrere Angestellte herbei, und zu zweit wird man in Windeseile abgefertigt. Einer kassiert, der andere packt die Ware ein, und so spart man eine Menge Zeit, die man beispielsweise mit weiteren Einkäufen verbringen kann.

Doch wer wollte die Mitarbeiter einer durchschnittlichen deutschen Firma tadeln? Sind sie doch im Allgemeinen unterbesetzt; die horrenden Lohnnebenkosten zwingen den Arbeitgeber geradezu, ganze Büro- oder Spielzeugmärkte in die Hände einer einzelnen soeben der Pubertät entwachsenden jungen Dame zu legen. Diese ist nun gezwungen, die Einsamkeit der langen Arbeitsstunden zu bekämpfen, indem sie ausgiebig mit ihren Freundinnen telefoniert.

Dann die Verpackung: Selbstverständlich ist ein maßvoller Umgang mit Plastiktüten das Gebot der Stunde, doch lassen sich die in Japan gängigen hauchdünnen Beutelchen in der Regel problemlos in die Entsorgung des eigenen Hausmülls mit einspannen, so dass sich der Kauf von separaten Müllbeuteln erübrigt. Nicht so in der Heimat. Den Arm voller Zeitschriften, Strümpfe und Hartkäse stellt der noch in der Testphase befindliche Exilant ächzend fest, dass er vergessen hat, eine Tasche mitzubringen. Dem ist natürlich rasch abgeholfen, und nun fügt man sich als stolzer Besitzer einer Leinentasche (bis 40 Grad waschbar, nicht schleudern) mit dieser Trophäe umweltbewussten Denkens nahtlos in das Bild seiner Landsleute ein.

Abends treffe ich mich mit alten Freunden, um der guten deutschen Gastlichkeiten zu frönen. Hier genieße ich den kleinen Unterschied: Frisch gezapftes Bier schmeckt nirgendwo so wie zu Hause, und plötzlich erscheinen emsige japanische Bemühungen in Sachen Reinheitsgebot angenehm weit weg.

Aber noch bin ich nicht im grünen Bereich: zwar unterhalte ich mich in meiner Muttersprache mittlerweile beinahe fehlerfrei, doch gelingt es mir nicht vollständig, den verwirrenden Drang zu besiegen, meinen gefühlsmäßigen Zustand in Schlagwörtern zu äußern. Lassen Sie mich erklären: Die japanische Sprache ist trotz des berüchtigt komplizierten Satzbaus reich an einfachen Ausdrücken, die präzise und problemlos einen inneren Zustand verdeutlichen. Gehen Japaner in ein gutes Restaurant, wird man aus allen Mündern wiederholt den entzückten Ausruf *oishii*! - »lecker!« - zu hören bekommen. Ist ein Japaner schläfrig, so wird er diesen Zustand unzählige Male mit dem Schlagwort *nemui* der Öffentlichkeit kundtun. Ähnlich im Sommer oder Winter - mit *atsui* (»heiß«) respektive *samui* (»kalt«) beginnen in Japan üblicherweise Unterhaltungen, ja, dauerhafte Freundschaften sind so schon geschlossen worden. Um den Unterschied zu verdeutlichen: Auch Deutsche beklagen sich über Hitzeperioden, doch üblicherweise im ganzen Satz. Im Ruhrgebiet würde sich das zum Beispiel so anhören: »Boah ey, is' dat wieder heiß heute!« Kein vernünftiger Deutscher (außer mir natürlich) wird durch die Gegend laufen und »Heiß! Heiß!« ausrufen. Oder nach einem verschlagenen Ball beim Tennis seinen Frustrationen mit dem Attribut »Ärgerlich!« Ausdruck verleihen. Hier würde sich der zünftige Germane aufs Fluchen verlegen, womit sich Japaner traditionell erst behelfen, wenn die Palette gängiger Gefühlswörter erschöpft ist.

Und so holpere ich von Fettnapf zu Fettnapf und fühle mich wie auf Entziehungskur. Sei es, dass ich auf öffentlichen Toiletten reflexartig ein hübsches Taschentuch ziehe (die Leserschaft sei an dieser Stelle gewarnt, dass die Gabe von Papiertüchern in Japan unüblich ist), oder dass ich - an großzügige fernöstliche Nasszellen gewöhnt - deutsche Badezimmer unter Wasser setze, immer mache ich etwas falsch. Ich vergesse, treu dienendem Restaurantpersonal das verdiente Trinkgeld zuzustecken und verwirre arme Kellner (nach reichlich deutschem Bier in leichter geographischer Orientierungslosigkeit) mit einem herzhaften *gochisohsama deshita* (japanischer Dank für Bewirtung jeder Art, wörtlich etwa: »Sie haben sich für mich bemüht«). In meinem temporären Zuhause wälze ich mich auf der ungewohnten Matratze und sehne mir meinen rückenfreundlichen Futon herbei. Ich verbringe große Teile eines Tagesausfluges an den Rhein damit, auch die unsinnigsten Mitbringsel einzukaufen und belaste meinen ohnehin schon vollen Koffer (den ich ganz stilecht mit einem burschikosen *yoisho*! anhebe) mit mehreren Kilo Postkarten, Radiergummis oder kitschigen Spieluhren. Ich kaufe Anzüge in gutem Glauben, dass der gehobene Herrenausstatter mir mein Kleidungsstück in weniger als 24 Stunden zurechtmachen wird und kratze mich dann am Kopf, da ich zum vereinbarten Abholdatum längst wieder am anderen Ende der Welt sein werde. Ich verspüre schon nach wenigen Tagen den Drang, mal wieder japanisch Essen zu gehen und schrecke auf der Jagd nach einem guten Sushi nicht vor kilometerlangen Anfahrtswegen zurück.

Kurz: Es dauert ein wenig, bis ich mich wieder eingelebt habe. Haben Sie also Rücksicht und erschrecken Sie nicht, wenn Ihnen ein Mietwagen auf der falschen Seite entgegenkommt. Ein wenig guter Zuspruch ist in solchen Situationen äußerst willkommen.

Und wissen Sie, was das Schlimmste ist? Kaum bin ich nach einigen Wochen Ausgang wieder zurück in Japan, geht der Spaß von vorne los, nur umgekehrt: jetzt haue ich ahnungslosen Kollegen burschikos auf die Schulter, beginne bei den unpassendsten Gelegenheiten mit nervigen politischen Diskussionen und bedanke mich überschwänglich bei jedem noch so unbedeutenden Einkauf. Aber ich bin lernfähig, und ein gewisses Maß an Toleranz mir gegenüber schadet weder Deutschen noch Japanern.

日本語

Auf Japanisch bitte!

Finden Sie nicht auch, dass es an der Zeit ist, Ihrer Verständigung in Japan auf die Sprünge zu helfen? Nachdem Sie in den vorangegangenen Kapiteln schon einiges über die Qualen der Einheimischen mit vertrackten Fremdsprachen gelesen haben, sind Sie an der Reihe. Also, auf geht's, die Lippen gespitzt und tief Luft geholt.

Japanisch ist gar nicht so schwer. Auch wenn Sie jetzt denken: na, der hat gut reden - lassen Sie mich erklären. Was die Aussprache betrifft, haben wir Deutschen einen unschätzbaren Vorteil: Die japanischen Vokale werden gleich unseren »gerade« ausgesprochen, und nicht - wie zum Beispiel im Englischen - gebogen. Das *a* im deutschen Apfel klingt fast genauso wie im japanischen *arigatoh*, was »danke« bedeutet. Bedanken tun sich die Japaner häufig, und so gibt es verschiedene Intensitätsstufen: *Dohmo arigatoh* könnte man etwa mit »vielen Dank« übersetzen. Allerdings geht *dohmo* auch allein, insofern klappt das mit der wörtlichen Übersetzung nicht ganz. Wollen Sie sich richtig, innig und von ganzem Herzen bedanken, dann steht *dohmo arigatoh gozaimasu* zur Verfügung. Dass Sie einen so langwierigen Dank nicht an jedem Getränkestand anbringen, versteht sich vielleicht von selbst.

Es ist ein weit verbreitetes Vorurteil, dass Chinesen immer alle r durch l ersetzen, und Japaner - genau umgekehrt - alle l durch r. Das stimmt nicht ganz, und je nach Situation tendiert dieser Laut in Japan mal zum einen, mal zum anderen. Die Aussprache liegt irgendwo dazwischen. Wenn Sie es ganz genau wissen wollen (und schon gefrühstückt haben): Im Japanischen wird für r einmal kurz mit der flachen Zunge am Gaumen angeschlagen. Das Resultat klingt ein bisschen wie eine Kurzversion des deutschen d, und falls Sie irgendwo zwischen r, l und d ankommen, liegen Sie genau richtig. Üben Sie am besten noch einmal *arigatoh*, oder wiederholen Sie fünf Minuten lang *arara* (im Japanischen umgangssprachlich für: »Ach du liebe Güte!«).

Um noch einmal auf das oben angeführte Vorurteil zurückzukommen, so besitzen die Japaner in der Tat ein erstaunliches Talent, in ihren Fremdsprachversuchen r und l zu verwechseln. Berühmt die Anekdote, nach der ein Ausländer von einem japanischen Hotelportier am Telefon gebeten wurde, seinen Namen zu buchstabieren - und prompt die Frage hörte: Ist das »l« wie in *Lom*? Geistesgegenwärtig antwortete der Fremdling: Nein, »r« wie in *Rondon*! Erstaunlicherweise fand er seinen Namen auf dem Formular richtig geschrieben.

Na, schon mit der Zungenübung von eben fertig? Dann kann es ja weiter gehen. Achtung bei Konsonanten - als die japanischen Silben im 19. Jahrhundert in die lateinische Schrift übertragen wurden, hatten die Engländer das Sagen. Z wird daher immer wie das weiche deutsche s etwa in Sonne ausgesprochen, umgekehrt ist das s in japanischen Wörtern dem stimmlosen deutschen ß zum Beispiel in Straße gleich. Kommen Sie also keinem Japaner mit einem eingedeutschten *kamikahtze* - das würde nun wirklich niemand verstehen. Noch schlimmer, wenn Ihr japanischer Geschäftspartner ausgerechnet *Suzuki* heißt - schmeißen Sie ihm also kein *Sutzuki* an den Kopf.

Sie wollen so langsam einen ganzen Satz sagen können? Nur ruhig Blut. Ganz kurz die grammatikalischen Grundregeln: Im Japanischen wird an das Substantiv eines Satzes immer ein *-ha* angehängt, das wie *wa* ausgesprochen wird. Dieses Partikelchen ist eigentlich der einzige Teil in der japanischen Grammatik, der wirklich unverzichtbar ist - gibt es ein Substantiv, dann hat es einen Partikel-Anhang. Im Prinzip können Sie aber das Hauptwort auch ganz weglassen. Doch vorerst - ganz brav - ein kompletter Satz: *Watashi-ha Schmidt desu.* Wörtlich: »Ich bin Schmidt.« *Desu* bedeutet »sein« und wird zum Glück nicht weiter konjugiert. Überhaupt kennt die japanische Sprache keine Personen, und auch keinen Plural. Was zunächst äußerst praktisch anmutet, kann bei ungeübten Sprechern zuweilen für Verwirrung sorgen. Die Angewohnheit, das Substantiv zu unterschlagen, trägt nämlich nicht eben zum gegenseitigen Verständnis bei. Hören Sie zum Beispiel: *Baka desu*! - »... ist ein Idiot!« - dann kann das bedeuten, dass der Sprecher ein Idiot ist, dass Sie ein Idiot sind, oder auch jemand anderes, Ihr gemeinsamer Chef etwa. Natürlich wird kein Japaner sich versteigen, Ihnen eine solche Beleidigung an den Kopf zu werfen, aber seien Sie vorsichtshalber auf der Hut.

Natürlich lassen die Japaner ihre Verben nicht immer in Ruhe - *taberu* (»essen«) wird zum Beispiel zu *tabetai* (»... möchte essen«) oder *taberareru* (»... kann essen«) verändert. Aber das ist im Moment zu viel des Guten, und essen können Sie ja auch allein.

Häufig werden Sie auch aus dem grammatikalischen Zusammenhang gerissene Bemerkungen hören. Wie im vorigen Kapitel erklärt, gibt es eine stattliche Reihe von Schlagwörtern (»heiß«, »kalt« oder »schläfrig«, Sie erinnern sich), die eher Gefühle und Stimmungen wiedergeben und den Sprecher davor bewahren, ins Detail gehen zu müssen. Kompliziert wird es, wenn Sie von einem Japaner einen Kommentar erwarten - hier werden Sie oft mit einem nebulösen *muzukashii* abgespeist (wörtlich »schwierig«), oder auch einem universellen taihen (»schlimm«). Japaner sind wahre Künstler im Weglassen und Implizieren - und treiben einen bodenständigen Deutschen damit zur Raserei. Ein solcher Konversationsstil findet in Europa allenfalls in den tiefgründigen Sprichwörtern der Briten sein Äquivalent.

Doch genug geklagt - weiter geht's. Freut man sich gerade über die Einfachheit der Verben, so bleibt einem der Jauchzer in der Kehle stecken, sobald man sich an Adjektive und Adverbien heranwagt. Nehmen wir das zunächst harmlos scheinende Wort *omoi* (»schwer«). Will man im Deutschen ausdrücken, dass ein Koffer nicht schwer ist, oder auf der letzten Reise schwer *war*, beziehungsweise *nicht* schwer *war* - an der Form »schwer« wird bei uns nicht gerüttelt. Nicht so im Japanischen - hier müssen Sie mühsam *omokunai* (»nicht schwer«), *omokatta* (»... war schwer«), *omokunakatta* (»... war nicht schwer«) lernen. Beim Gegenteil ist es genauso: hier warten *karui* (»leicht«), *karukunai* (»nicht leicht«), *karukatta* (»... war leicht«) und *karukunakatta* (»... war nicht leicht«) darauf, Ihnen die Zunge zu brechen.

Überhaupt taugt die japanische Sprache ausgezeichnet dazu, Sie im nüchternen Zustand zum Lallen zu bringen. Versuchen Sie, den Satz: *Omawarisan no hen na kao ni waraitakute tamaranakatta* (etwa: »Ich musste über das unerträglich komische Gesicht des Polizisten lachen«) schnell aufzusagen, und Sie werden bei jeder Alkoholkontrolle zur Atemprobe gebeten (vermutlich sogar in Europa).

Zum Abschluss nun noch einige praktische Wörter und Sätze, die Ihnen den Alltag in Japan erleichtern:

Konnichi-wa - Guten Tag

Ogenki desu-ka? - Wie geht es Ihnen?

Genki desu - Es geht mir gut

Konya-wa nani o shimasu-ka? - Was machen Sie heute Abend?

Issho ni shokuji o shimashoh-ka? - Gehen wir zusammen Essen?

Hai - Ja

Kore-wa watashi no ocha desu - Das ist mein Tee

X-san no ocha-wa achi desu - Der Tee von Herrn/Frau X ist dort drüben (Achtung: im Japanischen wird ein Gesprächspartner fast immer in der 3. Person angeredet)

A so - Ach so

Ohashi o tsukau no ga johzu desu ne - Sie können gut mit Stäbchen umgehen, nicht wahr

Ya ya - (umgangssprachliche Reaktion auf jede Art von Schmeichelei) Nein, nein

Kono mise no osusume- ryohri-wa fugu desu - Die Spezialität des Hauses ist Kugelfisch

Watashi no kaisha-wa sose-ji o tsukutte imasu - Meine Firma stellt Würstchen her

Kampai - Prost

Bi-ru-wa oishii desu ne - Das Bier schmeckt gut, nicht wahr

Ah, kita kita - (Das Essen) ist da

Kore-wa nan desu ka? - Was ist das?

Kore-wa fugu desu - Das ist Kugelfisch
Taberaremasu-ka? - Kann (man den) essen?
Hai, shimpai shinaide kudasai - Ja, machen Sie sich bitte keine Sorgen
Itadakimasu - etwa: Ich bin so frei (zu Beginn des Essens übliche Floskel)
Kono tokoro-wa taberaremasen kedo - Diesen Teil kann man allerdings nicht essen
Kore? - (Meinen Sie) diesen?
Sore, hai - Genau, diesen
Chotto matte kudasai - Einen Moment bitte
Chigau, sore - Halt (wörtlich: »anders«), diesen
Kore da to omoimashita - Ich dachte, Sie meinen diesen
Mo tabemashita - (Ich habe es) schon gegessen
Arara - Ach du liebe Güte
Kuchibiru no kankaku-wa arimasen - Meine Lippen sind taub
Taihen! - Schlimm!
Kyuh kyuh desu! - Ein Notfall!
Gotchisohsama deshita - Vielen Dank für die Bewirtung

(Anmerkung des Verfassers: Bei den oben genannten Sätzen handelt es sich um reine Sprachbeispiele. Die giftigen Teile des Kugelfisches werden in der Regel nicht serviert. Zu tödlichen Zwischenfällen im Zusammenhang mit der beliebten Delikatesse kommt es nur selten.)

Schneeschaufeln und Picknick am Strand

Wenn Sie das Kapitel zum Herbst aufmerksam gelesen haben, dann werden Sie sich an die beschwingten Worte erinnern, mit denen ich meiner Freude darüber Ausdruck verliehen habe, dass sich an der Südküste Japans die Temperaturen bis Ende November um die angenehme 20-Grad-Marke bewegen. Nun, im Dezember hält das schöne Wetter vorerst an. Allerdings ist für gewöhnlich darauf Verlass, dass es ab nun stetig kälter wird - man braucht eine Jacke, wenn man das Haus verlässt.

Warme Kleidung benötigt man jedoch vor allem innerhalb der eigenen vier Wände - denn eine der technologisch am weitesten fortgeschrittenen Nationen hat es bislang nicht geschafft, vernünftig isolierte Häuser zu bauen und diese gleichmäßig zu beheizen. So angenehm und hell es an der frischen Luft sein mag - zuhause wird gefroren. Nach dem Aufstehen am Morgen gilt es zunächst, einen Ölofen anzuschmeißen, der - obgleich dem neuesten Stand der Technologie entsprechend - mit schmierigem Heizöl befeuert wird. Dieses muss in einen abnehmbaren Tank eingefüllt werden, und meine Geschicklichkeit im Umgang mit derartigem Gerät bedingt, dass ich nach dieser Prozedur stets wie ein fanatischer Selbstmörder im vorletzten Stadium aussehe. Fehlt nur noch ein Streichholz, und es gäbe einen Exildeutschen weniger.

So streckt man sich (gewaschen und umgezogen) lieber auf dem elektronischen Heizteppich aus. An und für sich keine schlechte Erfindung, stellt dieses Textil eine Art mobile Fußbodenheizung dar. Zwar befindet sich an einer Ecke ein kleines Kästchen mit den Bedienungsknöpfen, über das ich gerne stolpere, doch im Allgemeinen habe ich zu dieser Wärmequelle ein gutes Verhältnis.

Weniger hilfreich im Kampf gegen innerhäusliche Frostbeulen ist der bei Japanern äußerst beliebte *Kotatsu*. Man stelle sich diese Einrichtung als einen kleinen Sofatisch vor, an dessen Unterseite eine Heizvorrichtung angebracht ist. Über die Tischplatte wird ein dicker Futon gebreitet, unter den der ausgekühlte Japaner seine Beine steckt. Mit warmen Füßen, so das Argument, lässt sich ein ansonsten frostiger Körper besser ertragen.

Was für Einheimische gelten mag, trifft leider nur für die wenigsten Ausländer zu - entweder die Füße schauen am anderen Ende wieder heraus, oder man verrenkt sich den Rücken. Auch darf man nicht vergessen, die Wärme im Inneren des Kotatsu mit Fingerspitzengefühl zu justieren, sonst verwandeln sich oben erwähnte Frostbeulen rasch in unfreiwilliges Grillgut. In früheren Zeiten war das nicht unwahrscheinlich, denn in das Innere des Kotatsu wurde ein Becken mit glühenden Kohlen eingehängt. Aber schon in den zwanziger Jahren des vergangenen Jahrhunderts tauchten die ersten elektrischen Heiztische auf, die seit der Nachkriegszeit einen regelrechten Boom erlebt haben. Wie auch immer - solange der Raum, den ein durchschnittlicher Kotatsu erwärmt, nicht größer als ein Schuhkarton ist, werde ich mich mit dieser Einrichtung nicht anfreunden.

Es scheint, als täten japanische Hausherren alles, um eine vernünftige Zentralheizung zu umgehen. Seien es beheizte Klobrillen auf der eiskalten Toilette oder ausgeklügelte Futonwärmer, der Einfallsreichtum kennt keine Grenzen. Letzterer besteht aus einem flachen Plastiksack, der zwischen die Decken gelegt wird und sich vor dem Schlafengehen eine halbe Stunde lang mit warmer Luft aufbläst. Hat sich die Automatik abgestellt, sollte man keine Zeit verlieren, die Augen zur Nachtruhe zu schließen - es dauert nicht lange, und der kühle Ausgangszustand ist wieder erreicht.

Dabei wäre es so einfach - von außen isolierte Wände und Fenster mit speziellem Glas würden bereits Wunder wirken. Selbst meine Skibrille ist mit doppeltem Kunststoffglas versehen - doch nicht der Großteil der japanischen Fenster. Sehr tief fallen die Temperaturen schließlich nicht, doch erlebt man den Winter bei kalten Wänden und beschlagenen Scheiben mit einem permanent klammen Gefühl in Finger- und Zehenspitzen.

Aber lassen Sie uns die angenehmen Seiten des japanischen Winters nicht vergessen. Denn langsam wird es Zeit für die *onabe* genannten Eintopfgerichte, die das häusliche Abendessen zu einer herzerwärmenden Freude machen. Mitten auf den Esstisch kommt eine Kochplatte mit einem weiten, flachen Topf. Neben Brühe und Gewürzen finden sich bei der *sukiyaki* genannten Version Tofu, Rindfleisch, Glasnudeln, Kohl und Lauch, die aus dem Topf geangelt und - je nach Geschmack - mit rohem Ei vermischt gegessen werden. Natürlich kann das Rindfleisch auch durch Fisch ersetzt werden, oder - noch besser - durch gigantische Krebse, die täglich frisch vom Japanischen Meer kommen. Empfehlenswert auch *ochazuke*:

Reis wird mit verschiedenen Gewürzen, Lachs oder Seetang vermischt und mit grünem Tee aufgegossen.

Als besonderes Bonbon freuen wir uns im Winter besonders in der Gegend um Hiroshima über schmackhafte Austern, die als beinahe einzige Meeresfrucht in Japan nur selten roh verzehrt werden. Vielmehr finden sich die saftigen Muscheln in eben erwähnten Eintöpfen wieder oder werden paniert mit Zitrone und Mayonnaise aufgetischt.

Nach so viel angenehmer Völlerei wird es Zeit für ein bisschen Bewegung - begeben wir uns in eines der zahlreichen Skigebiete, die in der verschneiten Bergwelt des *Sanin*-Gebirges für Spaß und Unterhaltung (und verrenkte Gelenke) sorgen. In dem als *Chugoku-Chihoh* (»Mittelland-Distrikt«; übrigens heißt China auf Japanisch ebenso *Chugoku*) bezeichneten Westen Japans herrscht nämlich klimatisch eine strikte Trennung: während die unter dem Namen Sanyoh geläufige Südküste unter dem wärmenden Einfluss des *Setoh*-Binnenmeeres steht, ist der *Sanin* genannte nördliche Teil den kalten Wetterströmungen aus Sibirien ausgeliefert. Die steilen Berge bewirken, dass die Luftmassen in der Regel nicht weiter nach Süden ziehen und sich ihrer Schneelast in aller Ruhe im Inland entledigen.

Das ist für Wintersportler ideal - kleine, aber nicht zu verachtende Skiorte garantieren Schneespaß und lassen sich im Rahmen eines Tagesausfluges gut erreichen. Hierbei möchte ich anmerken, dass ich persönlich schon der geographischen Gegebenheiten meines westfälischen Heimatortes wegen nicht gerade auf Brettern aufgewachsen bin. Die Faszination, sich auf zwei Meter langen Holzlatten todesmutig einen Berghang hinabzustürzen, hat sich bei mir erst als Folge meines Umzugs nach Japan eingestellt. Dabei ging es zu Anfang ob des rauen Geländes meinem Allerwertesten an den Kragen - aus der geplanten eleganten Abfahrt mit Fotofinish wurde nichts. Meine Beine konnten sich partout nicht über eine gemeinsame Fahrtrichtung einigen. Wie ein zerstrittenes Ehepaar stoben meine Füße auseinander, nur um den Rest meines Körpers unsanft mit der Anziehungskraft der Skipiste vertraut zu machen. Nach mehreren hartnäckigen Versuchen schaffte ich es immerhin, heil am Fuße des Hanges anzukommen. Ich musste nur Acht geben, mit dem Gesicht in Fahrtrichtung zu bleiben.

Inzwischen habe ich etwas mehr Übung - wenn ich nicht gerade im Sessellift eines der Bretter verliere. So geschehen im letzten Winter. Etwas unelegant verließ ich den Lift auf einem Bein und berichtete einem Pistenwart von meinem Missgeschick. Gemeinsam begaben wir uns ein Stück den Hang hinab. Zum Glück waren die Pfosten des Liftes nummeriert, so dass ich den ungefähren Absturzort meines Skis benennen konnte. Während hoch über unseren Köpfen Winterstiefel und Snowboarde den Hang emporschwebten, bedeutete mir der Angestellte, am Rande der Piste zu warten. Bald war der arme Mann bis zur Hüfte im Tiefschnee verschwunden. Fünf Minuten später entdeckte ich meinen Ski wie durch ein Wunder selbst (mit der Suche nach dem Angestellten musste bis zur Schneeschmelze gewartet werden).

Ganz Eiserne können sogar nachts ihren Riesenslalom fortsetzen - mit Scheinwerferlicht und abgefrorenen Ohren. Ich dagegen ziehe es vor, einen Skitag mit einem Bad in den heißen Quellen zu beenden, die an meinem Lieblingsort ganz in der Nähe auf müde Wintersportler warten.

Wieder zurück an der Küste, stelle ich fest, dass es deutlich wärmer ist als oben in den Bergen. Am nächsten Tag habe ich meinen Kindern einen Ausflug an den Strand versprochen. Wir fahren ein Stück die Bucht von Hiroshima entlang, um bei herrlichstem Sonnenschein am Strand Burgen zu bauen. Das ist nicht gelogen, und vor allem im Februar durchaus normal. Fazit: Solange man nicht zuhause ist, lässt sich mit dem Winter in Hiroshima bestens leben.

東京

30 Millionen Japaner und ein roter Eiffelturm

Wer von Tokio spricht und Japan meint, begeht einen Fehler. Tokio ist Tokio, und wenn Sie das restliche Japan kennen gelernt haben, werden Sie mir zustimmen. Für die Hauptstadt des Inselreiches gilt, was auch für Paris oder London zutrifft - Schmelztiegel des nationalen Charakters, doch gleichzeitig ganz, ganz anders als der Rest des Landes.

Verzeihen Sie die grimme Einleitung, doch es musste einmal gesagt werden. Denn kaum ein Zeitungskorrespondent, kaum ein Fernsehteam aus Europa scheint diese einfache und fundamentale Weisheit verstanden zu haben.

Tokio ist eine Metropole der Superlative. Allein in den Stadtgrenzen leben rund zwölf Millionen Menschen, und in den umliegenden Städten kommen noch einmal achtzehn Millionen hinzu. Täglich quetscht sich ein Großteil davon in Nahverkehrszüge oder U-Bahnen und will zur Arbeit. Stellen Sie sich vor, dass sämtliche Einwohner Nordrhein-Westfalens zur selben Stunde nach Köln fahren wollen, und Sie haben in etwa die Größenordnung des täglichen Verkehrsinfarktes in der japanischen Hauptstadt. Dass die Organisation solch unfassbarer Menschenmassen kein Kinderspiel ist, können Sie sich denken. Dass es entgegen aller Wahrscheinlichkeiten doch irgendwie klappt, kommt einem Wunder gleich.

Die Krone des Nahverkehrswesens gebührt dabei zweifellos der *Yamanote*-Linie. In keiner Metropole der Welt werden Sie eine Verbindung finden, die stärker frequentiert ist als die Yamanote (es sei denn, Sie zählen in afrikanischen Großstädten die Passagiere auf dem Dach mit). Seit 1925 in einem Oval die wichtigsten Haltestellen der Hauptstadt verbindend, saust die Bahn in einer knappen Stunde um den Stadtkern Tokios. Allein zehn der größten Bahnhöfe des Landes liegen auf ihrem Weg, wobei *Shinjuku* die zweifelhafte Ehre gebührt, die Station mit dem höchsten Passagieraufkommen der Welt zu sein.

Verkehrsprobleme gab es in Tokio schon, als deutsche Städte noch im Dornröschenschlaf des Spätmittelalters vor sich hin dämmerten. Bereits 1748 war Tokio mit 1,4 Millionen Einwohnern die größte Stadt der Welt. Damals hieß Tokio noch Edo (wörtlich: »Trichtermündung«, gemeint war der Sumida-Fluss, der sich in die Bucht von Tokio ergießt) und gab als Amtssitz des Shoguns einer ganzen Ära ihren Namen. Dabei fand sich an der Stelle, wo Sie heute in der U-Bahn zerquetscht werden, zu Anfang des 16. Jahrhunderts lediglich ein armseliges Fischerdorf. Bis in die so genannte *Muromachi*-Periode (1338-1573) hinein spielte die Musik im Westen des Landes. Auch nachdem der erste Shogun Tokugawa Ieyasu im Jahre 1603 seine Militärverwaltung nach Osten verlegt hatte, blieb Kioto als Sitz des Kaisers offizielle Hauptstadt des Reiches.

Doch nach und nach machte Edo der alten Metropole den Rang streitig - während im Westen die traditionelle Kultur gepflegt wurde, ging im Osten die Post ab. So gewaltig war der Aufstieg der neuen Stadt, dass das Umland schon bald nicht mehr mit der Versorgung der Einwohner nachkam. Aquädukte mussten Wasser aus entlegenen Stauseen liefern, Esswaren wurden sogar vom fernen Osaka in die Verwaltungsmetropole geliefert.

Das damalige Edo war ein Moloch. Großfamilien drängten sich in engsten Wohnverhältnissen. In Anbetracht der Platznot wären mehrstöckige Wohnhäuser die ideale Abhilfe gewesen, doch wurden sie bald wegen der ständig präsenten Feuergefahr verboten. Beinahe jedes Jahr kam es zu kleineren oder größeren Bränden. Wenn es gerade mal nicht brannte, wurde ein Großteil der leichten Holzhäuser von Überschwemmungen hinweggespült. Wenn es nicht schwemmte, wackelte es: In regelmäßigen Intervallen wurde Edo von starken Beben verwüstet - das letzte geschah kurz vor Abdankung des Shoguns. Wenn es keine Erdbeben gab, sorgte knappe Nahrung für Unruhe - mehrmals im Laufe der rund 250 Jahre lang währenden Edo-Periode kam es zu Aufständen, bei denen Kaufleute unsanft zur Rechenschaft gezogen wurden, die Reis horteten und mit der knappen Ware wucherten.

Zur gleichen Zeit war die kulturelle Entwicklung der Stadt erstaunlich weit fortgeschritten. Neben Gourmetrestaurants und geräumigen Kaufhäusern waren es vor allem Buchläden, die für Abwechslung sorgten. Wer sich die einfach gebundenen Kladden nicht leisten konnte, bezog sie gegen geringes Entgelt von einem professionellen Buchverleiher. Texte, die von der Obrigkeit nicht gebilligt wurden, kamen in handschriftlicher Form unters Volk. Die schiere Masse an Publikationen, von einfachen Zeitungen bis zum Fachbuch der Medizin, lässt darauf schließen, dass die Alphabetisierung der Bevölkerung zu der Zeit weiter fortgeschritten war als in anderen Ländern. Schulen existierten zwar vorwiegend für Sprösslinge wohlhabender Familien, doch gibt es vielerlei Berichte, nach denen ärmere Kinder dem Unterricht als Zaungäste folgten. Die offene Bauweise japanischer Häuser tat hier unfreiwillig nützliche Dienste.

Die gewaltigen Umwälzungen in der zweiten Hälfte des 19. Jahrhunderts machten den Weg frei für Häuser und Türme aus Stein. Ab jetzt hieß Edo *Tokio*, die »Hauptstadt des Ostens«. Doch kaum war der Kaiser 1869 in die neue Metropole eingezogen, brannte sein Palast vier Jahre später ab (ob Seine Majestät sich mit Herumkokeln die lange Weile vertrieben hatte, ist nicht geklärt). Nach ein paar Jahren im Ausweichquartier in Akasaka konnte der Herrscher 1889 sein neues Domizil beziehen. Heute liegt das üppig bewachsene Palastgelände wie eine stille Insel im hektischen Großstadtgewühl, und selbst die U-Bahn macht aus Sicherheitsgründen einen Bogen um den Wohnsitz des Kaisers.

In rapidem Tempo stürmte Tokio aus dem Mittelalter in die

Moderne: innerhalb weniger Jahrzehnte wurden 1857 die Straßen erst mit Gasbeleuchtung, 1878 mit elektrischen Lampen versehen, juckelten ab 1882 von Pferden gezogene Straßenbahnen durch die Stadt, wurde um die Jahrhundertwende das erste moderne Hochhaus gebaut, setzte sich der erste Fahrstuhl in Bewegung, wurde 1927 die erste U-Bahn eingeweiht - es schien, als habe eine überirdische Macht die Uhren beschleunigt.

Doch auch altbekannte Katastrophen verließen die Stadt nicht, schlugen sogar in größerem Ausmaß zu als jemals zuvor. Das verheerende Erdbeben im Jahre 1923 zerstörte so ziemlich alles, was noch von der alten Zeit übrig war. 140.000 Menschen kamen ums Leben. Tagelang wüteten Großbrände, die vor allem von traditionellen Holzhäusern reichhaltig gespeist wurden. Doch damit nicht genug - kaum war die Metropole wieder aufgebaut, wurde sie Ziel des dramatischsten Luftangriffes aller Zeiten. Nachdem die Amerikaner im zweiten Weltkrieg mit dem Bombardement militärischer Einrichtungen nicht vorangekommen waren, änderten sie ihre Strategie - mit dem Angriff am 10. März 1945 endete die Schonfrist für die Zivilbevölkerung. 344 der gefürchteten B-29-Bomber warfen innerhalb einer Nacht rund eine Million mit Napalm gefüllte Brandbomben über dem Stadtzentrum ab. Anschließende Feuerstürme zwangen viele der feindlichen Flugzeuge, von heftigen Turbulenzen geschüttelt abzudrehen. Auf dem Boden war die Hitze so groß, dass das Wasser in gewöhnlichen Kanälen zu kochen begann. Mehr als 100.000 Menschen starben, über eine Million Einwohner wurden obdachlos. Zwei Drittel des Stadtgebietes blieben als Aschewüste zurück.[39]

Wo der berüchtigte »Bomber Harris« bei uns den Untergang Dresdens symbolisiert, steht hier der amerikanische General Curtis LeMay für das Inferno. Sein einfaches, den Bedürfnissen der Zeit entsprechendes Motto: »Du musst Leute umbringen, und wenn du genug Leute umgebracht hast, hören sie mit dem Kämpfen auf.«[40] Dem ist nur wenig hinzuzufügen.*

Nachdem der Spuk vorüber war, setzte in der Nachkriegszeit der Bauboom ein, der Tokio bis heute nicht in Ruhe lässt - Apartment-

*General LeMay gehörte später zu den Militärberatern, die John F. Kennedy während der Kuba-Krise 1962 dazu drängten, die Karibikinsel wenn nötig zu »frittieren«. Präsident Kennedy verdient unser aller Dank, dass er sich dem in der Nähe des roten Knopfes zappelnden General widersetzt hat.

blocks, Bürokästen, Kaufhäuser und Einkaufszentren prägen das kommerzielle Stadtbild. Weniger als 20 Jahre nach Kriegsende feierte die Metropole als Gastgeber der olympischen Spiele 1964 ihre Auferstehung - und verankerte Japan vor den Augen der überraschten Weltöffentlichkeit im Verein der Wirtschaftsmächte.

Was auf dem Papier durchaus beeindruckt, hat der Stadt kulturell leider nur wenig gebracht - Arnsberg im Sauerland hat mehr historische Gebäude als Tokio. Machen Sie doch mal einen Ausflug auf den 333 Meter hohen *Tokyo-Tower*, und Sie werden ein Stadtbild vor sich sehen, das wie ein Wirklichkeit gewordener Alptraum aussieht. Einzig der Turm, auf dem Sie sich befinden, dürfte Ihnen bekannt vorkommen, handelt es sich doch um eine 1958 errichtete Kopie des Eiffelturms, die das Original sogar noch um 13 Meter überragt. Damit niemand glaubt, aus Versehen nach Paris geraten zu sein, haben die Erbauer den Turm vorsorglich rot-weiß gestrichen.

Der Tokyo-Tower ist nicht die einzige Struktur, die Sie in geographische Verwirrung stürzen dürfte: der 1914 gebaute *Tokio-Eki* (»Tokio-Bahnhof«) ist Amsterdams Centraal-Station ähnlich. Die Freude am Kopieren beliebter Gebäude ist bis heute ungebrochen - wenn Sie aus dem Bahnhof Shinjuku treten, wird Ihnen sofort das im Jahre 2000 fertig gestellte Gebäude der Telefongesellschaft *DoCoMo* ins Auge fallen. Offensichtlich dem Chrysler-Building in New York nachempfunden, bleibt die Kopie auf etwa Dreiviertel der Höhe des Originals stehen. Wie auch immer - was die zeitlose Eleganz des amerikanischen Art-Deco-Palastes von 1930 anbelangt, so kann die Schöpfung des legendären Architekten William van Alen ohnehin schwerlich überboten werden.

Ich weiß, ich wollte Ihnen etwas über Tokio erzählen, und nun ertappe ich mich dabei, von New York zu schwärmen. Aber so ist das eben mit halbherzigen Kopien, und die Stadtväter von Tokio haben es nicht anders gewollt. Ich bin jederzeit bereit, Versuche einer neuen japanischen Architektur wohlwollend zu begutachten - die Frage ist nur, wie lange ich darauf warten muss.

In der Zwischenzeit begebe ich mich lieber in eine der traditionellen Nachbarschaften, die sich wie durch ein Wunder bis heute erhalten haben. Betritt man ein solches Stadtviertel, fühlt man sich um Jahrzehnte zurückversetzt. Als hätte es die modernen Geschäftszentren mit ihren funkelnden Einkaufspassagen nie gegeben, finden sich an jeder Ecke winzige Kaufläden, Werkstätten oder Garküchen. Jeder kennt hier jeden, und ob ein Gast aus einem anderen Stadtviertel oder einem anderen Land kommt, spielt nur eine untergeordnete Rolle. In manchen Familienbetrieben lernt man im Laufe zweier Biere gleich die komplette Verwandtschaft kennen, die es sich wiederum nicht nehmen lässt, den erstaunten Fremdling mit dem gesamten Viertel bekannt zu machen.

Lobend erwähnen möchte ich zum Abschluss noch die grünen Oasen, welche der Innenstadt Tokios einen Rest von Lebensqualität sichern, um die es ansonsten übel bestellt wäre. Ueno-Park inklusive Zoo, oder die weitgehend europäisch anmutenden Grünanlagen von Hibiya - die Gärtner der japanischen Hauptstadt verdienen unseren Respekt.

Wenn Sie versprechen, es niemandem weiterzuerzählen, dann verrate ich Ihnen noch meinen Lieblingsplatz in der Metropole. Wenn Sie vom Tokyo-Tower aus nach Osten in Richtung des Tokugawa-Friedhofes gehen geraten Sie in einen winzigen Teil des Shiba-Kouen, in dem die Natur so erhalten ist, wie sie vor 500 Jahren gewesen sein muss. Ein steiler Hang, für Großbauten ungeeignet, hat dieses Fleckchen Urwald vor der sicheren Zerstörung gerettet. Setzen Sie sich auf eine der morschen Bänke, atmen Sie tief durch und fühlen Sie sich wie ein König. Oder eine Königin.

Das bedrohte Volk

Soweit also unsere Rundreise durch das Japan von einst und jetzt. Ich hoffe, es hat Ihnen ein wenig Spaß gemacht, genauso wie mir das Schreiben dieses Buches ein Vergnügen war. Natürlich fiele mir noch viel mehr ein, über das es wert ist, zu berichten - vielleicht haben Sie ja auf eine Fortsetzung Appetit bekommen. Über Japan zu erzählen kommt einer unendlichen Entdeckungsreise gleich, und deswegen maße ich mir überhaupt nicht an, meine Ausführungen als vollständig oder gar unfehlbar zu bezeichnen. Irgendetwas gibt es immer zu ergänzen, und jedes einzelne Kapitel hätte zu gigantischen Ausmaßen anwachsen können - doch nicht mit mir. Es ist schließlich viel schöner, wenn Sie, liebe Leser, dieses Buch als Anregung verstehen, sich selbst auf den Weg zu machen. Vielleicht schauen Sie sich den alten Godzilla-Streifen mal wieder an, vielleicht wandern Sie im Herbst singend durch den Wald, womöglich üben Sie ab jetzt das Linksfahren - lassen Sie sich von mir nicht abhalten (das mit dem Linksfahren ist nur Spaß!).

Wenn Sie trotz oder gerade wegen der Lektüre dieses Buches noch immer nicht entschlossen sind, ob Sie Japan einen Besuch abstatten sollen, so gestatten Sie mir höflichst, Sie zur Eile zu ermahnen. Japaner sterben aus.

Derzeit, im Jahre 2005, bevölkern stolze 127 Millionen Menschen den japanischen Archipel. Das wird jedoch nicht mehr lange so bleiben - schon in knapp 50 Jahren wird die Einwohnerzahl auf nur noch 100 Millionen projiziert. Über 70 Prozent aller hiesigen Haushalte sind kinderlos. Japanische Erstgeborene bekommen - wenn überhaupt - nur noch halbe Geschwister: genau 1,29 pro Frau und Nase im Jahre 2003.[41] Eine derartig niedrige Geburtenrate finden Sie in Europa allenfalls in Italien.

Falls Sie noch ein paar hundert Jahre warten, droht Ihre Japanreise zu einem Selbstfindungs-Trip auszuarten - wo Sie heute noch beinahe vor den Zug geschubst werden, können Sie dann ungestört Golfabschläge üben. Wenn Sie sich auf den Bahnsteigen des Landes umschauen, entdecken Sie übrigens zahlreiche Bürger, die sich auf diesen Fall vorzubereiten scheinen. Vor allem gesetzte Herren mittleren Alters vertreiben sich gerne die Zeit, indem sie einen imaginären Golfschläger durch die Luft schwingen.

Auch die irritierende Eigenschaft, in öffentlichen Toiletten an verschlossene Kabinentüren zu klopfen, erübrigt sich dann. Entweder ist immer offen, weil es nicht genug Bedürftige gibt, oder der Okkupant hat sich der Mehrheit angeschlossen und ersatzlos das Zeitliche gesegnet.

Wenn man anfängt, sich das Japan der Zukunft vorzustellen, kann einem angst und bange werden. Jugendliche, die Fremdsprachen nicht nur schriftlich beherrschen, sondern tatsächlich verbal zum Ausdruck bringen (derzeit erhalten 21 Prozent aller Fünfjährigen in Japan privaten Englischunterricht). Frauen, die ihre männlichen Konkurrenten mühelos aus höheren Ämtern zu drängen verstehen. Männer, die sich begeistert um Kinder und Einkauf kümmern.

Spätestens zu Ende dieses Jahrhunderts werden die Angestellten des öffentlichen Dienstes durch Roboter mit Silikonhaut ersetzt (nicht, dass jemand den Unterschied bemerken würde). Virtuelle Charaktere sind heute schon fast überall anzutreffen: keine Baustelle, die nicht mit Comic-Männchen den Verkehr umlenkt; kein Geldinstitut, das nicht mit putzigen Hündchen oder sonstigem Getier um das Ersparte seiner Kunden buhlt; kein Heimatmuseum, in dem nicht ein animierter Miniatur-Samurai den Rundgang leitet. Es gibt Werbespots, in denen die Figur eines Prominenten tausendfach erscheint - und in geklonter Form auch noch positive Botschaften zu vermitteln versucht. Wie auch immer, der nächste Schritt scheint nur eine Frage der Zeit.

Ach, es gäbe noch so vieles, was ich Ihnen aus diesem erstaunlichen Land erzählen könnte! Über die *ninja* etwa, oder auch das schaurige *hara-kiri,* in Japan gemeinhin als *seppuku* bekannt. Über Klimaanlagen, die ihre kühlende Brise automatisch dem Standort des Besitzers anpassen. Über die geheimnisvollen *burakumin,* die in früheren Zeiten für »blutige« Berufe (wie beispielsweise Schlachter oder Henker) zuständig waren - und immer noch unter versteckter Diskriminierung zu leiden haben. Über Legende und Wahrheit, was die berühmten *geisha* betrifft. Oder über die *Obachan-Power* (»Tantchen-Power«) genannte neue Macht im Lande. Für dieses Mal sei es jedoch genug, denn ein endloses Buch lässt sich nur schwer im Reisegepäck unterbringen.

Und wer weiß, was ich in Zukunft noch alles entdecken oder erleben werde. Neugierig bin ich jedenfalls.

Anmerkungen

[1] Web Japan, »Underground Urban Farm«, 17.3.2005, Japanisches Außenministerium
[2] Japan Times, »Hokkaido Launches Second Daylight Saving Test«, 21.6.2005
[3] Lafcadio Hearn, »Kwaidan«, Manesse, Stuttgart 1992
[4] Japan Almanac 2005, The Asahi Shimbun, Tokio 2004
[5] Wall Street Journal Asia, »Let's Talk Turkey (about Japanese Turkeys)«, Tuttle, Tokio
1996
[6] Japan Almanac 2005, The Asahi Shimbun, Tokio 2004
[7] ebd.
[8] ebd., Statistisches Bundesamt
[9] Japan Railway & Transport Review, »Revival of the old Shimbashi Station«, Juli 2003
[10] Tokyo Weekender, »Round and round she goes: A short history of the Yamanote Line«, Milton Combs, 21.6.2005
[11] Gale Group, »Steel Framing Gains in Japan«, Tsukasa Furukawa, 14.1.1997
[12] John Gauntner, »The Sake Handbook«, Tuttle, Tokio 1997
[13] Nobuo Ogasawara, »Japanese Swords«, Hoikusha, Osaka 1970
[14] Inoue, 20 Higashinakano, Fukuchiyama, Kyoto 620-0037
[15] »Experiencing Japanese Culture«, Kyohbundoh, Tokio 1989
[16] The New York Times, »How a Japanese Master Enlightened the West«, 1.7.2005, Ken Johnson
[17] Forman, Sean L. Baseball-Reference.com - Major League Statistics and Information. http://www.baseball-reference.com
[18] Japan Times, »Man bites dogs like never before«, 19.6.2005, David McNeill
[19] Prof. Thomas M. Klapötke, »Warum Blätter im Herbst ihre Farbe Verändern«, Universität München
[20] Japan Almanac 2005, The Asahi Shimbun, Tokio 2004
[21] ebd., Statistisches Bundesamt
[22] ebd.
[23] The Japan Times, »Cops miss man dumping bodies«, 3.7.2005
[24] Peter B.E. Hill, »The Japanese Mafia: Yakuza, Law and State«, Oxford University Press, Oxford 2003
[25] Japan Times, »Yakuza numbers up again in 2003«, 22.1.2004

[26] Helen McCarthy, »Hayao Miyazaki – Master of Japanese animation«, Stone Bridge Press, Berkeley CA 1999
[27] Japan Almanac 2005, Asahi Shimbun, Tokio 2004
[28] Yutteminet, »A legend about Kowashimizu«, Kawahigashi, Fukushima 2005
[29] ebd.
[30] Heinrich Dumoulin, »Begegnung mit dem Buddhismus«, Herder, Stuttgart 1985
[31] Keiko Yamagisawa: Ikite Shinu Chie, »Gedanken über das Leben und Sterben«, Shogakukan, Tokio 2004
[32] Theaterstück von Tsuruya Namboku (1755-1829), Engl. von Paul Kennelly, aus »Realism in Kabuki of the early 19th century«, Sidney Society of Literature and Asthetics
[33] Setsuko Watanabe, »Yotsuya Kaidan«, www.shejapan.com, 1997
[34] www.metropolis.co.jp
[35] Ronald Cavaye, »Kabuki – A Pocket Guide«, Tuttle, Tokio 1993
[36] ebd.
[37] Japan Almanac 2005, Asahi Shimbun, Tokio 2004
[38] ebd.
[39] Japan Times, »Scorched and boiled and baked to death«, Masaru Fujimoto, 13.3.2005
[40] ebd., »The executioner of Tokyo«, Masaru Fujimoto, 13.3.2005
[41] Japan Almanac 2005, Asahi Shimbun, Tokio 2004

Verzeichnis der Kalligraphien von Hiromi Shouya

Bibliographie

Sachbücher

Begegnung mit dem Buddhismus, Heinrich Dumoulin, Herder, Freiburg, 1985
Chrysantheme und Schwert, Ruth Benedict, Suhrkamp, Frankfurt 2002
Gebrauchsanweisung für Japan, Gerhard Dambmann, Piper, Berlin 2005
Kamikaze, Klaus Scherer, Iudicium, München 2001
Kulturschock Japan, Martin Lutterjohann, Rump, Bielefeld 2004
Nippon. Leben und Erlebnisse im alten Japan, Lafcadio Hearn, DuMont, Köln 1981
Reisegast Japan, Christina Thomas/Barbara Haschke, Iwanowski, Dormagen 2005
Warum sind Japaner areligiös, Toshimaro Ama, Iudicium, München 2004
Wrong about Japan, Peter Carey/Eva Kemper, Fischer, Frankfurt 2005
Zur Begegnung des japanischen Buddhismus mit dem Christentum in der Meiji-Zeit, Monika Schrimpf, Harrassowitz, Wiesbaden 2000

Belletristik

Der Prinz von Sadoshima, Ingrid J. Parker, Aufbau, Berlin 2003
Der Schatzmeister des Tenno, Ingrid J. Parker, Aufbau, Berlin 2003
Der stumme Schrei, Kenzaburo Oe, Fischer, Frankfurt, 1994
Der Traumfresser. Japanische Geistergeschichten, Lafcadio Hearn, Ullstein, Berlin 1988
Gefährliche Geliebte, Haruki Murakami, Goldmann, München 2002
Gespenstergeschichten aus Japan, Lafcadio Hearn, Fischer, Frankfurt 1982
Kitchen, Banana Yoshimoto, Diogenes, Zürich 1994
Kwaidan und andere Geschichten und Lieder aus Japan, Lafcadio Hearn, Manesse, Stuttgart 1992
Naokos Lächeln, Haruki Murakami, Goldmann, München 2003
Tod am Rashomon Tor, Ingrid J. Parker, Aufbau, Berlin 2005

Auf Englisch

A Guide to Japanese Hot Springs, Anne Hotta, Kodansha

International, Tokio 1986
A History of Japan, R.H.P. Mason/J.G. Caiger, Tuttle, Tokio 1997
As the Japanese see it, Michiko Y. Aoki, University of Hawaii Press, Honolulu 1981
Basic Buddhist Concepts, Mizuno Kogen, Kohsei, Tokio 1962
Blossoms in the Wind:Human Legacies of the Kamikaze, M.G. Sheftall, NAL/Penguin, East Rutherford NJ 2005
Buddhist Images, Taikichi Irie, Hoikusha, Osaka 1970
Experiencing Japanese Culture, Kyohbundoh, Tokio 1989
Hayao Miyazaki - Master of Japanese Animation, Helen McCarthy, Stone Bridge Press, Berkeley CA 1999
Heroes of the Kabuki Stage, Arendie Herwig, KIT, Amsterdam 2004
Japan Almanac 2005, Asahi Shimbun, Tokio 2005
Japanese Etiquette Today, James M. Vardaman/Michiko Sasaki Vardaman, Tuttle, Tokio 1994
Japanese Swords, Nobuo Ogasawara, Hoikusha, Osaka 1970
Kabuki - A Pocket Guide, Ronald Cavaye, Tuttle, Tokio 1993
Kamikaze - Japan's Suicide Gods, Albert Axell, Hideaki Kase, Longman, New York NY 2002
Kata - The Key to Understanding and Dealing with the Japanese, Boyé Lafayette de Mente, Tuttle, Tokio 2003
Let's Talk Turkey (about Japanese Turkeys) ... and other tales from the Asian Wall Street Journal, Tuttle, Tokio 1996
The Divine Wind, Rikihei Inoguchi, Tadashi Nakajima, Roger Pineau, Naval Institute Press, Annapolis MD 1994
The Hidden Order, Yoshinobu Ashihara, Kodansha, Tokio 1989
The Japanese Mafia: Yakuza, Law and State, Peter B.E. Hill, Oxford University Press, Oxford 2003
The Japanese Mind, Roger J. Davies und Osamu Ikeno, Tuttle, Tokio 2002
The Japanese Spa, Akihiko Seki/Elizabeth Heilman Brooke, Tuttle, Tokio 2005
The Rough Guide to Japan, Simon Richmond/Jan Dodd, Rough Guides, London 2005
The Sake Handbook, John Gauntner, Tuttle, Tokio 1997
The World of Dew, J.D.Enright, Tuttle, Tokio 1956

Danksagung

Folgenden Personen, ohne die dieses Buch nicht zustande gekommen wäre, gilt mein wärmster Dank, den auszudrücken Worte nicht ausreichen:

Philip Armstrong, Kazuhiro Date, Hideo Isogai, Yukiko Itadani, Yuuta Masuda, Karen Mücke, Hiroshi Okita, Takashi Okita, Dr. Gernot Pirker, Tomohiro Sakae, Masaaki Tanokura, Maya Usuki und Kojirou Yanai.

Ihr Rat hat mir mehr geholfen, als sie das vermutlich angenommen haben – und alle trotzdem in diesem Buch vorhandenen Fehler gehen natürlich auf meine eigene Unvollkommenheit zurück.

Herzlichster Dank auch Hiromi Shouya für ihre fantastischen Kalligraphien.

Vielen Dank nicht zuletzt meiner Frau Rieko für ihre Geduld mit mir, sowie meinen Kindern (die mich beim Schreiben trefflich unterhalten haben – langweilig war mir eigentlich nie).

Dohmo arigatoh gozaimashita.

Der Autor:

Martin B. Stanzeleit studierte Musik an der Essener Folkwang-Hochschule, anschließend war er drei Jahre an der Königlichen Oper Kopenhagen tätig. Seit 1998 ist er als Solocellist im Hiroshima Symphony Orchestra, sowie Dozent an der Musikhochschule der Stadt. Mitarbeit bei mehreren Dokumentationen des Home-Television Japan, Beiträge in verschiedenen Radiosendungen bei Hiroshima FM. Seine Konzerte und Interviews wurden im Fernsehsender RCC sowie durch das staatliche Fernsehen NHK landesweit übertragen. In Zusammenarbeit mit dem Kulturamt der Stadt Hiroshima organisiert er eine eigene Konzertreihe, in der auch Lesungen abgehalten werden. Er ist mit einer Japanerin verheiratet.

Weitere Informationen über Martin B. Stanzeleit im Internet unter www.neugierigaufjapan.de